仕事の社会学
―― 変貌する働き方 ――
〔改訂版〕

佐藤博樹・佐藤 厚 編

有斐閣ブックス

はじめに

　本書は，仕事に従事する人々の多様な働き方の特徴と働き方に影響するさまざまな社会制度（技術，労働市場，労使関係など）を分析の対象とする。
　仕事は，収入を伴う社会活動であり，収入が伴わない社会活動，たとえばボランティア活動などから区別される。社会的に有益な活動であっても収入が伴わないものは，本書で取り上げる仕事に含まれない。
　仕事は，他人に雇用されて行う活動と自分自身で作り出した活動に二分できる。前者が，雇用セクターでの働き方で，後者が自営セクターでの働き方である。雇用セクターでの働き方は，仕事に必要な生産手段を自分で保有せず，自己が保有する労働力つまり職業能力を活用して労働サービスを生産手段を所有する使用者に提供し，その対価として報酬を得る働き方である。使用者には，個人と企業などの法人があるが，本書では，主として使用者が企業である場合を取り上げる。なお，雇用セクターでの働き方に従事する者を雇用者と呼ぶことが多い。
　他方，自営セクターでの働き方は，仕事に必要な生産手段を自分で保有し，それを使用して社会的に有益な財やサービスを生み出すものであり，農業従事者や小売店主などがその例となる。
　産業社会の出現により，雇用セクターでの働き方が拡大し，自営セクターでの働き方は縮小してきた。日本の戦後60年をみると，産業構造の変化とともに，働き方が大きく変化した。その結果，自営セクターにおける自営業者と家族従業員が大きく減少し，雇用セクターでの雇用者が増加することになった。2010年では，仕事に従事している就業者が約6557万人で，そのうち雇用者が約5463万人となり，就業者の87％を雇用者が占めている。人々が従事している働き方でみると，日本は「雇用社会」と特徴づけることができる。したがって，日本の社会を理解するうえで雇用社会の解明は今や欠かせない。
　同時に，雇用社会は，雇用の場を提供する企業が大きなプレゼンスをもつという意味で「企業社会」でもある。日本の産業社会は，企業の活動に支えられ

ていると同時に，企業は雇用者なしにはその活動を維持できない。また雇用者からみると，企業は自らの生活の基盤を得る場であるだけでなく，職業キャリアを通じた自己実現の場でもある。こうしてみると，本書はこのようなさまざまな顔をもつ日本の産業社会とその変化のありようを「雇用」や「仕事」という切り口からアプローチしようとするものである。

本書は，こうした「雇用社会」を分析対象とする「仕事の社会学」の教科書であり，特徴は次の5点にある。

第1に，仕事を分析の対象とするが，仕事のすべてではなく，雇用セクターでの働き方をおもに取り上げる。

第2に，「仕事の社会学」を学ぶために必要な基本的な概念を解説するとともに，内外の先行研究を簡素に紹介している。

第3に，戦後の高度経済成長期以降の歴史的な変化と国際比較の両者に目配りしつつ，日本における働き方の特徴を明らかにしている。

第4に，働く人々に焦点を当て，学校を卒業し，就職してから定年を経て仕事からの引退に至る職業キャリアの展開に沿った章編成とした。

第5に，読者である学生の皆さんが「仕事の社会学」を学ぶだけでなく，自らのキャリアを考えるために必要な基礎的な知識を得ることができることをめざした。

各章の概要は，それぞれの章の冒頭に紹介されているので，ここでは各章の内容を簡単に紹介しておこう。

企業が人を雇用する場合，労働市場から即戦力を採用する方法と，職業経験をもたない者を採用し企業内で育成する方法の2つがある。また，労働サービスの対価として支払う報酬の決め方に関しても，雇用者が従事する仕事に着目して報酬を決める方法と，雇用者が保有する職業能力に着目して報酬を決める方法の2つがある。雇用や報酬に関する企業の選択が，雇用や処遇のシステムのあり方を決めることになる。第1章では，こうした雇用や処遇のシステムを取り上げ，日本と海外との比較を行うとともに，将来の方向を検討する。

企業が，学校を卒業した後に職業経験をもたない者を採用することを重視する場合，企業内における能力開発が重要となる。また，即戦力を採用する場合でも，企業が必要とする労働サービスが変化する場合，職業能力の再開発が不

可欠となる。第2章は，企業主導で行われるさまざまな能力開発だけでなく，企業を超えた能力開発の支援のしくみや個人主導で行われる自己啓発などを取り上げる。

　技術革新は，仕事や職場のあり方にどのような変化を及ぼすものなのだろうか。たとえば，仕事の内容を高度化するのか単純化するのか。第3章は，技術革新が仕事や職場に及ぼす影響に関して先行研究を整理するとともに，最近の情報化の影響も含めて，両者の関係を検討する。

　第4章は，男女で従事している仕事に違いを生み出している背景要因を分析する。なぜ女性が多く従事する仕事があるのか，なぜ管理職に女性が少ないのか。このような男女による仕事の領域の違いや仕事の分離の実態とその要因を検討する。

　企業に雇用されていた人々が，経営不振で勤務先が倒産し雇用機会を失うことがある。また雇用者が，労働条件のよい勤務先へと転職するために，自主的に退職することもある。こうした結果，雇用機会を探している人が失業者となる。第5章では，失業や転職を取り上げるとともに，失業時の生活を支える雇用保険や再就職をサポートする公共サービスなどを取り上げる。

　第6章は，働く人々のライフスタイルと就業意識に着目し，その特徴を歴史的および国際比較の視点から分析する。日本の戦後における高度経済成長は，いわゆる「会社人間」や「仕事人間」といったライフスタイルや価値観をもった人々に支えられたといわれるが，こうした就業意識は現在も存続しているのか，あるいは新しい就業意識に取って代わられたのか。こうした点を分析する。

　日本では高度経済成長期に，学校から職場への移行のしくみが定着した。つまり，企業が，新規学卒者を採用し，企業内で育成するしくみが確立したのである。こうした結果，日本では，他の先進国に比べて若年者の失業率が低位となっていた。しかし，1990年代に入ると，学校を卒業しても就職できずに無業となる者やアルバイトなどの仕事に従事する者が増加するなど，若年労働市場の構造が大きく変化した。こうした点を分析するのが第7章である。

　第8章は，人々の生活時間の使い方を分析する。労働時間の長短や労働時間管理のあり方を企業内の問題としてのみ議論するだけでなく，働く人々の時間配分の問題としてとらえ，労働時間と労働時間以外の生活時間の関係を検討す

る。さらに，労働時間の推移や課題を取り上げる。

　企業に雇用される者が雇用者であるが，雇用者の種類は1つではない。雇用関係の定めの有無，労働時間の長短，使用者による仕事上の指揮命令の有無などから多様な雇用形態を区別することができる。とりわけ1990年代には雇用形態の多様化が進展した。第9章は，企業の人材活用と働く人々の就業選択の両面から多様化する働き方に関して分析を行う。

　雇用されて働く人は，いつまで仕事を続けるのか。多くの企業には定年制が導入されており，定年に到達すると仕事をやめ退職することになる。退職後も定年まで勤務していた企業に再雇用されて働いたり，別の会社に再就職する者も少なくないが，多くの者は，しだいに仕事に従事するのをやめることになる。これが仕事からの引退である。第10章は，働く人々がどのように仕事から引退していくのか，引退にはどのような多様性があるのかといった点を取り上げる。

　第11章では，働く人々の労働者の発言機会として労働組合の組織と機能，さらに労使関係のしくみを紹介している。

　今回の改訂では，雇用との連続性が高いと考えられる働き方として個人請負やフランチャイズオーナーなどを分析した「雇われない働き方」を第12章として追加するとともに，各章では法律改正に伴う変化や統計調査データの更新などを含めて内容の改訂を行った。

　本書は，最新の研究をふまえた「仕事の社会学」に関する基本テキストをめざしたものである。第一線で活躍する若手研究者の皆さんにご執筆いただくことで，編者としてはその目的がほぼ達成できたと考えている。筆者の皆さんには，この場を借りてお礼を申し上げたい。

　初版の刊行では有斐閣編集部の池　一さんと茅しのぶさんのお二人に，また今回の改訂版の刊行では堀奈美子さんに多くのアドバイスをいただいた。記してお礼を申し上げる。

　　2012年1月

　　　　　　　　　　　　　　　筆者を代表して　　佐　藤　博　樹
　　　　　　　　　　　　　　　　　　　　　　　　佐　藤　　　厚

仕事の社会学・目次

第1章 雇用・処遇システム────────────1
　　　　──国際比較と将来展望──

　　はじめに　1

　1　雇用・処遇システムをどうとらえるか……………………1
　　　雇用システムとは何か　2　　雇用システムに違いを生み出すもの　2　　雇用システムの国際比較　3

　2　企業コミュニティと日本の雇用システム……………………4
　　　コミュニティとしての企業　4　　組織志向型と市場志向型　5

　3　日本の雇用システムの編成原理と制度……………………7
　　　雇用システムの「原型モデル」　7　　「広い」異動と「ゆっくりした」昇進による長期の人材育成　8　　昇進システムの得失と機能する条件　10　　処遇制度の柱としての職能資格制度　10　　職能資格制度の得失　11

　4　日本の雇用システムの変化と将来展望……………………11
　　　システム変動と部分変化　12　　コーポレート・ガバナンスの変化　13　　雇用システムの変化　13

第2章 能力開発とキャリア────────────19
　　　　──これからのキャリア形成──

　　はじめに　19

　1　内部労働市場と新規学卒採用……………………19
　　　新規学卒採用　19　　内部労働市場　21　　国際比較からみた内部化の度合い　22

2 OJTとキャリア ……………………………………………………… 23
能力開発の方法とOJTの重要性　23　　フォーマルなOJT，インフォーマルなOJT　24　　仕事を通じた能力開発　25　　タテのキャリアとヨコのキャリア　25　　国際比較にみる仕事の幅　26

3 OFF-JTと自己啓発の役割 ……………………………………………… 27
OFF-JTの種類と実施状況　27　　自己啓発の内容と実施状況　28

4 個人の主体的なキャリア形成 ………………………………………… 29
企業まかせのリスク　29　　職業能力の社会的な評価制度の整備　30　　個人主導の職業能力開発　31　　個人の主体的なキャリア形成　32

第3章 技術革新と仕事・職場の変化 ─────────── 37
──テイラリズムからテレワークまで──

はじめに　37

1 技術革新と仕事・職場の関係──いくつかの見方 ……………… 37
技術革新は技能を高度化するのか，それとも単純化するのか　37　　技術革新と仕事・職場の変化の対応関係　38　　技術決定論と社会決定論　39

2 生産システムと仕事・職場の変化 …………………………………… 40
テイラリズムとフォード生産方式　40　　労働の人間化　42　　トヨタ生産方式　44

3 戦後日本の技術革新と仕事・職場の変化 …………………………… 45
メカニゼーションとオートメーション　45　　ME化　47　　円滑な技術革新の受容　49

4 情報技術の進展とホワイトカラーの仕事・職場の変化 …………… 49
IT化　49　　テレワーク　51　　技術革新と仕事・職場の近未来　52

第4章 性別職域分離 ―― 55
―― 仕事の中の男性と女性 ――

はじめに 55

1 国際比較からみた性別職域分離 ……………………………… 55
  労働市場全体の職域分離 55　個別職域ごとにみた性別分離 57

2 日本における歴史と現状 ……………………………………… 59
  水平分離 59　垂直分離 62

3 性別職域分離の理論 …………………………………………… 63
  分離の形成 63　分離の維持と連鎖 65

4 よりよい社会的協働に向けて ………………………………… 67
  性別職域分離と結びつきやすい諸問題 67　日本における取り組みの現状と課題 69

第5章 失業と転職 ―― 73
―― セーフティネットと労働力の需給調整サービス ――

はじめに 73

1 失業とリストラ ………………………………………………… 73
  政府統計と失業者の定義 73　リストラの影響を受ける若年者と中高年 75　失業と失業率の国際比較 76

2 セーフティネットのシステム ………………………………… 77
  セーフティネットとしての失業保険など 77　セーフティネットの国際比較 78　セーフティネットとしての無料職業紹介事業 79

3 雇用流動化時代の労働力移動 ………………………………… 82
  雇用流動化論をめぐる動き 82　統計調査にみる「雇用流動化」の実態 83　マーケット情報とエンプロイアビリティと企業内教育 84

4 転職活動を支えるシステム …………………………………… 86

目次　vii

労働市場サービス産業の発展　86　　労働市場サービスの利用状況　87　　ソーシャル・ネットワークの重要性　89

第6章　ライフスタイルと就業意識 ──────── 93
──「会社人間」の成立と変容──

はじめに　93

1　豊かな労働者？ ……………………………………………… 93

労働者階級の「ブルジョワ」化　93　　ルートン調査　94　　日本の「豊かな労働者」　96　　「会社人間」の成立　96

2　「会社人間」の定着 …………………………………………… 97

ブルーカラーの「ホワイトカラー化」　97　　家庭生活と職業生活　98

3　国際比較からみた日本の労働者意識 ………………………… 99

勤労意欲の違いを説明する　99　　文化やパーソナリティによる説明　100　　社会学者による国際比較研究　100　　リンカーンとカリバーグの日米比較研究　102

4　多様化するライフスタイルと日本型雇用システムの変容 …… 103

1990年代以降の変化　103　　日本型雇用システムの変容と就労意識　104　　中心的生活関心の変容　105　　女性の就労　107

第7章　学校から職場へ ──────── 111
──風化する「就社」社会──

はじめに　111

1　「就社」社会・日本の形成 …………………………………… 111

「就社」社会とは　111　　「就社」社会の成立過程　113　　「就社」社会の得失　115

2　1990年代における「就社」社会の変貌 ……………………… 117

1980年代に始まる前史　117　　様変わりする新規学卒労働市場　118

大学生の就職活動の変化　121　　「フリーター」の増加とその位置
　　　づけ　123　　政策的対応とその限界　124

　3　新たな生き方の模索………………………………………………126
　　　世界同時進行的な動き　126　　「就社」の終焉がもたらす人間像
　　　127

第8章　生活時間配分　――――――――――――――――――131
　　　――生活と仕事の調和を求めて――

　　　はじめに　131

　1　生活時間配分と生活時間研究………………………………………132
　　　時間配分の分析視点　132　　時間配分と労働時間　133　　個人の
　　　時間配分と社会的な制約条件　133

　2　生活時間調査と生活時間配分………………………………………134
　　　生活時間に関する調査　134　　生活時間配分とその推移　137

　3　労働時間制度と柔軟な働き方………………………………………141
　　　多様化・柔軟化する労働時間制度　141　　労働者の生活時間と働き
　　　方の柔軟性　142　　労働時間の推移　143　　労働時間短縮の課題
　　　144　　柔軟な労働時間制度　145　　「個人にとっての柔軟化」と
　　　「企業にとっての柔軟化」の関係　146　　重要性を増す生活と仕事
　　　の調和　147

第9章　非典型雇用　――――――――――――――――――――149
　　　――多様化する働き方――

　　　はじめに　149

　1　非典型雇用のさまざまな働き方……………………………………149
　　　非典型雇用とは　149　　典型雇用と非典型雇用　151　　先進諸国
　　　における非典型雇用の拡大　152

　2　企業の視点からみた非典型雇用……………………………………153
　　　日本企業における非典型雇用　153　　企業が非典型雇用を利用する

　　　　　　理由　154　　　非典型雇用の活用のための人事制度　156

　3　働く側の視点からみた非典型雇用 ……………………………… 158
　　　　　　非典型雇用の働き方を選ぶ理由　158　　　若年期における非典型雇用：
　　　　　　学生アルバイトとフリーター　160

　4　非典型雇用をめぐるさまざまな当事者 ………………………… 161

第10章　仕事からの引退過程 ――――――――――――― 165
　　　　　　――高齢期のライフスタイル――

　　はじめに　165

　1　高齢化と仕事からの引退 ………………………………………… 165
　　　　　　仕事からの引退とは　165　　　引退過程の意義　166　　　高齢者の就
　　　　　　業・不就業の現状と特徴　167　　　高齢期の退職行動　167　　　退職
　　　　　　にかかわる企業の雇用管理施策　169　　　定年前の退職管理施策
　　　　　　169　　　定年後の退職管理施策　170

　2　定年制とライフスタイルの変化 ………………………………… 171
　　　　　　定年前後のライフスタイルの変化　171　　　就労/非就労の規定要因
　　　　　　171　　　職業キャリアと家族キャリア　172　　　労働者の描く高齢期
　　　　　　の生活設計　174　　　高齢期の生活の賄い方　174　　　高齢期の生活
　　　　　　のすごし方　175

　3　安心した高齢期生活を支える政策課題 ………………………… 176
　　　　　　高齢者雇用対策の課題　177　　　年齢差別の禁止　178　　　就労・引
　　　　　　退をめぐる国際比較　178

第11章　企業と労働組合 ―――――――――――――――― 181
　　　　　　――労使関係と労使コミュニケーション――

　　はじめに　181

　1　労　使　関　係 …………………………………………………… 182
　　　　　　企業別労使関係　182　　　企業別労使関係の内実　183　　　企業別労
　　　　　　使関係の外延：春闘　184　　　企業別労使関係の試練　186

2 労使コミュニケーション･･186

　労使関係を成り立たせる労使コミュニケーション　186　　労使コミュニケーションの種類　187　　労使協議機関の付議事項・取扱度　188　　経営参加と労働組合類型　189　　労使コミュニケーションの環境　192　　労使コミュニケーションの経営資源性　192

3 労使関係の国際比較･･193

　企業コミュニティ性　193　　団体交渉と労使協議制　193

4 日本の企業別労使関係の課題･･195

　組織率の低下と企業別労使関係対象者の減少　195　　雇用形態の多様化　196　　個別労働紛争の増加　197　　ネオ・コーポラティズムとコーポレート・ガバナンスの変化　197

第12章　雇われない働き方 ─────────────── 201
　　　　　──個人請負やフランチャイズオーナー──

　はじめに　201

1 なぜ雇われない働き方か ･･202

　自営業は雇用創出に貢献するのか　202　　開業の実態　203　　自立した自由な働き方　203　　多様な自営業層　204

2 個 人 請 負 ･･205

　「個人請負」という働き方　205　　個人請負に対する2つの見方　206　　個人請負就業者の「労働者性」　208　　個人請負という働き方の選択　210

3 フランチャイズオーナーの働き方 ････････････････････････････････････212

　フランチャイズオーナーとは　212　　フランチャイズオーナーとしての店長の働き方：加盟店長のキャリア　213　　加盟店長の仕事内容および仕事意識　214　　自営店長，雇用店長との比較でみた加盟店長の特徴　215

引用・参照文献一覧 ･･･217

事項索引……………………………………………………………………233

人名索引……………………………………………………………………240

本書のコピー，スキャン，デジタル化等の無断複製は著作権法上での例外を除き禁じられています。本書を代行業者等の第三者に依頼してスキャンやデジタル化することは，たとえ個人や家庭内での利用でも著作権法違反です。

執筆者紹介 (執筆順，＊印は編者) ＊＊＊＊＊＊＊＊＊＊＊＊＊＊＊＊＊＊＊＊＊＊＊＊＊＊＊＊＊＊＊＊＊

＊佐 藤　　厚（さとう　あつし）　〔第1章，第10章，第12章3〕
　　　法政大学大学院社会科学研究科修了　博士（社会学）
　　　法政大学キャリアデザイン学部教授
　　　主著『キャリア社会学序説』泉文堂，2011年。

　上 西 充 子（うえにし　みつこ）　〔第2章〕
　　　東京大学大学院経済学研究科博士課程単位取得退学
　　　法政大学キャリアデザイン学部教授
　　　主著『大学のキャリア支援——実践事例と省察』（編著）経営書院，2007年。

　小 川 慎 一（おがわ　しんいち）　〔第3章〕
　　　東京大学大学院人文社会系研究科修了　博士（社会学）
　　　横浜国立大学大学院国際社会科学研究院教授
　　　主著「もうひとつの企業社会論——小集団活動とその周辺」『日本労働社会学会年報』20号，2009年。

　金野美奈子（こんの　みなこ）　〔第4章〕
　　　東京大学大学院人文社会系研究科修了　博士（社会学）
　　　東京女子大学現代教養学部教授
　　　主著『OLの創造——意味世界としてのジェンダー』勁草書房，2000年。

　佐 野　　哲（さの　てつ）　〔第5章〕
　　　一橋大学大学院社会学研究科修了　博士（社会学）
　　　法政大学経営学部教授
　　　主著「労働市場サービス産業の現状と課題」『日本労働研究雑誌』506号，日本労働研究機構，2002年。

　千 葉 隆 之（ちば　たかゆき）　〔第6章〕
　　　東京大学大学院人文社会系研究科博士課程単位取得退学
　　　前椙山女学園大学人間関係学部助教授
　　　主著「市場と信頼——企業間取引を中心に」『社会学評論』191号，1997年。

　本 田 由 紀（ほんだ　ゆき）　〔第7章〕
　　　東京大学大学院教育学研究科修了　博士（教育学）
　　　東京大学大学院教育学研究科教授
　　　主著『教育の職業的意義——若者，学校，社会をつなぐ』ちくま新書，2009年。

＊佐 藤 博 樹（さとう　ひろき）　〔第8章，第12章1〕
　　　一橋大学大学院社会学研究科博士課程単位取得退学
　　　中央大学大学院戦略経営研究科教授
　　　主著『新しい人事労務管理〔第4版〕』（共著）有斐閣，2011年。

佐野 嘉秀（さの　よしひで）　　〔第9章，第12章2〕
　　　東京大学大学院人文社会系研究科博士課程単位取得退学
　　　法政大学経営学部教授
　　　主著『実証研究 日本の人材ビジネス――新しい人事マネジメントと働き方』
　　　（共編著）日本経済新聞出版社，2010年。

呉　学殊（おう　はくすう）　　〔第11章〕
　　　東京大学大学院人文社会系研究科修了　博士（社会学）
　　　労働政策研究・研修機構主任研究員
　　　主著『労使関係のフロンティア――労働組合の羅針盤』労働政策研究・研修機構，2011年。

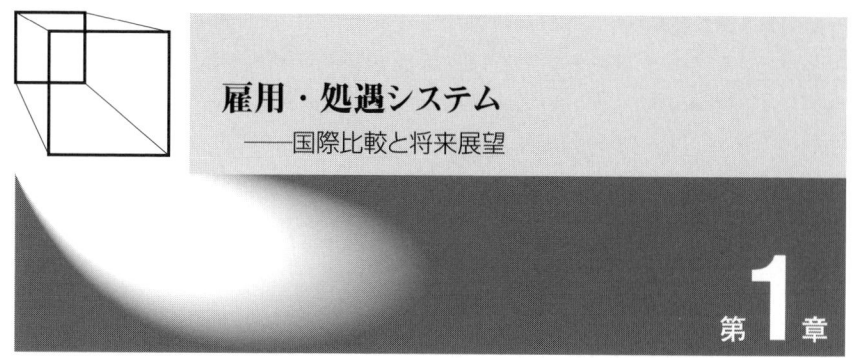

雇用・処遇システム
——国際比較と将来展望

第1章

はじめに

　今日，日本の労働者の多くは，企業に雇われて働き生活を維持している。企業に採用された者は，職場に配属され，仕事をし，その見返りに賃金をもらう。経験を積むと異動や昇進をする者も出てくる。こうした行動は通常何らかのルールや慣行によって律せられている。すなわち，企業はあるルールや慣行によって労働者を採用し，職場に配置し，賃金を支給する。また異動や昇進を経験させながら退職までの管理活動を行う。それでは，そのルールや慣行とはどのようなものか。以下，この章ではまず，こうしたルールや慣行を雇用・処遇システムとしてとらえる。ついで，日本の大企業を中心に形成されている**雇用・処遇システム**のしくみを解明しつつ，今後の将来展望を行う。あわせて，日本の雇用・処遇システムの特徴を探るために国際比較も行ってみたい。

1　雇用・処遇システムをどうとらえるか

　雇用・処遇システム（以下「雇用システム」と略）は時代により変化するし，また国による差異もある。これまでも日本の雇用システムは西欧諸国のそれと比べて差異のあることが指摘され，その性格づけに際しては，**長期雇用**や**年功制**，さらには**企業別組合**といった慣行やしくみが強調されてきた（いわゆる**日本的雇用慣行**）。日本型雇用システムの特徴については後述するが，そもそも雇用システムとは何かについて整理をしよう。

雇用システムとは何か

　企業は，利益をあげるといった経営目標を効率的に達成するために組織と管理のしくみを構築するが，雇用システムとは，このうち「ヒト」にかかわる管理領域，すなわち「人材の確保と配置，報酬の決定を通して人材の有効活用をはかる」ためのしくみといってよい（今野・佐藤，2009）。企業は経営目標を達成するために労働者に仕事をしてもらい，労働者は仕事をすることで報酬をもらう。雇用システムとは要約していえば，労働者の仕事への割り当てとその見返りとしての報酬のしくみといえる。ここで重要なのは，企業は効率的な雇用システムを作らなければならないが，それが労働者に受け入れられるには制約をもつということである。つまり雇用システムの構成には，①効率性と②受容可能性の2つが要請される。

　①では，企業が生産の効率化のために，仕事とヒトをどのように結びつけるか，つまり経営者の権限を通じて経営組織の柔軟性を実現することが課題となる。②では，そのしくみがどのようにヒトに受け入れられるか，つまり経営者の権限が恣意的もしくは機会主義的になるのを防ぐことが課題となる。この2つの要請を満たす方法は一義的には決まらず，どのような方法で満たすかによって，雇用システムは異なる類型のものへと分岐すると考えられる。

雇用システムに違いを生み出すもの

　効率性の要請を満たす方法には，大きく分けると2つがある。1つは，仕事あるいは生産の側を重視する方法であり，もう1つは，ヒトの能力あるいは訓練の側を重視する方法である（前者を生産重視，後者を訓練重視と呼ぶ）。他方，受容可能性の要請を満たす場合にも2つの方法がある。1つは，個々の仕事内容を厳密に定義したうえでヒトを配置する方法であり，もう1つは，企業の側が要求する職務能力に応じてヒトを配置する方法である（前者を仕事基準，後者を職能基準と呼ぶ）。

　マースデンは，こうした要請と方法を組み合わせて雇用システムを4つに類型化し，国際比較を試みている（Marsden, 1999）。第1のタイプは，生産の必要に従って職務を厳密に定義し，職務とヒトを1対1に対応させるものであり，これによって経営者の恣意性を排除するルールである（アメリカが該当）。第2

のタイプは，訓練の必要に従って職務を定義し，そのうえでヒトが使用する道具や仕事のなわばりを基準として仕事を配分するルールである（イギリスが該当）。第3のタイプは，従業員の職務能力を基準として仕事を配分するルールであり，企業の側からその基準を職能等級としてルール化するものである（日本が該当）。第4のタイプは，やはり従業員の職務能力を基準とするものだが，社会的な訓練のしくみに従ってその基準を技能資格としてルール化するものである（ドイツが該当）。

こうしてみると，他国と比べ日本の雇用システムの特徴は，生産（企業の側）の必要に従ってその基準を職能等級としてルール化する点にあるということになるが，これは後にみる日本の代表的人事処遇制度である**職能資格制度**，つまり（社会的でなく）個別企業内で職務遂行能力によって社員を資格・等級で格付けし，それに基づいて報酬を支給するしくみに合致している。

雇用システムの国際比較

マースデンによれば，上述した4つの雇用システムに対応する典型国の国際比較研究を整理すると，表1-1のように整理できる。

表1-1から，日本の特徴について以下の点が指摘できる。

第1に，職務設計の考え方に着目すると，日本とアメリカ（およびフランス）はともに生産重視型であるが，日本は**OJT**（on-the-job training）や「幅広い」ローテーションを通じて技能形成を促す多能工型が主流であるが（Whittaker, 1990；小池，2005），これに比べるとアメリカ（およびフランス）の場合は，技能の幅がやや狭い。それに対して，イギリスやドイツの場合はクラフト的な職業能力を優先して職務が設計されている。

第2に，職能の他社通用性，勤続に伴う賃金の上昇度といった指標についてみると，日本は職務階梯が広く普及しており，勤続に伴う賃金の上がり方が大きい，いわゆる**内部労働市場**が普及している（したがって，日本の場合は，企業内における特殊性を帯びたスキル形成が主となり，他社で通用するスキルは形成されにくくなるという含意をもつ）。他方，イギリスやドイツでは，職業スキルが確立し，職務階梯や勤続リンクのペイはあまりみられないことから，**職業別労働市場**が普及している。

表1-1 雇用システムの国際比較研究の整理

	生産重視		訓練重視	
	仕事基準	職能基準	仕事基準	職能基準
該当国	アメリカ	日本	イギリス	ドイツ
職務設計[1]	技術重視で狭い職務	OJTと「幅広い」ローテーション	クラフト的職業	スキル重視
ローテーション頻度	低	高	低	中位
賃金の勤続へのリンク	強い	強い	弱い	弱い
技能の他社通用性	弱	弱	強	強
職務範囲の厳密さ	厳密	厳密でない	厳密	
管理職の役割特化[2]		特化せず(PM型)	特化(SM型)	

(注) 1. 「職務の設計が技術優先的か,職能優先的か」の指標。
    2. 「管理職の仕事や役割が管理業務に特化しているかどうか」の指標。PM型はプレーイング・マネージャー型を,またSM型はスペシャリスト・マネージャー型を指す。
(出所) Marsden, 1999, pp. 140-46をもとに修正のうえ作成。

第3に,ヒトと仕事との結びつき方をみると,日本の場合,その結びつき方は厳密でないが,アメリカやイギリスではヒトと職務は厳密に対応している(Dore, 1973 = 1987;Cole, 1979;Lincoln and Kalleberg, 1990など)。さらに,管理職の仕事や役割の分化の程度をみると,管理業務に特化しているイギリスなどと比べると,日本は管理だけでなく実務もこなすいわゆるプレーイング・マネージャー型が多い。

2　企業コミュニティと日本の雇用システム

雇用システムが「ヒト」にかかわる管理様式である以上,経営者や労働者の抱く規範意識によって規定される側面を見落としてはならない。経営者と労働者がお互いをたんに**「雇い雇われるだけの関係」**として認識しているのか,そうでないかは雇用システムの性格形成に大きな違いをもたらすに違いない。産業社会学では,伝統的に日本企業を**「コミュニティ」**としてとらえる視点を重視してきた。

コミュニティとしての企業

企業は,株主のたんなる財産ではなく(正社員を主とする)労働者をコミュ

ニティの構成員としてみなす一種の共同体である。管理者（経営者）はコミュニティ内部で昇進した先輩（長老）であり、彼らは株主の意向よりも後輩に気をくばる。そうしたコミュニティ意識は、職務はもとより地位や身分（管理者と労働者、ブルーカラーとホワイトカラー）を厳密に区別しないことによっていっそう補強される。したがって、労使間には長期的な目標（や情報）を共有しようとする規範が形成されることになる。

　こうしたコミュニティが有効に機能するには、使用者は労働者に長期にわたる雇用を保障し、労働者はそれに応えるべく会社に忠誠を尽くすという双方向の過程が存在している必要がある。日本型雇用システムを特徴づける、いわゆる**長期雇用慣行**はその必要条件となる。それに加えて、労使間に「**やつらとわれわれ**」（'them and us'）感情が希薄であること、株主のコントロールを制限するような**コーポレート・ガバナンス（企業統治）**構造の存在、さらに内部昇進をベースとする処遇システム（いわゆる年功制）や企業別労働組合が存在することで、企業コミュニティの存立基盤はいっそう強固なものとなる（Sako and Sato, 1997）。

　このように、企業コミュニティはコミュニティ内部の規範やしくみがベースとなって形成される。そこには、いくつかの特徴的な性質が見出される。①成員の社会的アイデンティティが職種よりも企業に根ざしがちであること（「お仕事は何？」と聞かれて「〇〇社です」というのはその例）、②性別や学歴などからみて成員が比較的同質的であること、③企業も成員の福利厚生を重視し、家族を含めた生活保障に気をくばること（いわゆる**福祉企業集団主義 welfare corporatism**」）などは、いずれもそうした企業コミュニティの性格を表現している（Dore, 1973＝1987）。

組織志向型と市場志向型

　こうした企業コミュニティとしての日本の雇用システムの特徴を**組織志向型**と命名すると、イギリスなどの**市場志向型雇用システム**との違いはより明確になる（Dore, 1973＝1987, 1993）。

　第1に、労働者の移動率（転職率）をみると、市場志向型では高いが、組織志向型では低い（日本での長期雇用慣行と整合的）。

第2に，賃金支給原則についてみると，市場志向型では「**同一労働同一賃金**」であり，賃金は一定の技術に対する「現行賃率」を表現している（その違いは市場の違いを反映している）が，組織志向型の場合は「現行賃率」という考え方はなく，賃金決定の整合性は組織内に求められる。組織内では勤続年数，年齢，「功労」などが，職能と同様に評価される（賃金は職務ではなくヒトを基準に支払われる）。

　第3に，教育訓練の主体は，市場志向型の場合は企業の外で，公共もしくは個人ごとの**職業別訓練**が主体であるが，組織志向型では**企業内訓練**が主体となる。

　第4に，市場志向型の場合，どのような地位でも外部から参入が可能だが，組織志向型の場合は，下位の地位から参入し，内部昇進しながら上位の地位に就く。

　第5に，労働組合の存立基盤は，市場志向型の場合は同一産業や同一職業にあるが，組織志向型では企業別である。

　第6に，労働者の社会的アイデンティティは，市場志向型の場合，専門家や熟練工といった**職業アイデンティティ**やホワイトカラー・ブルーカラーといった階級意識に根ざしているが，組織志向型では，企業への帰属意識が強い。

　第7に，仕事の動機づけ様式は，市場志向型の場合，①出来高制度の多用，②個人や管理職の責任範囲の明確化，③個人間の競争がみられるが，組織志向型では，①〜③それぞれについて個人に結びつけられているのではなく，集団に結びつけられている（集団出来高制，課や部単位での責任，集団で協調しながらの競争など）。

　以上のような2つの型の雇用システムの対比的整理は，以下にみられるコーポレート・ガバナンスの違いとも対応している。市場志向型の雇用システムを成立させるコーポレート・ガバナンスの特徴は，第1に，会社は法的にも社会的にも会社株主の所有物となっており，株主に利潤が得られると納得させれば敵対的乗っ取りができる。第2に，「会社の構成員」は株主である。第3に，管理職は株主の信任を得た代理人である。第4に，短期的な利潤や配当金を維持して株主を満足させることが最優先の目標となっている。第5に，全体的な経営風土は金銭志向型である。

これに対して、組織志向型のコーポレート・ガバナンスの特徴として以下が指摘できる。第1に、会社は株主の所有物ではなく従業員の共同体であることから、「会社の構成員」は従業員とみなされる。第2に、管理職は会社の上級メンバーである。第3に、短期的な利益や株価への影響は管理職にとって副次的なものなので、長期的展望に立った経営計画や設備投資の策定ができる。第4に、以上のことから全体的な経営風土は生産志向型なものとなる。ここに、日本の製造業の強みと「モノ作り」文化を重視する性格を見出すこともできる。

3　日本の雇用システムの編成原理と制度

雇用システムの「原型モデル」

前述のように、日本の企業コミュニティの中枢には日本型雇用システムがあり、組織志向型のコーポレート・ガバナンスのありようがそれを大きく枠づけている。雇用システムの中にコミュニティをみるこの見方に立てば、コミュニティの成員（以下たんに成員）に対する雇用（生活）を長期にわたって保障するという規範が何より重要となることがわかる。成員の激しい出入りはコミュニティの形成を妨げるからである。こうした規範は高度経済成長期に形成されたが、その起源は古く戦前の**経営家族主義的イデオロギー**にまで遡るともいわれている（松島, 1962；間, 1964）。そうした規範のもとでは、正社員として採用された者は、特段の事情がない限り原則定年（60歳が多い）までの雇用が想定されており、雇用保障の規範の及ぶ時間の地平は長い。

だが、長期雇用については以下の点を留意する必要がある。第1に、企業の労働者すべてにこの規範が同じ程度に及ぶわけではなく、優先順位があることに留意しておきたい。この規範が強く及ぶのはまずは正社員（それも男子）であり、パートタイマーや臨時労働者、さらには契約社員といった非正規労働者はその優先度が劣る。

第2に、**長期安定雇用の規範**は、解雇制限の判例法理（たとえば「**整理解雇の4要件**」）や労働政策によっても支えられてきた側面がある。そのため雇用調整のしくみも残業時間削減や非正規労働者の採用停止から始まり、正社員の解雇は極力回避される。

こうした成員への長期の雇用保障という規範があればこそ，企業は成員に対する能力開発を積極的に行う。もし成員が定着しないとみなされるなら，多大な教育投資の回収ができなくなるからである。勤続の短い女子や非正規に対する訓練に消極的になるのも，この点とかかわっている。また，成員の長期雇用を前提とすると，仕事を通じてのOJTに加えて，役職昇進や資格昇格，配置や計画的ローテーションといった，長期にわたるキャリア形成のしくみが有効に機能する。

　このように，長期安定雇用の規範は長期的な能力開発とも密接につながっている。その意味で，この2つが雇用システムの編成原理と呼んでよい（稲上，1999）。ちなみに，高齢化やポスト不足を背景に普及してきた企業グループ内での出向・転籍といったしくみにも（定年前排出という側面は無視できないが）この雇用保障規範が及んでいるとみてよい。

「広い」異動と「ゆっくりした」昇進による長期の人材育成

　雇用システムの編成原理が長期雇用保障と長期能力開発にあるとすると，成員のキャリア形成とその管理のあり方が重要となる。労働者は長い期間をかけて一連の仕事群を経験し，その仕事群の経験によって能力が開発されていくからである。しかもそれが特定企業に勤続してなされるとなると，企業内のキャリア形成が能力開発の基本となる。企業内キャリアは**昇進**（タテの移動）と**異動**（ヨコの移動）によって形成されていくが，いずれも成員の能力開発や動機づけ（モチベーション）という面で大きな意味をもつ。

　雇用形態や採用区分にもよるが，正社員（総合職）の場合，企業内キャリア形成は，通常採用された後に初任職場に配属され，その後，異動や昇進を繰り返しながら行われる。異動にも転居を伴う事業所間の異動（転勤）と同じ事業所・職場内での異動（配置転換やジョブ・ローテーション）など，異動の範囲による違いがある。

　こうした異動やローテーションの理由としては，適性発見を図ること，より仕事の経験の幅を広げ能力の伸張を図ること，職能間の人的交流を図ること，企業内の部門等の統廃合によるもの，企業内の部門間の業務量の調整を図ること，などがあげられる。ここには，仕事とヒトの結びつきを厳密に対応させな

い日本型のルールが認められるだけでなく，ある仕事や職場，部署が廃止されても異動によって解雇を回避するという雇用保障の規範を見出すこともできる。

　一方昇進は，現在より上のポジション（職務，役職，職能資格）に上がることを意味するものであり，通常昇進というと役職昇進を指すことが多い。役職昇進によって，仕事の権限や賃金，さらには威信の向上が図られるという意味で成員の動機づけ，モチベーション向上に寄与する。したがって，誰をいつ頃役職昇進させるか（つまり昇進管理）は企業や成員にとって大きな意味をもつ。昇進管理のポイントの1つは，選抜時期である。企業内の役職構成は上位ほど少ないため，全員を同時に昇進させつづけることはできない。したがって，昇進管理を勤続年数に応じて自動的に行っているとすれば，長期的には維持できないことになる。しかしだからといって，選抜時期を早い時期に設定し，しかもその後の敗者復活ができないものとすると，選抜からもれた者の意欲は低下しよう。それは，企業コミュニティの維持という観点からみても望ましくない。したがって，日本の大企業はこの点についていくつかの工夫をこらしてきた。

　1つは，（昇進）競争の範囲をあまり広げずに，しかもあまり激しくしないような運用を行ってきた。原則として昇進競争の範囲を性，年齢，学歴，勤続という4ポイントで切り取られた集団に限定するといった運用はその例である。

　2つめに，昇進管理も具体的には**同期同時昇進**（同じ時期に，同期のかなり多くが当該の役職や職能資格等級に昇進）や**同期時間差昇進**（昇進の時期には違いがあるが，同期のかなり多くが当該の役職や職能資格等級に昇進）などを設けたうえで，実質的な選抜時期を「遅く」するという，いわゆる「**遅い選抜**」のしくみをとってきた（竹内，1995；小池，2005ほか）。そしてその後の選抜は，そこで選抜されなかった者がその後の昇進競争に参加できないという意味で，トーナメント移動の形をとることが多い（今田・平田，1995）。

　こうした日本の大企業ホワイトカラーの昇進プロセスを国際比較してみると，①初めて昇進に差のつく時期という点では，アメリカでは約3年，ドイツでも約4年であるのに対して，日本は約8年と遅く，②昇進の見込みのない人が5割に達する時期という点でも，アメリカでは約9年，ドイツでは約11年だが，日本は約22年とやはり遅い（小池・猪木編，2002）。

昇進システムの得失と機能する条件

このような昇進管理システムの利点としては，第1に，昇進選抜の時期が「遅い」時期に設定されているので，より多くの社員からより長くやる気(morale)を引き出すことが可能となる。第2に，選抜時期が遅いということは，複数の上司から働きぶりについての評価がなされていることから，「早い選抜」よりもそれだけ偏りのない，しかも納得のいく評価を保てる。

他方欠点としては，第1に，経営上層部の育成という面でみると，選抜された時期が遅いため，年齢的に高齢者が多くなるだけでなく，若手の抜擢などが難しくなる。第2に，遅い選抜は長期間の競争を社員に強いるだけでなく，選抜からもれたとわかった時にはすでに中高年になっていることから，やり直しがきかなくなるケースが多くなる。

処遇制度の柱としての職能資格制度

長期雇用と能力開発重視の規範重視は，賃金・処遇の制度設計にも表されている。その代表は職能資格制度であるが，その設計思想は日経連「**能力主義管理**」(1969年)にまで遡り，現在多くの企業の人事処遇制度の柱として広範に普及している。職能資格制度は職務遂行能力によって社員を格付け（職能資格）し，それに基づいて処遇を決めるしくみである。おのおのの職能資格には職能要件が定められ，当該職能資格者はこの要件を満たさなければならない。社員はこの要件を満たすべくOJTやOFF-JTなどによって仕事をこなす能力を高め，その要件を充足すると上位資格に「昇格」する。そして，その要件を満たすかどうかを評価するのが**人事考課**である（通常「能力」「情意」「業績」が評価要素となる）。下位資格の場合は，こうした能力要件のほかに**必要滞留年数**（ある資格につき一定期間在籍する期間）が設定されていることが多い。また上位資格になるほど，人事考課の中で業績評価の比重が高まる傾向にある。

ところで，日本型雇用システムの柱である年功制は，①「年の功」と②「年と功」という2つの側面からみることができるが，前者①は「年齢や勤続年数（つまり仕事の経験）に伴って技能が高まる」という**年功熟練**を指す。また後者②は，賃金の構成要素には，年齢や勤続年数によって決まる「年」の部分と仕事の実績で決まる「功」の部分があることを指す。すると，職能資格制度とは，

①の原則に立ちながら，資格等級が上にいくほど②の要素を高めるという意味で，年功制の2つの側面をあわせもつしくみといえる。よく年功賃金は勤続年数と年齢に従い自動的に給与が上がっていくので実績をみないといわれるが，それはこの後者の側面を無視した議論である。

　職能資格制度は，このように人材育成を促しつつ，能力が高まれば上位資格に昇格させる。そこで上述した役職昇進との関連が問題となるが，役職と資格との関係を1対1に対応させるのではなく，緩やかな対応を保ちつつ切り離して運用する企業が多くなった。組織拡大が見込めない中で，役職ポストに限りがあるので，上位資格者全員を役職につけることができにくくなったことがその背景にある。

職能資格制度の得失

　職能資格制度には上述したように利点があるものの，問題点もある。第1に，職能資格制度のベースとなる能力要件は職種の違いを問わず全社一律に設定されているため，異動を通じた幅広い仕事経験をしやすくし，また賃金も仕事ではなく人の能力で決められることから，配置転換によって賃金低下を避けるという利点をもつ。しかし職能要件の対象が広いために抽象的になり，昇格基準が曖昧になる。その結果，資格制度の運用が年功的になりがちとなる。第2に，職能資格制度は職能を向上させると，高い資格＝高い賃金が支給されるしくみだが，高資格者に見合った仕事や役職ポストが絶えず用意されるとは限らない。そうなると，役職ポストとは別に仕事と処遇を用意する必要が生じ，多くの企業では専門職制度を設けて対応してきた。

4　日本の雇用システムの変化と将来展望

　ここで，1985年のプラザ合意以降における日本の雇用システムの変化を概観し，将来展望を試みる。少なくともシステム変動と部分変化を区別しておくべきだろう。ここでシステム変動とは，構成要素（昇進管理システムや賃金制度など）のセットとしての雇用システムや企業コミュニティの成り立ちそのものの全体の変動を指す。部分変化とは，そうした雇用システム全体の変化ではな

く，雇用システムを構成するある部分の変化を指す。

システム変動と部分変化

　日本型雇用システムの変化というテーマをめぐって，近年「市場」や「流動化」という用語が多用される。「市場価値のある人材の流動化」などがその例で，その高まりをもって従来までの雇用システムの解体とみなしがちである。だが，2つの意味で疑問が生じる。第1に，その検討には，システム変動と部分変化の区別をする必要がある。第2に，仮にシステム変動だとしても，雇用システムの変化はただちに市場関係になることを意味するわけではない。雇用システムや雇用関係というものは，そもそも競争市場が想定する通常の市場取引関係と根本的に異なっている。市場取引関係が事前に契約内容を定義し，しかもその場限りの売買契約として成立するものであるのに対して，雇用関係は事前に契約内容を定義しつくせず（**不完備契約**と呼ばれる），事後にその不備を埋める。 第1節でみたように，雇用システムとは労働者の仕事への割り当てと報酬支給のルールであるが，それは事後に契約内容を埋める形でルール化される。とすると，雇用関係が通常の市場取引と異なることは明らかである。日本型雇用システムの市場志向型への接近が強調される今日，この点はいま一度強調されてよい。

　ドーアの企業コミュニティの規範を重視する見方も，これと類似の含意をもっている。彼によれば，企業コミュニティの形成は規範のあり方によっており，仮に雇用システムの構成要素が部分的に変化を遂げても（たとえば成果主義的賃金の導入），それがコミュニティの維持や繁栄をねらいとするものであるなら，企業コミュニティの変化とはみなされない。最近の論調の中には，組織志向型から市場志向型への変化を説くものが多いが，ドーア自身は，日本の後発効果による繁栄を考慮すればなおのこと，組織志向型の優位性は揺るぎがたく，企業コミュニティを支えてきた規範そのものは解体には至っていないとみている（Dore, 2000＝2001）。このように，日本型雇用システムの「変化」を論ずるには，上記の2つのレベル──システム変動と部分変化──を区別する必要がある。

コーポレート・ガバナンスの変化

　日本型雇用システムは企業コミュニティの中枢に位置し，企業コミュニティはコーポレート・ガバナンスによって枠づけられている。そうするとコーポレート・ガバナンスのありようが問題となるが，それについては持続と変化の双方の相が指摘されている。従業員と株主，その後に経営者がくる優先的ステークホルダー序列，安定株主との良好な関係，寡黙な株主行動への期待，内部昇進型の経営者キャリアの形成といった基礎構造についてはこれからも維持していきたいと考える企業が多く，変化よりも持続の側面といえる。その一方で，分権的責任経営と企業グループ連結経営の同時達成を推し進め，重視する経営指標を売上高から経常利益へと変更し，資金調達方法を間接金融（銀行の融資など）から直接金融（株や社債の発行など）へと切り替えながら，総じて**資本効率重視経営**への転換を図ろうとする動きも見落とせない（稲上・連合総合生活開発研究所編，2000；日本労働研究機構，2000c）。それが，ある水準を超えるとシステム変動に至る可能性があるものの，基本的には企業の国際競争力を強め，企業グループ・コミュニティの繁栄をめざしてのことだとすれば，企業コミュニティそのものの解体ととらえるのは適切ではないだろう。

雇用システムの変化

　一方，雇用システムに目を向けると，こうしたコーポレート・ガバナンスの動きと並行して，やはり持続の相と変化の相が認められる。長期雇用慣行は原則維持されるものの（勤続年数はむしろ長くなっている），その規範が及ぶ範囲は縮小する傾向がみられる（佐藤，1999；日本労働研究機構，2003b；厚生労働省，2003など）。**早期退職優遇制度**の適用範囲の拡大，パートタイマーや派遣労働者といった非正規労働者の増加などがその動きの一端を示している。また賃金や処遇についても，資本効率重視経営を背景に業績管理や人件費管理が徹底され，それを介して年齢・勤続要素以外の成果・業績部分の比重を高めるいわゆる**成果主義的賃金制度**へ向けた改革が増える傾向にある（厚生労働省「就労条件総合調査」2001年；今野編，2003）。

　実際，専門的な業務や企画的業務に従事するホワイトカラーの増加に伴い，人事評価の尺度が「働いた時間の長さ」から「仕事の成果」へと重点移行しつ

つある（佐藤，2003）。昇格の際の滞留年数や**定期昇給の廃止**，**目標管理**などの評価システムの精緻化と**裁量労働制**の適用拡大，**コンピテンシー**（高業績者の行動特性を分析した能力評価）や年俸制の導入といった動きはこうした方向を制度的に支えるものといってよい。

　だが，こうした変化にしても，多くは職能資格制度を維持しながら（その意味で能力伸張を処遇のベースにする），賃金構成要素の比重変更といった制度修正を図ろうとするケースが多い点に留意すべきである。ちなみに，日本労働研究機構（現，労働政策研究・研修機構）によれば，今後の賃金制度の変更予定のある企業は7割強と多いが，その内容は「昇給・昇格を能力主義的に運用する」（67.9％）がもっとも多く，「個人業績をボーナスに反映させる」（54.6％），「基本給の職能的要素を増やす」（44.5％）がこれに続いている（日本労働研究機構，2003b）。

　日本型雇用システムを支える重要な柱であった昇進システムとキャリア形成にも変化の相があり，日本の昇進管理の特徴であった「遅い選抜」方式の存立条件のいくつかが失われつつある（佐藤，1999）。第1に，企業成長の鈍化などを背景に役職ポストが減少し，高い昇進確率を維持することが難しくなってきたことがあげられる。第2に，「遅い選抜」は同期入社者間での能力のバラツキが小さい時には有効だったが，一方で大卒採用者や高学歴女性の増加と，他方で仕事の外注化や非正規労働者への置き換えによって，同期入社者が均等に同じ仕事能力を高めていける条件が弱まりつつある。実際，知的集約的業務の比重増加を背景にホワイトカラーの仕事と働き方が変化し，そのキャリアも多様化してきた（佐藤，2001a）。第3に，これまでの役職昇進管理は，労働者のキャリア意識が管理職志向であった時には有効だが，そうした志向性が弱まる兆しがみられる。たとえば男性従業員のキャリア意識をみると，「管理職ポストにつけなくてもかまわない」「ラインの管理職よりもスタッフとして専門的知識を活かすポストにつきたい」とする意識が強まる傾向にある（日本労働研究機構，1999）。

　したがって，大企業ではそうした昇進管理の存立条件の変化を背景に，**複線型人事制度の導入**と**昇進選抜時期の分散化**，**管理職定年制**や**専門職制**などの導入傾向が強まろう。実際，大企業では，複線型人事制度は約4割，役職定年制

は約3割が導入しており（労務行政研究所，2010），専門職制度の導入割合は約5割に達している（厚生労働省，2002a）。

　雇用システムや企業コミュニティの類型からすると，日本型の位置するルールは，企業の要請（生産重視）に従って，（仕事基準ではなく）職能基準として人事制度をルール化するというものであった。言い換えれば日本型雇用システムは企業（コミュニティ）内で長期雇用を保障するが，個々の労働者の職務やキャリア形成を保障するものではなかったといえる。今後，企業が資本効率重視経営を求めて成果主義的人事制度への傾向を強めていくとすれば，労働者がそれを受け入れるかどうかが重要な鍵となる（受容可能性の要請）。企業優位型のルール（成果主義）を強めれば，労働の側にも成果の配分や経営の恣意性の限定を図る必要があり（「労働者個々人に仕事やキャリアの選択肢と権利を与える」「機能や仕事を限定的にして経営の恣意性を排除する」「公正な評価と苦情処理のしくみの整備」などはその例），それを否定すると日本型雇用システムは，システム変動にさらされる——。これが端的な帰結であろう。実際，そうした変動を懸念してか，個人主導型のキャリア形成を保障すべく個別企業の人事制度レベル（**自己申告制や社内公募制，社内労働市場，苦情処理システム**など）でも整備が急がれ，社会的にも企業を超えたキャリア形成を支援するしくみが模索されている。個人の職業能力と企業の求める職業能力をわかりやすい形で示した職業能力評価制度や事務系ホワイトカラーを対象にした段階的な職業能力習得支援およびキャリアアップのための職業能力証明を目的としたビジネス・キャリア制度，などは実際に実施されている社会的職業能力評価制度の例である（佐藤，2011）。

　ともあれ，日本の雇用・処遇システムはいま大きな試練にさらされている。今後の帰趨を見守りたい。

1. 「長期雇用」や「年功制」をキーワードにインターネットで検索し，記事の論調にどのような違いがあるかを調べてみよう。
2. 1980年代以降の『労働白書』（平成13年版以降は『労働経済白書』）のバックナ

ンバーから，長期雇用や年功的賃金にかかわるデータがどのように分析されているかを調べてみよう。

3. ドーアの『イギリスの工場・日本の工場』や『日本型資本主義と市場主義の衝突』などを読み，他国と比べて日本の雇用システムがいかなる強みと弱みをもっているかを考えてみよう。

4. 企業は雇用・処遇システムをどのような方向に変えていこうとしているか，またその理由は何か，について『労政時報』（労務行政研究所）などの実務雑誌を調べて整理してみよう。また企業の人事担当者に直接ヒアリングし，企業事例レポートをまとめてみよう。

基本文献案内

稲上毅・連合総合生活開発研究所編『現代日本のコーポレート・ガバナンス』東洋経済新報社，2000年
　●海外での研究をサーベイし，日本のコーポレート・ガバナンスの今後について実証データに基づき分析している。

今野浩一郎・佐藤博樹『人事管理入門』（第2版）日本経済新聞出版社，2009年
　●実証データをもとに日本企業の雇用システムについて包括的に詳説し，最近の変化について豊富な事例を紹介した高度なテキスト。

今野浩一郎編『個と組織の成果主義』中央経済社，2003年
　●業績管理と人事管理の関係について調査データをもとに分析している。

佐藤厚『ホワイトカラーの世界――仕事とキャリアのスペクトラム』日本労働研究機構，2001年
　●ホワイトカラーの働き方とキャリアに注目し，雇用システムの課題を分析している。

R. P. ドーア「1990年版への後書き」（『イギリスの工場・日本の工場』山之内靖・永易浩一訳，1987年，の文庫版，所収）筑摩書房，1993年
　●日本とイギリスの差異を労使関係だけでなくコーポレート・ガバナンスにまで拡張して整理している。

R. P. ドーア『日本型資本主義と市場主義の衝突――日・独対アングロサクソン』藤井眞人訳，東洋経済新報社，2001年
　●市場志向型と組織志向型という概念を用いて，日本・ドイツとイギリス・アメリカを比較考察している。

D. Marsden, *A Theory of Employment Systems: micro-foundations of societal*

diversity, Oxford University Press, 1999.（＝2007，宮本光晴・久保克行訳『雇用システムの理論——社会的多様性の比較制度分析』NTT出版）
　●国際比較研究の成果をもとに経済学の成果も取り入れつつ雇用システムの成り立ちを体系化している。

────────佐藤　厚◆

能力開発とキャリア
──これからのキャリア形成

第2章

はじめに

　労働者はどのようにして職業能力を高めていくのだろうか。本章では，長期的な視野に立った企業内の人材育成策に，労働者の能力開発が依存してきたことを確認する。とくに仕事を通じた能力開発に注目し，配転（配置転換）や昇進を通じて経験する一連の仕事（キャリア）の関連性を検討する。また，仕事を通じた能力開発を補完する，研修や自己啓発の内容と実施状況を整理する。さらに，長期安定雇用にゆらぎが生じてきている今日，転職を視野に入れたキャリア形成を可能にするために提起されているさまざまな支援策を紹介し，その意義と限界を検討する。

1　内部労働市場と新規学卒採用

新規学卒採用

　従来，新規学卒者の多くは卒業後に空白の期間を経ることなく，4月には企業に正社員として受け入れられてきた（近年の変化については第7章参照）。
　一方，企業は正社員の採用を**新規学卒採用**だけに頼ってきたわけではない。中途採用も行ってきた。しかし多くの企業，とくに企業規模の大きな企業では，若年正社員採用者に占める中途採用者の比率が低く，新規学卒採用を重視していることがうかがわれる（表2-1参照）。
　では企業は，新規学卒者と中途採用者をどのように区別しているのだろうか。労働政策研究・研修機構の調査結果によれば，新規学卒者枠で正社員を募集し

表2-1 採用区分別若年正社員の採用者数の割合

	計		新規学卒者					中途採用者
			小 計	中学・高校卒	専修学校(専門課程)	高専・短大卒	大学・大学院卒	
総 数	[64.2]	100.0	60.8	17.3	6.0	5.4	32.1	39.2
企業規模								
5,000人以上	[96.0]	100.0	74.5	4.9	0.6	6.1	62.9	25.5
1,000〜4,999人	[95.1]	100.0	73.2	12.0	3.8	5.4	52.0	26.8
300〜999人	[86.3]	100.0	62.7	16.2	6.2	5.2	35.1	37.4
100〜299人	[80.6]	100.0	58.2	20.9	6.9	5.2	25.2	41.9
30〜99人	[57.0]	100.0	51.6	19.8	7.0	5.8	19.0	48.3

(注) [ ]は直近1年間(2004年10月〜2005年9月)に若年(30歳未満)正社員を採用した企業の割合。
(出所) 厚生労働省, 2006 より作成。

た主な理由(複数回答)は「長期的な視点で人材を確保・育成するため」(83.9%)であるのに対し,中途採用者枠で正社員を募集した主な理由(複数回答)は「欠員の補充のため」(67.1%),「即戦力の確保のため」(65.5%)となっている(労働政策研究・研修機構,2008a)。この位置づけの違いに呼応して,採用選考での重視項目(3つまでの複数回答)を同じ調査結果から見ると,「新規学卒者枠」では「熱意・意欲」(73.7%),「コミュニケーション力」(56.6%),「協調性」(41.5%),「行動力・実行力」(35.9%),「一般常識・教養」(34.0%),などとなっているのに対し,中途採用者枠では「実務経験」(63.5%)がもっとも重視され,ついで「熱意・意欲」(51.5%),「行動力・実行力」(38.2%),「コミュニケーション力」(36.5%)などとなっている。

つまり,企業は新規学卒者を長期的な育成対象者として採用していると考えることができる。その場合,「実務経験」がなくても「熱意・意欲」があれば大丈夫なのだろうか? 他方で表2-1からは,規模の大きな企業では比較的学歴の高い大卒・大学院卒の新規学卒採用を重視していることが見て取れる。この事実をどう考えればよいだろうか。尾高煌之助によれば,職業技能は知的訓練と深い関係をもっており,一般教養の向上は特定の技能の訓練にはただちには結びつかないが,判断力や応用力などの形で職業教育の素地を付加し,結果的には総合的な技能力を高めるという(尾高,1993)。つまり新規学卒者は,仕事

に関係した具体的な知識や技能をもっているわけではないが、これから企業内で育成することが可能な「可塑性の高い人材」として評価され、求められていると理解することができよう。

内部労働市場

1つの企業、1つの事業所などのある運営単位内において労働力の価格づけと配分が一定の運営上のルールと手続きによって決められているとき、そこには**内部労働市場**が形成されているといわれる (Doeringer and Piore, 1971)。内部労働市場は入り口の職務レベルで**外部労働市場**と接続しているが、内部労働市場内のその他の職務は内部の労働者の昇進または配転によって満たされる。そのため、これらの職務は外部の競争的な労働市場の直接的な影響から守られる。

日本の大企業は新規学卒採用を重視し、また解雇をできるだけ避けて長期安定雇用を重視してきた(第1章参照)。そのため、内部労働市場が発達しており、外部労働市場が未整備であるといわれている。では、内部労働市場はなぜ形成されるのだろうか。

ドリンジャーとピオーリは、内部労働市場を生み出す主要因として、「**企業特殊的スキル**」「**OJT**」「**職場の慣習**」の3つをあげている (Doeringer and Piore, 1971)。

「企業特殊的スキル」とは、他の多くの企業に移転可能な「一般スキル」とは異なり、その企業のみで利用可能なスキルである。そのようなスキルの形成のための訓練投資は、労働者ではなく企業が行わざるをえない。そしていったん訓練投資が行われると、企業は訓練された労働者によってもたらされる生産性の向上を享受するために、雇用を安定させて離職率を抑えようとする。この「企業特殊的スキル」という考え方は、ベッカーの人的資本理論における「**特殊訓練**」と「**一般訓練**」の区別に依拠している (Becker, 1964＝1976)。

「OJT」とは、職場で働きながら行われる訓練である。企業特殊的なスキルはフォーマルな形で文書化することは困難であり、実際の仕事を通して先輩から後輩へと直接伝えていかざるをえない。そしてそのように現場で行われるOJTは、また逆に、それによって形成されるスキルの企業特殊性を高める。

表 2-2 部課長の勤務企業数とキャリア構成

(1) これまでの勤務企業数 (%)

	1社（現在の会社のみ）	2社	3社以上
日　本	82	13	5
アメリカ	18	27	55
ドイツ	28	24	46

(2) キャリア構成 (%)

	転社経験なし・内部昇進	転社経験あり・内部昇進	外部から当該役職へ直接採用
日　本	82	15	3
アメリカ	18	59	23
ドイツ	28	46	26

（注）　勤務経験企業数はアルバイト，研修，出向等を除く。
（出所）　佐藤，2002より作成。

「職場の慣習」は，雇用の安定性が高まるにつれて労働者集団の中で形成されていく。それはおもに賃金と仕事の配分の安定性を要求し，ひとたび形成された内部労働市場をより強固なものとする。

国際比較からみた内部化の度合い

　上にみた内部労働市場はあくまで概念的にとらえられたものであり，外部労働市場からの労働力の供給は厳密に入り口の職務のみに限られるわけではない。内部労働市場が発達しているといわれる日本の大企業でも，前掲表 2-1 に示すとおり，新規学卒採用を重視しているものの，中途採用もある程度行っている。一方，新規学卒者の側からみても，厚生労働省の統計によると，学卒就職後 3 年間に高卒で 5 割弱，大卒で 3 割程度の者が離職しており，この傾向は過去 10 年余りをみても大きくは変わらない。離職者の多くは自発的な離職であり，日本でも若者の適職探索過程がかなり存在していることがわかる。
　しかし，大企業で部課長になった者のキャリアを国際比較した調査結果によると（表 2-2），日本では転職経験のない者が 8 割を超えており，役職者となる中核的な労働者については新規学卒採用者の中から長期的に企業内で育成しているという日本の大企業の特徴がうかがわれる。これに対して，アメリカと

ドイツでは部課長で転社経験のない者は少数派であり，3社以上の勤務経験者が半数前後を占めている。とはいえアメリカでもドイツでも，これらの転社経験者が現在の会社に入社した際の年齢は平均して34歳前後であり，比較的若い時期に転社を経験している者が多い。そのため，キャリア構成をみると，アメリカ，ドイツともに転社経験がありながら内部昇進した部課長がもっとも多くなっている。アメリカでもドイツでも，内部労働市場は存在しているのである。だが同時に，アメリカとドイツの部課長のおよそ4人に1人は外部から直接採用されており，日本に比べて部課長レベルでも外部労働市場が機能していることがうかがわれる。

2　OJTとキャリア

能力開発の方法とOJTの重要性

第1節では日本の企業，とくに大企業が，新規学卒採用を重視し，自らの企業内で人材を育成してきたことをみた。では，従業員の能力開発はどのように行われてきたのだろうか。

能力開発の方法は，OJT，OFF-JT，自己啓発の3つに分けられる。OJTはon-the-job trainingの略称であり，一般には，職場で働きながら行われる訓練を指す。OFF-JTはoff-the-job trainingの略称であり，職場を離れて行われる訓練・研修を指す。自己啓発は労働者が自発的に行う能力開発である。このうち，中心となるのはOJTであり，OFF-JTと自己啓発はOJTを補完するものであるといわれている。

尾高煌之助は，工芸（クラフト）的職種における属人的な技能と対比して，組織体的技能は一定の組織体の中で初めて意義をもち，役割を果たすものであって，その技能の伝達はOJTを中核とした企業内訓練を活用するほかないと述べている（尾高，1993）。このことは，個々人からみると，中枢的な職業能力の開発は企業に勤務して初めて可能となるものであり，またその内容や程度は，個々人が自ら決めることができないことを意味している。

そこで，以下ではまずOJTについてみていこう。OFF-JTと自己啓発については，第3節であらためて取り上げる。

フォーマルなOJT，インフォーマルなOJT

OJTという用語は，かなり幅をもって用いられる。体系化されたOJTは，典型的には次のような過程をとる（小池，2005）。
(1) 指導員が習い手の学ぶべき仕事を実際にやってみせる。
(2) 習い手が指導員の見守るもとで仕事をする。
(3) 指導員は自分の仕事に戻り，習い手は自分ひとりで作業し，わからないことを聞きにいく。また仕事のできばえを指導員に評価してもらう。チェック項目に照らし技能の進捗を指導員が確かめる。

体系化されたOJTは，フォーマルなOJTと呼ばれる。フォーマルなOJTとは，「指導員が指名されている」「訓練成果のチェック項目が書かれている」など，観察しやすい指標があるOJTを指す。小池和男は，フォーマルなOJTはOJTのほんの初歩にすぎず，しばしばその期間はキャリアの最初の仕事にすぎないと見ている（小池，2005）。

フォーマルなOJTはどの程度行われているだろうか。「平成22年度能力開発基本調査」では，「計画的なOJT」を「日常の業務に就きながら行われる教育訓練のことをいい，教育訓練に関する計画書を作成するなどして教育担当者，対象者，期間，内容などを具体的に定めて，段階的・継続的に教育訓練を実施すること」と定義し，その実施割合をたずねている（厚生労働省，2011b）。2009年度にそのような「計画的なOJT」を正社員に対して実施した事業所の割合は57.8％であった（正社員以外に対して実施した事業所の割合は27.7％）。実施率は企業規模によって大きく異なり，企業規模が1,000人以上では，正社員に対する「計画的なOJT」の実施率は79.9％であるのに対して，30人以上49人未満の企業では37.7％となっている。

では，フォーマルなOJTではないインフォーマルなOJTとは何だろうか。小池はインフォーマルなOJTを「実務につくことが訓練になる」という意味でとらえるが，この場合，小池が注目しているのは，個々の仕事を行うことではない。「長期に経験する関連の深い仕事群」，すなわち「キャリア」である。やさしい仕事から，しだいにより難しい関連の深い仕事へと移っていくという適切な仕事経験の積み重ねは，小さなコストで高度な技能の修得を可能にすると小池は主張する（小池，2005）。

仕事を通じた能力開発

　企業と従業員に対する調査結果は小池のこのとらえ方と整合する。「平成13年度能力開発基本調査」（日本労働研究機構，2002a）は職場における教育訓練の促進方法をより具体的にたずねている（複数回答）。これによればもっとも高い割合でとられている方法は，「新入社員に見習い期間を設けて教育する」（51.3％），ついで「新入社員の教育係を決めて指導する」（45.8％）であり，新入社員に対しては特別な配慮が行われていることがわかる。職場における教育訓練を促進するためのその他の方法は，「職場ごとに改善提案を奨励する」（22.7％），「複数の業務を経験させるための計画的な配置を行う」（21.6％），「職場ごとの教育責任者を専任する」（19.1％）などであり，新入社員以外についてはよりゆるやかで，より多様な方法がとられている。

　また同調査の従業員調査によって，上司から受けた指導・指示のうち「仕事に関する能力を高める上でもっとも効果的だった方法」をみると（単一回答），「特定の仕事について責任を与える」「仕事についてのアドバイス」「よりレベルの高い仕事にチャレンジさせる」が上位3項目となっており，「責任のある仕事」「よりレベルの高い仕事」を行う経験そのものが，仕事に関する能力を高めると評価されている。また，職種経験年数が3年未満の者では「仕事についてのアドバイス」がもっとも効果的であったと評価されているが，職種経験年数が3年以上の者では「特定の仕事について責任を与える」がもっとも効果的であったと評価されている。

タテのキャリアとヨコのキャリア

　職業能力が実務経験を通じて開発されていくのであれば，どのような仕事を順次経験していくか，すなわちキャリアのあり方がその労働者の能力開発にとって重要になる。

　一般にキャリアはタテのキャリアとヨコのキャリアに分けてとらえられる。タテのキャリアとは組織内のヒエラルキーにおける垂直方向の移動であり，具体的には昇進や昇格を指す。ヨコのキャリアとは組織内のヒエラルキーに対して水平方向に進む移動であり，経験する仕事内容の幅を指す。タテのキャリアについては第1章に譲り，ここではヨコのキャリアについてみてみよう。

表 2-3 最長経験職能分野とその経験期間
(%)

	現在の会社における最長経験職能分野の経験年数が，現在の会社における勤続年数に占める比率		
	50%以下	51～75%	76%以上
	複職能型	主＋副職能型	1職能型
日　本	30.4	30.4	39.2
アメリカ	15.7	18.7	65.6
ド イ ツ	16.6	25.4	57.9

(出所) 佐藤，2002より作成。

　ヨコのキャリアについては仕事内容の幅の広さが論点となる。この仕事内容の幅は人事，営業，経理などの1つの職能内にとどまる場合もあれば，営業を経験してから人事に移るといったように，複数の職能間にわたる場合もある。小池は「専門の中で幅広いキャリア」が，知的熟練形式の根幹であるとみた（小池，2005）。「専門の中で幅広いキャリア」とは，関連の深い仕事群の中で幅広い長期の仕事経験を積むことを指している。

国際比較にみる仕事の幅

　ここでふたたび，国際比較から日本の大企業ホワイトカラーの仕事の幅をみてみよう。取り上げるのは前述の表 2-2 と同じ，日米独の国際比較調査である。

　この国際比較調査は日米独の人事，営業，経理という3つの職能における部課長のキャリアをたずねている。表 2-3 は現在の会社における最長経験職能分野の経験年数が勤続期間のうちどの程度を占めるかを示したものである。パーセンテージが高いほど，特定の職能分野の経験が長いことを意味する。これをみると，特定の職能分野の経験が相当長い「1職能型」がアメリカとドイツでは過半数を占めるが，日本では「1職能型」，「主＋副職能型」（他の職能分野の経験もあるが特定職能分野の経験が比較的長い），「複職能型」（複数の職能分野を経験し，経験が長い特定の職能分野がない）にほぼ3等分されている。職能というレベルでみた場合，日本では相対的にキャリアの幅が広い者が多いようである。

　このような違いは，能力開発に関する見方の違いにも現れている。当該職能

表 2-4 最長経験職能分野における仕事の幅
(%)

	1つの仕事	2～3の仕事	数多くの仕事	無回答
日　本	11.9	26.2	56.2	5.7
アメリカ	15.5	21.8	62.7	0.0
ドイツ	12.3	30.0	53.1	4.6

(出所) 佐藤，2002より作成。

で課長を育成するために望ましいキャリアを聞いた結果では，アメリカとドイツでもっとも高い割合で選択されたのは「当該職能の中で数多くの仕事を長く経験する」であったが，日本では「当該職能だけではなく，別の職能の仕事を経験する」であった。

一方，最長経験職能分野における仕事の経験の幅をみると，日米独いずれも「数多くの仕事」を経験した者が過半数を占めている（表 2-4）。また，現在の仕事をするうえで役に立った能力開発機会をみると，日米独いずれも「当該職能内のいろいろな仕事の経験」をもっとも高く評価している。

3　OFF-JTと自己啓発の役割

OFF-JTの種類と実施状況

OFF-JTは内容によって，**階層別研修**，**専門別研修**，**課題別研修**に分けられる。

階層別研修とは，職種や部門を越えて，組織内の一定の階層に属する従業員に共通して求められる知識・能力に関する研修であり，新入社員研修，監督者研修，新任課長研修などがこれにあたる。

専門別研修とは，組織内の各職能ごとに必要な専門的能力に関する研修であり，経理，営業，生産管理などに関する研修がこれにあたる。これは普段の仕事では習得できない専門的な知識や最新の情報を得たり，普段の仕事の経験を整理したりする意義がある。

課題別研修とは，企業にとって重要な特定の課題に関連した知識・能力に関して部門や職種を越えて行われる研修であり，語学研修，コンピュータ研修，国際業務研修，中高年者のための能力再開発研修などがこれにあたる。

「平成22年度能力開発基本調査」の個人調査結果によれば，2009年度に何らかのOFF-JTを受講した正社員は41.5％であった（正社員以外は19.0％）。正社員が受講したOFF-JTの内容（複数回答）は「マネジメント（管理・監督能力を高める内容など）」（34.7％），「品質・安全」（24.6％），「ビジネスマナー等のビジネスの基礎知識」（24.4％），「技術・技能」（21.7％），「人事・労務」（21.3％）などとなっている。OFF-JTを受講した正社員の延べ受講時間平均は41.9時間である（厚生労働省，2011b）。

　OFF-JTはまた，どこが主催したものかによっても分けられる。同じ個人調査結果から，正社員が受講したOFF-JTの実施主体（複数回答）をみると，「自社」（57.4％），「民間教育訓練機関」（33.8％），「能力開発協会，労働基準協会，公益法人，その他の業界団体」（22.1％），「親会社・グループ会社」（16.6％）などとなっている。

　また，企業規模別にOFF-JTを受講した正社員の割合をみると，規模が大きい企業の正社員ほど受講の割合が高い。同じ個人調査結果によると，30～49人規模の企業に勤務している正社員では2009年度のOFF-JTの受講割合が26.9％であるのに対して，1,000人以上規模の企業に勤務している正社員では48.8％となっている。

自己啓発の内容と実施状況

　OFF-JTが会社や上司の指示によって受講するものであるのに対して，自己啓発は労働者が自発的に行う能力開発である。

　「平成22年度能力開発基本調査」の個人調査結果によれば，2009年度に自己啓発を行った正社員の割合は41.7％であった（正社員以外は18.4％）。自己啓発を行った正社員についてその理由を複数回答でたずねた結果によると，「現在の仕事に必要な知識・能力を身につけるため」の割合がもっとも多く（85.1％），ついで「将来の仕事やキャリアアップに備えて」（57.4％），「資格取得のため」（33.4％）となっている（厚生労働省，2011b）。

　また同じ調査によって自己啓発を実施した正社員についてその実施方法をみると（複数回答），「ラジオ，テレビ，専門書，インターネットなどによる自学，自習」（49.1％）の割合がもっとも高く，ついで「社内の自主的な勉強会，研

究会への参加」(25.5%),「民間教育訓練機関の講習会,セミナーへの参加」(20.9%),「社外の勉強会,研究会への参加」(19.9%),「通信教育の受講」(19.9%)などとなっている。自己啓発を行った正社員の1人当たりの平均延べ受講時間は83.1時間である。

企業も側面的に自己啓発を支援している。同じ調査の事業所調査結果によれば,正社員の自己啓発に対する支援を62.2%の事業所が行っている（正社員以外への自己啓発の支援を行っている事業所は38.0%）。正社員の自己啓発への支援の内容（複数回答）としては,「受講料などの金銭的援助」(82.9%),「教育訓練機関,通信教育等に関する情報提供」(45.4%),「社内での自主的な勉強会等に対する援助」(41.2%),「就業時間の配慮」(33.2%) などとなっている。

4　個人の主体的なキャリア形成

企業まかせのリスク

能力開発の中心はOJTであり,それを補完するものとしてOFF-JTと自己啓発があること,OJTにおいてはどのような仕事を順次経験していくか,すなわちキャリアのあり方が重要であることをみてきた。

それは言い換えれば,個人の能力開発が企業の人材育成策に大きく依存する,ということでもある。そのことは高度成長のもとで新規学卒就職にはじまる長期安定雇用が保障されているかぎりでは,問題になってこなかった。しかし今日では,企業まかせのリスクが大きくなってきている。まず,新規学卒就職のルートに乗れない者の割合が高くなっている（第7章参照）。さらに,いったん正社員として就職し,内部労働市場を通じて能力開発を進めていっても,大企業といえども,倒産や大幅な人員削減を余儀なくされる場合もある。雇用が守られても,自分が所属していた事業部門が廃止され,キャリアが断絶してしまうかもしれない。

そのようなリスクが高まる中で,個々の労働者はどう能力開発を進めていけばよいのだろうか。以下では能力開発をめぐる政策の方向の転換を通して,この問題を考えてみたい（若年の問題については,第7章を参照）。

能力開発をめぐる政策は,企業による雇用の維持を支援し,企業による能力

開発を促進する方向から，新たな方向を模索しつつある。新たな方向性は，次のように大きく3つに分けられる。第1は，職業能力の社会的な評価制度を整備して，外部労働市場の機能を高めようとする方向性である。第2は，企業主導の能力開発重視から個人主導の能力開発重視への転換である。第3は，個人の主体的なキャリア形成を支援する方向性である。順次検討しよう。

職業能力の社会的な評価制度の整備

　従来，政府は企業による雇用の維持を重視してきた。1981年に創設された**雇用調整助成金**（もとは1977年創設の雇用安定事業）は，景気の変動や産業構造の変化等に伴う経済上の理由により事業活動の縮小を余儀なくされた事業主が休業や出向等の措置をとった場合に，休業手当や賃金などの負担の一部を助成するものであった。企業内に労働力を保持させるこのような政策は，内部労働市場の発達と，企業特殊的スキルの存在を前提とすれば，合理的な政策であると考えられる。

　しかし，不況が長期化してくると，企業が余剰な労働力を抱えておくことにも限界が生じてくる。また産業構造が変化してくれば，構造的な不況業種に人材を退蔵しておくことは，人材ニーズが生じている新たな成長分野の成長を阻害する。そこで政府はしだいに企業による雇用の維持から「**失業なき労働移動**」へと，政策の重点を移してきた。

　「失業なき労働移動」とは，労働者が長期の失業期間を経ることなく，人材ニーズのある産業・企業へと円滑に移動することを指す。そのためには外部労働市場の整備が欠かせない。具体的には労働力の需要側と供給側それぞれに関する情報を充実させ，需要と供給のマッチングを高める必要がある。

　その際に問題とされたのが，職業能力の社会的な評価制度が整備されていないことであった。とくにホワイトカラーの仕事は定型化されておらず，社会的に流通している資格も限定されている。

　そのため厚生労働省は2002年より，職業能力評価基準の整備を進めている。職業能力評価基準とは，仕事をこなすために必要な「知識」と「技術・技能」に加えて，「成果につながる職務行動例（職務遂行能力）」を業界別，職種・職務別に整理したものであり，業種共通の事務系職種のほかに，業種ごとにも整

備が行われ，2011年現在，46業種について「職業能力評価基準」が整備されている。この職業能力評価基準は，検定試験，採用，人事評価，人材育成・能力開発などに活用することが期待されているが，まだ社会的に広く認知・活用されるには至っていない。

　この職業能力評価基準に準拠した検定の一例として，2007年より開始されたビジネス・キャリア検定試験があげられる。これは事務系職務8分野（人事・人材開発・労務管理，企業法務・総務，経理・財務管理，経営戦略，経営情報システム，営業・マーケティング，ロジスティクス，生産管理）について，1〜3級の検定試験を実施するものであり，2010年度には前期試験・後期試験あわせて2万696人が受験している。

　また，2008年からは正社員経験の少ない者の正社員就職を支援するジョブ・カード制度が導入された。これはハローワーク等でキャリア・コンサルティングを受けながら，「職務経歴」「学習歴・訓練歴」「免許・取得資格」等を記載した「ジョブ・カード」を作成し，就職活動やキャリア形成に活用することを目的としたものであり，訓練が必要な者に対しては企業における実習と教育訓練機関等における座学を組み合わせた実践的な職業訓練（職業能力形成プログラム）を受講し，訓練修了後の評価シートをジョブ・カードに加えることができるようになっている。ジョブ・カードの取得者数は2011年2月末現在で約42万8000人となっている。

個人主導の職業能力開発

　従来，能力開発に関する政府の支援は，おもに企業を対象としたものであった。生涯能力開発給付金制度（1985年創設）は，①能力開発給付金，②自己啓発助成給付金，③技能評価促進給付金の3種類からなっていたが，その中心となる①能力開発給付金は，事業主が従業員を対象として行う企業内外の職業訓練の経費を幅広く助成するものであった。②自己啓発助成給付金は，自己啓発を援助する事業主に対する助成制度であり，労働者の自己啓発を直接助成するものではなかった。

　これに対して1998年12月に導入された**教育訓練給付制度**は，一定の条件を満たした在職者および離職者個々人が自ら選択したコースの費用補助を個々人

に対して直接行うという点で，**個人主導の職業能力開発**を支援する新たな政策の方向性を示すものであった。この制度の利用者は99年度14万9604人，2000年度27万137人，2001年度28万4680人と急増し，社会人を対象とした民間の教育訓練コースの発達を促した。

しかし，2003年5月に補助率の大幅縮小などの見直しが行われた。見直しの直接の要因は，長引く不況の中で失業給付が増大し，雇用保険財政が逼迫したことにあるが，教育訓練給付制度の効果が疑問視されたことも影響した。給付対象コースには，専門的な職業能力の養成という意図からはずれた，基礎的な英会話のコースや趣味的な要素の強いコースも含まれていた。また，たとえコース指定が厳格に行われたとしても，労働者が適切なコースを適切な時期に受講することは難しい。離職者にとっては，どのような能力を身につければ再就職が可能になるのか明確ではないし，実務経験と結びついていない資格取得は企業から評価される可能性は低い。在職者にとっては，中長期的に必要とされる能力は企業の人材育成策に依存する。どのような能力を開発すべきかが明らかでない中では，能力開発の主体を個人に移すことの意義は限定されざるをえない。

また，職業能力は仕事を通じたOJTによってこそもっともよく開発されると考えると，仕事を離れて行う自己啓発の限界はおのずと明らかである。

個人の主体的なキャリア形成

能力開発を企業まかせにすることのリスクは高まっているが，しかし自己判断では適切な能力開発はできない。そして長期安定雇用がゆらいでいるとはいえ，多くの労働者は依然として企業内でキャリアを形成しており，またそれを望んでいる。また，職業能力は具体的な仕事の経験を通じてこそもっとも適切に開発できる。

そうであれば，多くの労働者にとって重要なのは，企業内におけるキャリア形成の見通しを知り，また，そのキャリア形成のあり方について，企業のニーズと自らのニーズを調整することであろう。

「平成22年度能力開発基本調査」の個人調査結果によれば，自分自身の職業生活設計について，「自分で職業生活設計を考えていきたい」(29.3％)，「どち

らかといえば、自分で職業生活設計を考えていきたい」(37.8％)、「どちらか
といえば、会社で職業生活設計を提示してほしい」(11.8％)、「会社で職業生
活設計を提示してほしい」(2.8％)、「その他」(1.6％)、「わからない」(14.5％)
となっており、主体的に職業生活設計を考えたいとする者が7割近くに上っ
ている（厚生労働省，2011b）。

　主体的なキャリア形成を行ううえでは、自己啓発などの自発的な能力向上の
取り組みも重要であるが、前述のとおり「長期に経験する関連の深い仕事群」
に従事することを通じて職業能力が高まっていくことを考えると、企業内でさ
まざまな仕事を経験しつつも「関連の深い仕事群」を経験できるかどうかが重
要になってくる。その際に注目されるのが「キャリア権」という概念である。

　この概念を提唱している諏訪康雄は、1つの企業に依拠した雇用の保障に代
えて、転職を経験しても職業キャリアが中断されることなく発展していくとい
うキャリア保障の重要性を指摘した（諏訪，1999）。企業との関係でいえば、そ
れはキャリア形成を企業まかせにせず、個人の主体性を尊重することを意味す
る。しかしキャリア形成は、企業という場を通して行われる。したがってそこ
では、「使用者と労働者の意思をすり合わせる」という過程が求められると考
えられる。日常的には、企業がそれぞれの従業員に求める能力を明らかにし、
従業員がそれに応えるべく主体的に能力開発を行うことが求められる。また、
配置転換などのキャリアの節目では、企業を超えたキャリア形成の可能性を考
えて専門的な職業キャリアの中断を避けようとする労働者と、経営上の必要性
を重視する企業側との間で、利害の調整が求められていくこともありうる。

　シャインは、個人と組織の相互作用に次のように注意を促していた。「組織
は個人の職務遂行に依存し、個人は、仕事及びキャリアの機会を提供する組織
に依存している」(Schein, 1978 = 1991)。能力開発を「キャリア形成」ととらえ
直すことは、個人の視点と企業の視点、さらには企業を越えて人材を需要する
社会の視点から能力開発の問題を考えさせる広がりをもっている。

ゼミナール

1. 雇用の流動化が極端に進むと、労働者の能力開発はどうなるだろうか。

キャペリは伝統的で安定的な雇用関係が崩壊し，外部労働市場が組織内部に入り込んだとき，労働者の能力開発はどうなるのかを問題にしている（Cappelli, 1999＝2001）。彼が示すアメリカの具体例をみながら，問題点を整理してみよう。その際，諏訪康雄（1999）が提示している組織決定型のキャリア形成と個人決定型のキャリア形成の比較も参考にできるだろう。

2. グローバル人材への期待をどう考えるか．

国内市場の絶対的規模の縮小により，わが国企業は新興国市場を含めた海外市場での事業活動を進める必要性が高まっており，グローバルに通用する人材（グローバル人材）への期待が高まる一方で，若者の海外勤務志向の低下傾向が問題視されている。『報告書──産学官でグローバル人材の育成を』（産学人材育成パートナーシップグローバル人材育成委員会，2010）などを手がかりに，産業界が求めるグローバル人材とはどのような人材であるのかを調べ，そのような産業界の期待をどう受け止めるか，考えてみよう．

基本文献案内

今野浩一郎・佐藤博樹『人事管理入門』（第2版）日本経済新聞出版社，2009年
　●労働者にとっての能力開発・キャリア形成は，企業の側からみると「人事管理」である。人事管理の基本的な内容と近年の変化をわかりやすく解説している．

小池和男『日本企業の人材形成──不確実性に対処するためのノウハウ』中公新書，1997年
　●OJTやキャリアに関する小池のとらえ方は，多くの研究者に影響を与えている。小池の理論の概略を知るうえで読みやすい著作．

小池和男『仕事の経済学』（第3版）東洋経済新報社，2005年
　●上掲書に新しい知見を加え，より幅広い概説を行っている．

小池和男・猪木武徳編『ホワイトカラーの人材形成──日米英独の比較』東洋経済新報社，2002年
　●ホワイトカラーの人材開発をヒアリングおよびアンケート調査によってとらえた国際比較研究。とくに「ヨコのキャリア」と呼ばれる仕事経験の幅の違いに焦点を当てている．

諏訪康雄「キャリア権の構想をめぐる一試論」『日本労働研究雑誌』468号，1999年
　●「雇用は財産」という戦略の限界を指摘し，「キャリアは財産」という新たな戦略目標を提示する．

佐藤厚『キャリア社会学序説』泉文堂，2011年
　●個々人のキャリア志向などの内的キャリアの視点を取り入れながら，組織の境界線を超えたキャリア，仕事と生活のバランスを取りながらのキャリア，非正規労働者のキャリアなど，伝統的なキャリア研究の視点ではとらえきれない変化に着目した著作。

————————上西充子◆

技術革新と仕事・職場の変化
——テイラリズムからテレワークまで

第3章

はじめに

　技術革新は，仕事や職場のあり方をどのように変化させるのだろうか。技術革新は仕事に必要な技能を高度化するのだろうか，それとも単純化するのだろうか。「技術革新と仕事・職場の変化」に関する基本的視点を紹介するとともに，最近の情報化の影響を含め検討する。「テイラリズム」(Taylorism) や「フォード生産方式」(Ford system)，それらへの反動，トヨタ生産方式といった生産システムの内容とそれらの意義を，仕事や職場の変化の観点から検討する。また，戦後における日本の技術革新の展開を，1950〜60年代のメカニゼーションやオートメーション，70年代後半から80年代のME (microelectronics) 化に分けて検討する。そして，近年のIT化の影響やテレワークの動向を紹介し，仕事や職場の将来を展望する。

1　技術革新と仕事・職場の関係——いくつかの見方

技術革新は技能を高度化するのか，それとも単純化するのか

　技術革新は，仕事や職場にどのような影響を与えるのだろうか。技術革新は仕事に必要な技能を高度化するのだろうか，それとも単純化するのだろうか。
　まず，技術革新が技能を高度化すると考える立場は，次のように主張する。技術革新は，仕事を高度な知識に基づくものへと変化させる。また，知識に基づく技能が，経験やカンに基づく技能に取って代わる。技術革新は仕事を奪うのではなく，知識に基づく新たな仕事を創出する。

ベルはこう書いている。「技術はこれまで社会に知られていなかった技術者と専門家という新しい階級をつくり出した」「技術は合理性の新しい定義，すなわち機能的関係と量的なものに重点を置く新しい思考様式を生み出した」(Bell, 1973＝1975)。また，ドラッカーは，仕事における知識の役割の増大について，次のように説明している。「高度な技能を速やかにしかも十分に習得させるために知識はより多く使われるようになっている。……知識は体系的学習をもって，長年の経験にとってかわるのだ」(Drucker, 1969＝1969)。

　他方，技術革新が技能を単純化すると考える立場は，逆の主張をする。技術革新は技能を衰退させる。経験やカンに基づく技能は解体され，仕事は単純化・標準化・専門化される。仕事から人間らしさが奪われ，働きがいが失われる。高度な知識に基づく仕事につけるのは，一部の限られた人々のみである。残りの人々は，低い技能しか必要とされない，働きがいのない仕事で我慢せざるをえなくなる。

　ブレイヴァマンはこう書いている。「労働者にとって，技能という概念は，伝統的に熟練の習得……と結びついている。だが，熟練技能が解体され……，労働過程にたいする支配を確立するためには1つの道——すなわち，科学・技術・エンジニアリングの知識によって，またそれらの知識を通して，労働過程を支配していくという道——しか残されないことになった。だが，この知識が管理者やそれと密着した職員組織の手の中に極度に集中された結果，この道は労働者人口にたいしては閉ざされてしまった。労働者に残されているのは，解釈し直され，恐ろしく不適切なものになった技能の概念——特殊な器用さ，限定され，くりかえされる操作，『技能としてのスピード』等——である」(Braverman, 1974＝1978)。

技術革新と仕事・職場の変化の対応関係

　今みた2つの立場は，対立しているかのようにみえる。しかし，どちらの立場にも共通点がある。技術革新が，仕事や職場を変えていく大きな要因であるととらえている点である。企業調査に基づく研究はこの観点を共有しつつも，もう少し慎重な見解を提示している。

　ウッドワードは，企業が使用している製造技術によって，最適な企業組織の

形態は異なると主張した。この主張が根拠とする調査は，1950年代にイギリスで実施されている。具体的な主張はこうである。製造技術のあり方が①小量生産，②大量生産，③装置生産と進むにつれ，組織の職階数が多くなる。また従業員数に占める管理・監督者の割合は，それにつれて小さくなる。ただし，現場監督者の抱える部下の平均人数は，②大量生産型企業で多く，両端の①小量生産型と③装置生産型の企業で少ない。また企業業績は，製造技術別でみたその平均人数に近い企業ほど好調であった（Woodward, 1965＝1970）。

　製造技術のあり方は，仕事のやりがいや達成感にも影響する。ブラウナーは，職場で使用されている製造技術と，人々が仕事をしていて感じる虚しさ，つまり**疎外**との関係について，興味深い見取図を提示した。製造技術の複雑性を横軸，疎外の程度を縦軸にとると，それらの関係は逆U字型カーブを描く。つまり，技術革新が進むにつれて一方向的に疎外が増大するのではなく，一定以上に技術革新が高度化すると疎外がかえって低下するのだという。この説が根拠とする調査は，1940年代後半から60年代初めにかけてアメリカで実施された。

　ブラウナーは疎外を4つに分類している。①自分の力では何も変えることのできない無力感，②仕事の目標や意味が見出せない無意味性，③職場の人々や社会との結びつきが感じられない孤立感，④仕事を自分から「やっている」のではなく「やらされている」感覚，である。

　伝統的な手工業的熟練に基づく仕事（活版工や印刷工）では，疎外の程度は低い。機械化・標準化・単純化・専門化された仕事（精紡工や自動車組立工）では，疎外の程度が高くなる。しかし，技術がより高度になると疎外の程度は低くなる。コンピュータ自動制御（オートメーション）による装置産業・石油化学工業が，その例である。計器盤の監視や装置の点検・調整といった，重大な責任の遂行が仕事の中心的内容となるからだという（Blauner, 1964＝1971）。

技術決定論と社会決定論

　技術が社会変動を引き起こし，社会のあり方を方向づける唯一の要因であると考える立場は，**技術決定論**と呼ばれる。今みてきた諸研究は，技術決定論的であると批判されることが多い。しかし技術決定論的とみなされがちな研究が，技術を社会変動の唯一の要因として，必ずしも考えているわけではない。技術

革新の職場への導入には，企業の経営方針や企業内の各部門，従業員の意識，労働組合の意向などが関係してくる。技術的要因を重視する立場だからといって，それが技術決定論であるとは必ずしも断言できない。

最近では逆に，技術そのものが社会的要因によって形成される，と主張する研究者が現れている。今存在する技術は，それがもっとも優れているから存在しているのではなく，過去の社会的状況が偶然それを生み出し，存続させてきたのだという (Pinch and Bijker, 1987)。この考え方は，技術の社会的構築主義，あるいは**社会決定論**と呼ばれる。

2 生産システムと仕事・職場の変化

テイラリズムとフォード生産方式

近代的組織の基本原則の1つは，効率性の向上にある。製造現場では生産の効率性を高めるため，試行錯誤の歴史が長く続いてきた。

効率性を高める方法の1つは，労働者の担当してきた作業を技術に置き換えることである。もう1つ，作業方法そのものを変えることでも効率性を高めることができる。**分業**はその古典的な例である。1人ですべての工程を担当するより，何人かで各工程を分担し，作業の単純化や専門化を図るほうが，1人当たりの生産性は高い。

生産システムとは，仕事や職場，組織，技術を組み合わせた，製造のためのしくみのことである。効率性を高めるために考えられた，代表的な生産システムをみていこう。

19世紀末から20世紀初めのアメリカで，作業方法の効率化を製造現場で体系的に実現した技術者の1人が，テイラーである。テイラーやその後継者たちによる作業の効率化手法は，**テイラリズム**と呼ばれ，彼は自身の手法を科学的管理法と名づけている。科学的管理法という名称には，旧来の経験やカンに基づく作業に代わり，観察や分析に基づいて作業方法を確立しようという，彼の意思が込められている。

テイラリズムには次の原理が含まれている。

(1) 差別的出来高給制度。一定時間内に所定の出来高に達しない作業者には，

標準以上の出来高の作業者と非連続的に低い賃金格差をつけることにより，労働生産性の向上を図る。
(2) 課業 (task) の明確化。出来高給制度を機能させるためには，課業の内容や範囲が明確にされる必要がある。これは作業の**専門化**を伴う。
(3) 作業の**標準化**。同一の課業であれば，誰でも同じ手順で作業できるようにする。そのための作業者への教育訓練を欠かさない。
(4) 動作・時間研究。作業の標準化のため，その作業を構成する動作を分析し，各動作の標準所要時間を測定する。
(5) 作業の**単純化**。動作・時間研究により，できる限り短い期間で誰でも作業に習熟可能にする。また作業からムダな動作を排除する。
(6) **計画と実行の分離**。製造作業を担当する課業（実行）と，作業方法の設計や作業の支援にかかわる課業（計画）とを，互いに分離して課業の専門化を図る (Taylor, 1911＝1969)。

20世紀初め，アメリカのフォード自動車会社は創業者ヘンリー・フォードを中心に，生産システムの革新を推進した。同社では作業の標準化・単純化・専門化に加え，すでに知られていた**移動式組立ライン**を自動車製造に導入した。これらの作業方法の革新や，製品設計の標準化，工作機械の加工精度向上，同一種類の製品を同一製造ラインで量産することなどの相乗効果によって，生産性を向上させた (Hounshell, 1984＝1998)。これらの特徴をもつ生産システムが，**フォード生産方式**である。フォード生産方式により**大量生産**の可能性が開かれた。

テイラリズムやフォード生産方式は，のちの生産システムに大きな影響を与えることになる。またこれらの影響は，製造業だけでなく他の産業や日常生活へも浸透している。現代的な典型例がファストフード店である。ファストフード店の最大のサービスは，注文を受けてからすばやく商品を客へ提供することにある。また同じチェーン店であれば，どこの店でも同一の商品が提供されることになっている。店員の作業は標準化・単純化・専門化されており，マニュアルに沿って仕事ができるようになっている。リッツァは，この現象をマクドナルド化と呼んでいる (Ritzer, 1996＝1999)。

労働の人間化

テイラリズムやフォード生産方式は，仕事の効率化に多大な貢献をした。しかしもう一方で，それらは深刻な労働疎外をもたらした。効率化の源泉である作業の標準化・単純化・専門化は，他方で単純技能労働を大量に生み出した。同一の単純作業を反復する工場労働者は，仕事にやりがいや達成感を見出せなくなる。彼らは，機械のスピードに追い立てられながら，意味の感じられない仕事を反復するだけである。細分化された仕事では，自分の作っている最終製品が何なのかも知ることができない。

欧米諸国では，以上のような状況が1950年頃から問題視されるようになる。60～70年代になると，労働疎外を原因とする従業員の欠勤や労働争議も増加した。仕事の効率化をめざしていたはずの手法が，逆にそれを損なう結果となった。労働疎外は欧米諸国で，社会問題としても経済問題としても無視できなくなった。

そうした中，**労働の人間化**や**労働生活の質**の向上をめざす研究が，欧米諸国で数多く試みられてきた。代表的な試みとして，職務拡大や職務充実，社会 - 技術システム論があげられる。

ウォーカーとゲストは，1940年代末から50年代初めにかけて，アメリカの自動車工場で労働者の意識調査を実施した。移動式組立ラインの前で働く組立工は，ラインのスピードや反復作業に強い不満をもっていた。その一方で，不良の手直しをする修繕工や欠勤者の補欠要員である万能工は，仕事への満足度が高かった。修繕工は自分たちのペースで仕事ができるし，仕事の内容も反復作業ではない。また修繕工や万能工は，ジョブ・ローテーションによっていくつかの仕事を経験していた。

ウォーカーとゲストは調査結果をふまえ，自動車組立工の作業条件の改革について，次のように提言した。組立ラインのペースを組立工自身で変えられるようにすること，ジョブ・ローテーションを導入すること，作業条件の制定に組立工自身が参加できるようにすること，である。また，複数の異なる作業を1つにまとめ，各作業に幅をもたせることも提唱している（Walker and Guest, 1952）。これが**職務拡大**である。

ハーツバーグは，仕事に満足と不満を与える要因は，互いに異なっているこ

とを見出した。満足要因（動機づけ要因），たとえば達成感や達成への承認，仕事の内容そのもの，責任，昇進は，仕事に対する積極的な態度を長期的に持続させる。不満要因（衛生要因），たとえば企業の経営方針や従業員への監督，給与，対人関係，作業条件は，それが改善されたとしても，仕事への態度の好転は短期的にしか持続しない。

職務拡大と称して，無意味かつ断片的な活動を集めて仕事の幅を広げても，それでは動機づけにならないと，ハーツバーグは批判する。従業員に高度で複雑な仕事を与えることこそが，仕事への動機づけになるのだと，彼は主張する。自分の仕事に関する知識を増やすことを通じて，従業員は達成感や成就への承認を得ることができる。従業員は仕事そのものにも魅力を感じることができるし，責任も与えられる。また企業は従業員の昇進に応じて，より高度な仕事を与えなければならない（Herzberg, 1966＝1968）。これが**職務充実**の考え方である。

社会-技術システム論は，生産システムにおける技術的側面が，一方的に社会・心理的側面を規定するのではなく，それらが相互に影響し合って生産システム全体を成り立たせている，とする考え方である。この考え方に従うと，技術的効率性と労働者の仕事への意欲を両立させながら，生産システム全体の効率性を最適化できる，という見方が出てくる。

社会-技術システム論は，1950年代にイギリスの研究者グループが炭鉱調査を実施する中で誕生した。採炭のための削岩機や石炭を坑外へ運搬するコンベアなど，同様の技術を導入している同じ炭鉱であるにもかかわらず，採炭現場によって作業者集団の分業形態が異なっていた。グループ間の作業分担（削岩，截炭、コンベアへの石炭の積み込み）が専門化された採炭現場と，グループ間の分業がゆるやかな採炭現場がある。後者では仕事の進め方についても，作業者集団が自分たちである程度独自に決めていた。また，生産性は前者よりも後者のほうが高かった。技術革新の導入がより進み，技術が複雑化すると，前者のタイプよりも後者のタイプのほうがより適応的だろうと，研究者グループは予測した（Trist et al., 1963）。

社会-技術システム論は，欧米諸国の生産システム改革に強く影響を与えた。その中でもとくに有名なのが，スウェーデンの自動車メーカーであるボルボ社

の事例である。労働疎外を克服しつつ生産性を向上させるため，移動式組立ラインの廃止や特殊な運搬装置の導入を図りつつ，作業者間の分業をゆるやかにし，作業者集団が独自に仕事の進め方を決められるようにした（赤岡，1989）。

1960〜70年代には日本でも労働疎外が問題視され（労働省労働基準局監督課，1970），政府や企業でも対策が検討された。しかし，欧米諸国ほど深刻な問題にはならなかった。また70〜80年代の日本は経済状況が好調であり，自動車や家電・エレクトロニクスなど日本の工業製品の輸出が増加した時期でもあった。そうしたなか，日本企業の生産システムが注目された。テイラリズムやフォード生産方式とは異なる，優れた生産システムを実践していると考えられたのである。

トヨタ生産方式

このような日本企業の生産システムの代表が**トヨタ生産方式**である。この名称はそれを生んだトヨタ自動車の社名に由来している。トヨタ生産方式では物的なムダとともに，人的なムダを徹底的に省くことが求められている。トヨタ生産方式の中心的開発者である大野耐一によると，このシステムは「ジャスト・イン・タイム」（JIT, just-in-time）と「自働化」という物的なムダの削減にかかわる2つの概念に集約されている（大野，1978）。

「必要なものを，必要なときに，必要なだけ」生産する考え方が，ジャスト・イン・タイムである。フォード生産方式の大量生産的な発想とは逆である。

専門の担当者だけでなく，製造装置や製造ラインに立つ作業者が異常を即時に判断し，対処するという考え方は，自働化と呼ばれている。計画と実行の分離や専門化を追求するテイラリズムやフォード生産方式とは，逆の発想である。またトヨタ生産方式では，複数の作業を担当する**多能工**が活用されている。そうすれば同じ量のものを，より少ない人員で生産することができる。

この生産方法は作業者にとっても利点がある。技能も高められるし，飽きることも少ない。労働疎外に悩まされることがなくなる。仕事や職場で発生する問題の改善方法を提案する改善提案活動や，同じ職場の人々と少人数のグループを作って共同で問題を解決する**小集団活動**も，労働疎外を回避するための方法として位置づけられている（門田，1991）。

物的にも人的にもムダが少ないという意味で，あるアメリカの研究グループは，トヨタ生産方式を，フォード生産方式と対比して，リーン生産方式と呼んでいる（Roos et al., 1990＝1990）。リーン（lean）は贅肉のないという意味で，フォード生産方式と対照的である。

　このように，トヨタ生産方式がテイラリズムやフォード生産方式から，まったく断絶しているかのように考えられることがある。しかしトヨタ生産方式は，テイラリズムやフォード生産方式のいくつかの要素を継承している。作業の標準化や動作・時間研究，移動式組立ラインの使用はその例である。そのため，藤本隆宏はトヨタ生産方式を「ハイブリッド的なシステム」と位置づけている（藤本，1997）。

　なお日本の製造業すべてが，トヨタ自動車のような生産システムを備えているわけではない。日本企業にとってトヨタ生産方式は今も模範とされつづけている。

3　戦後日本の技術革新と仕事・職場の変化

メカニゼーションとオートメーション

　1950～60年代の日本では，欧米諸国と同じように工場への技術革新の導入が進められた。当時進行していた技術革新は，**メカニゼーション**（コンピュータ制御を伴わない機械化）と**オートメーション**（コンピュータ制御を伴う機械化）の2つに分けられる。

　トヨタ生産方式は，生産性向上のためのメカニゼーションをめざしながらも，最新鋭の製造・運搬装置の導入が困難だった経済的状況の中で，その原型が形成された。佐藤守弘は，トヨタ生産方式形成期における社内外の動向について，次のように説明している。後発国だった1950年前後の日本にとって，フォード生産方式は取り入れるべき優れた生産システムだと考えられていた。しかし当時のトヨタ自動車は，十分な資金力がなかったために，フォード自動車のような生産システムをまるごと導入したくてもそれが不可能であった。また50年に経営が悪化して以来，従業員の雇用を抑制せざるをえなかった（佐藤，1963）。

メカニゼーションを抑制しつつ，限られた人員で自動車製造を行うための次善策が，現在のトヨタ生産方式につながった（藤本，1997）。多能工化はやむをえない状況の中で進められたのであって，当初から「労働の人間化」をめざして考えられたアイデアではなかった。この例にみられるように，メカニゼーションや作業の標準化が，作業の専門化を極端に推し進めるとは限らない。

さらに作業の専門化が加わったとしても，それが技能の解体をもたらすとは限らない。1950年代後半の造船業を対象に実施された調査によると，造船に使用する鋼板の溶接や切断における技術革新は，たしかに作業の単純化・標準化・専門化をもたらした。長年の経験を積んでカンに基づく技能を形成するのではなく，労働者は作業手順書や設計図によってより短期間に技能を形成できるようになった（東京大学社会科学研究所編，1972）。

ただ，これが技能の低下をただちに意味するとはいえない。なぜなら，労働者は新たに作業手順書や設計図の読み方を習得しなければならなかったし，機械や器具の構造や機能についても知る必要が出てきたからである。技術革新は技能の解体をもたらしたのではなく，要求される技能の性格を変化させたのだといえる。

また作業の単純化によって，複数の人が担当していた作業を1人で担当することが可能にもなった。単純化がかえって極端な専門化とは逆の可能性を開いたといえる。技術革新とともに生産工程も複雑化したため，高度な精度が必要な作業や，複雑な機械を操作する作業も新たに加わった（東京大学社会科学研究所編，1972）。

技術革新は，それが導入される以前の技能をまったく無効にするのだろうか。司馬正次は，1950年代末の火力発電所を事例に，オートメーション導入に伴う運転員の技能の変化を調査している。火力発電は，石炭，石油，天然ガスの燃焼エネルギーを水蒸気の圧力エネルギーに変換することにより電力を得ている。旧式の火力発電では，燃料の火力や水蒸気の圧力，水蒸気のもとになる水量の調節を，運転員が経験とカンに基づき手動で行っていた。

ところがオートメーションの導入により，手動だった作業が自動制御に置き換えられ，あらゆる装置の運転状態は1カ所の制御室で集約的に監視・制御されるようになった。運転員は，制御機構全体の構造と機能を新たに理解する必

要が生じた。それでも実際には,最新鋭の火力発電所の運転立ち上げは,旧来型の発電所出身者が中心となって進められた。技術革新によって旧来的な技能はまったく無効になるとは限らない。また,より新鋭の発電所出身者であるほど,最新鋭発電所の運転方法の習熟が容易であった。つまり,旧来的な技能と最新型の技能は連続しているのである(司馬,1961)。

松島静雄は,1950年代末の石油化学工業の事例で,オートメーションが組織や仕事に与える影響を検討している。第1節でふれたウッドワードの主張と同じように,この事例でも末端の作業者集団の規模が,他のタイプの製造技術をもつ企業よりも小さかった。しかしウッドワードの主張とは逆に,この事例では他のタイプの製造企業より,職階数は少なかった(松島,1962)。

またこの事例でも,すでにみたブラウナーの主張と同じように,**監視労働**の比重が増していた。大部分の装置操作が自動制御化され,計器を通じて装置の運行状態を監視することが,労働者のなすべき仕事となる。また経験やカンに基づく技能に代わって,機械や装置についての知識や,その管理運行についての判断力や理解力が必要となった(松島,1962)。

しかし監視労働が労働疎外を完全に克服できるとは,必ずしもいえない。中岡哲郎は,松島の16年後に石油化学工業の調査を実施し,監視労働が労働者に単調感を与えていると報告している。オートメーションが高度化すると装置の稼働の安定度が増加する。稼働の安定つまり変化のないことが,単調感の源泉である。しかし,安定度を保ち事故の発生を防止するためには,定期的な装置の監視作業が不可欠である。仕事に責任や知識が要求されるからといって,あらゆる種類の疎外から免れうるとは限らない(中岡,1974)。

以上みてきたように,技術革新に伴い,労働者にとっては肉体的疲労に代わって精神的疲労が増加したと考えられる(松島,1962)。従業員のメンタルヘルスの管理が,企業に求められるようになってきたといえる。

ＭＥ化

1970年代後半から80年代にかけては,60年代にメカニゼーションの段階にあった工業にも,コンピュータ化の流れが及ぶようになる。コンピュータは半導体の使用によって小型化し,大規模な装置産業だけでなく加工・組立型産業

でも，コンピュータを内蔵した機械が導入された。これがME化（マイクロエレクトロニクス化）である。NC（数値制御）工作機械，CAD（コンピュータ支援による設計），CAM（コンピュータ支援による製造），CIM（コンピュータに統合された製造）の導入が，具体的な動きである。

ME化にあたっては，技能の二極分解が懸念された。一方では，コンピュータ知識に支えられて技能を向上させる技能者が増加する。もう一方では，コンピュータ知識を理解できず，単純な補助的作業に従事する技能者が増加する。高度な知識をもつハイテク技術者的な技能者が増えるとともに，単純な仕事しか任されない技能者が増加するだろう。こう予測された。

しかし実際には，ME化が仕事や職場に与える影響は，これほど単純ではなかった（モーリス，1985）。ME機器の導入時には業務のさまざまな面で，技術者の役割が大きかったが，ME化がしだいに進むにつれて，一般技能者へ機器のプログラミングや保全，機械の操作の移譲が行われた。また，トラブルの原因の論理的判断や工程・作業改善などの能力が，技能者にも求められるようになった。技能者に技術者的な役割が備わってきたといえる。また，単純技能者が増加する傾向はみられなかった（伊藤，1988）。全体的にみて，技能の二極分解仮説が予測するような動きは生じなかった。むしろ，技能者に知識に基づく技能が求められるようになった。

しかし事業所規模が小さくなるにつれて，技能者がME機器の保全や操作を担当する割合は少なくなった。つまり，中小規模事業所ほど二極分解が生じやすく，大規模事業所と中小規模事業所の技能者との間でも，それが生じやすくなっていた。

ME化は技能者の技能の性質を変えるとともに，多能工化の動きにみられるように，彼らの技能の幅も広げた。ただしそれは，作業の単純化・標準化を前提として可能になったと考えられる（伊藤，1988）。

ME化が進んだからといって，手作業的な技能が不要になるわけではない。旋盤工として働くかたわら著述活動を続けてきた小関智弘はこう書いている。「機械技術が進んで精密化・高速化の要求が高まるほどに，超精密な仕上げをする技能が必要になる……。機械仕上げだけで組んだ工作機械と，手仕上げが丹念にほどこされた機械とでは，機械の寿命がまるでちがうことは，機械を扱

うほどの人ならみな知っている。作る人たちだって知っている」(小関，1997)。

さらに1980年代には事務職場にもコンピュータ化の波が本格的に押し寄せた。文書作成や計算，データベース管理などでパソコンが使用されるようになった。また，銀行のATM（automatic teller machine 現金自動預払機）や鉄道の自動改札機のような産業用省力機器の普及にみられるように，人手に頼っていた業務が情報ネットワーク上で処理されるようになった。これらの動きはOA（office automation）化と呼ばれた。

円滑な技術革新の受容

技術革新の導入にあたっては失業が懸念される。人手に頼っていた仕事が機械に代替されるし，新技術に適応できない労働者も発生するためである。しかし日本では，比較的円滑に技術革新の導入が進んだ。それにはいくつかの要因が考えられる。

1960年代，メカニゼーションやオートメーションの導入期の日本は，高度経済成長の波に乗っていた。技術革新の導入のペース以上に労働力需要が増えつづけた。また当時の日本は，まさに高学歴化が急速に進む時期でもあった（第7章も参照）。60年代には新卒採用工場労働者の構成の重心が中卒から高卒へと転換した。新技術に必要な知識・理解力・判断力に対応した教育システムの構築が功を奏したといえる。

労働組合も企業側との協議を通じ，雇用の維持に努力してきた（稲上，1983，第11章も参照）。また，日本では欧米諸国と異なり，職種間の境界がゆるやかであるため，配置転換を円滑に進めることができた（第1章参照）。作業が単純化・標準化した場合には，多能工化によって仕事の幅を広げ，疎外の発生も抑制することができた。前述した改善提案制度や小集団活動といった従業員の自主的な問題解決活動の普及も，疎外の抑制に貢献してきたといえる。

4 情報技術の進展とホワイトカラーの仕事・職場の変化

IT化

1990年代に入ると，パソコンなどのコンピュータ機器が安価となり，また

ソフトウェアの機能や操作性が向上したこともあって，事務職場のコンピュータ化がこれまで以上に進んだ。80年代のOA化とは異なる変化として，コンピュータが通信機器としても活用されてきたことが指摘できる。ホームページの作成・閲覧や電子メールの送受信が，コンピュータ知識に詳しくない一般の人々にとっても可能になった。情報ネットワークを媒介とし，コンピュータ機器を使用して行われる仕事が増えてきた。この動きはIT（information technology）化と呼ばれる。

　IT化によって，定型的な仕事（routine work）がコンピュータ機器に代替されて，省人化・省力化が進みつつある。その一方で，今まで非定型的な仕事だけをしていた人々も，定型的な仕事をこなさなければならなくなった。パソコンで定型的な仕事が容易にできてしまうからである。以前であれば書類の清書や計算業務を，そういった補助的業務のために雇用していた社員に任せておけばよかったかもしれない。しかし今では，パソコンで書類の清書や計算が以前よりも簡単にできるようになってきた。退屈で面倒な作業であっても，その量が少なければ誰でもやらなければならない。定型的な仕事の量が多ければ，非正社員に任せるか，他の企業に外部委託することになる。そのような職場では正社員数が減少していく。

　定型的な仕事が減ると，コンピュータでは扱えない創意工夫の必要な仕事や，対人コミュニケーションが重要になる仕事をこなすことが，労働者に求められてくる。論理的な思考力や変化への柔軟な対応力が，ますます重視されてきている。コンピュータの操作能力や高度な情報技術力は，これらの能力ほど労働者に期待されているわけではない。中高年ホワイトカラーのIT能力の低さが，しばしば問題にされることがある。しかし多くの企業では，時間をかければ中高年も仕事に必要なIT能力を習得できると考えている（三和総合研究所，2001）。IT化が進むほど，IT化できない高度な能力が重要視されてきているといえる。

　IT化によって，部長や課長などの中間管理職が中抜きにされるという議論がある。たしかに組織の職階数を減らす企業が増えつつある（**組織のフラット化**）。しかしIT化によって中間管理職が減少している証拠は必ずしも確認できない。中間管理職には情報の重要性を判断・分析し，新たな企画を立案する能力がますます求められている（厚生労働省，2001a）。

テレワーク

IT化の進展によって，勤務先や発注者から離れた場所で働くことが可能になり，注目されている。情報機器を活用したこの働き方は**テレワーク**と呼ばれている。「テレ」の意味は，空間的に離れていることである。企業に雇用されている者が自宅で仕事をする在宅勤務，事業所から離れた場所に企業が設けた小さな仕事場で働くサテライト・オフィス勤務，情報通信機器を活用して非雇用で仕事をする在宅就業，などに分類される。

在宅勤務のおもなメリットとして，自分のペースで仕事ができ生産性が高くなること，長い時間をかけて通勤する必要のないこと，仕事と育児などの家事との両立（ワーク・ライフ・バランス）が図れること（第8章も参照），があげられる。デメリットとして，上司とのコミュニケーション不足や，業務に集中しすぎて長時間労働になりがちなこと，「仕事」が「仕事以外」の時間に浸透してくることが指摘されている（労働政策研究・研修機構，2008b；佐藤，2008。就業意識については，第6章を参照）。

在宅勤務の克服すべき課題として，社外秘情報の漏洩防止対策があげられる。企業はその対策のため，端末からの印刷や周辺機器への接続を禁止することが多い。そのためにかえって業務効率が低下することもある。また，従業員の労働時間管理が煩雑になったり，上司が部下の仕事ぶりを把握できなくなったりといった問題も生じる。人事考課制度や働き方をめぐる慣習を見直す必要もあろう（第1章も参照）。もちろん，業種や部門の特性や従業員の適性を考慮したうえで，在宅勤務の導入を検討することが望ましい。

在宅就業はSOHO（small office/home office）とも呼ばれる。在宅就業は専業自営と内職アルバイトに分類される。前者は男性が多く，独立自営的な働き方や専門的能力の発揮がおもなメリットとしてあげられている。後者は女性が多く，仕事と家庭の両立をメリットとしてあげる者が多い（厚生労働省，2001a）。在宅就業は労働時間を柔軟に設定できるものの，長時間労働につながりやすい面もある（第8章も参照）。健康管理面でも不安が大きい。特定取引先への長期的な依存率が高い在宅就業者も多く，低い請負単価や取引額の減少といった不安定要素を抱えていることが少なくない（神谷，1999）。

技術革新と仕事・職場の近未来

　IT化の進展は，企業の中核業務を支えるホワイトカラーに対して，今まで以上に高い能力を求めているといえる。情報過多になるからこそ，そこから重要な情報を選択・分析することがますます大切になってきている。コンピュータにはできない創意工夫や高い企画提案能力が貴重となっている。これらの能力を身につけるためには，論理的思考力や経済・社会状況への柔軟な対応力が必要である。IT化のさなかにあっても，対人的なコミュニケーション能力の重要性は低下するどころか，より大切となってきている。求められる能力は基本的に今までと変わらない（能力開発については，第2章を参照）。

　しかしその一方で，定型的な業務をパートタイマーやアルバイト，派遣労働者といった非正社員に任せたり，業務請負などの形で外部委託したりすることも増えている（第9章も参照）。この変化はもちろんIT化だけで説明できるわけではない。それはともかく，かつて懸念されたことのある技能の二極分解の問題が，ホワイトカラー労働で現実化するのだろうか。今後のなりゆきに注目していかなければならない。

ゼミナール

1. ジョージ・リッツァ『マクドナルド化する社会』（正岡寛司監訳，早稲田大学出版部，1999年）を読んで，マクドナルド化のメリットとデメリットについて議論してみよう。

2. あなたは，アルバイトなどで仕事をしていて，その仕事を楽しいと感じているだろうか。それともつまらないと感じているだろうか。仕事をしていて自分の能力が高まったか。それともあまり高まっていないだろうか。それはなぜだろうか。それぞれの人の仕事を例に考えてみよう。

3. 職場へのパソコンなど情報機器の導入によって，仕事の内容や進め方がどのように変化したか，家族や友人，知人にたずねてみよう。各自がたずねた結果を，みんなで整理・分析してみよう。

4. 在宅勤務の導入にあたって，企業は従業員に対してどのように配慮することが求められるだろうか。また従業員は企業や上司に対してどのような要望を出せばよいだろうか。考えてみよう。

基本文献案内

P. F. ドラッカー『ポスト資本主義社会』上田惇生訳,ダイヤモンド社,2007年
　●世界的に著名な経営学者による現代社会論。著者は知識労働が社会で重要性を増していくことを,1960年代から一貫して主張してきた。

日本労働研究機構編『技術革新』(リーディングス日本の労働11)日本労働研究機構,1999年
　●技術革新と仕事・職場の変化に関して日本で行われた重要な研究を概観するには,もっとも便利な本である。

R. ブラウナー『労働における疎外と自由』佐藤慶幸監訳,新泉社,1971年
　●技術と疎外との関係について,いくつかの工業の事例をもとに分析した,古典的著作。両者の関係についての逆U字型カーブ図式は有名。

松島静雄『労務管理の日本的特質と変遷』ダイヤモンド社,1962年
　●オートメーション下の仕事や職場の変化を,日本の産業・労働社会学の立役者の1人が,丹念な調査と優れた分析力によって鮮やかに描いている。

G. リッツア『マクドナルド化する社会』正岡寛司監訳,早稲田大学出版部,1999年
　●テイラリズムやフォード生産方式のエッセンスを簡単に理解するには,この本が最適である。「マクドナルド化」がキーワード。

J. P. ウォマック,D. ルース,D. ジョーンズ『リーン生産方式が,世界の自動車産業をこう変える。――最強の日本車メーカーを欧米が追い越す日』沢田博訳,経済界,1990年
　●トヨタ生産方式の特徴を図式的に理解するには,格好の文献。同書ではリーン生産方式というキーワードが使われている。

――――――小川慎一◆

性別職域分離
——仕事の中の男性と女性

第4章

はじめに

　誰がどんな仕事に就くかは何によって決まるのだろうか。もちろん多くの事柄がかかわっているが，重要なものの1つが性別，年齢，学歴など，働く人々の属性である。たとえば，仕事の中には女性の割合の多いものや，反対に男性の割合が多いものがある。あるいは，おもに大学卒の学歴の人が就いている仕事や，そうでない仕事がある。職域分離とは，このように人々がそれぞれの属性によって異なる仕事の領域で働いている（＝「分離」している）状態をとらえる概念である。仕事の領域（＝「職域」）は，職場での個々の職務，職業，職位，産業，就業形態，就業先の規模などさまざまな角度から見ることができる。家庭内で行われる家事，育児，介護など，収入は伴わないが社会的には重要な活動もアンペイド・ワーク（unpaid work 無償労働）として仕事の概念に含めるような，広義の職域概念もありうるだろう。本章では，雇用の分野での性別による職域分離についてみていく。

1　国際比較からみた性別職域分離

労働市場全体の職域分離

　性別によって職域はどのくらい異なっているのだろうか。これをみるにはさまざまな方法がある。労働市場全体を考えたときに，性別によってどの程度職域に違いがあるのかを知る方法としてもっともよく用いられているのがID（index of dissimilarity 分離指数）という指標である。この指標によって，男女の

図 4-1　ID（75職業分類）の国際比較（1990年）

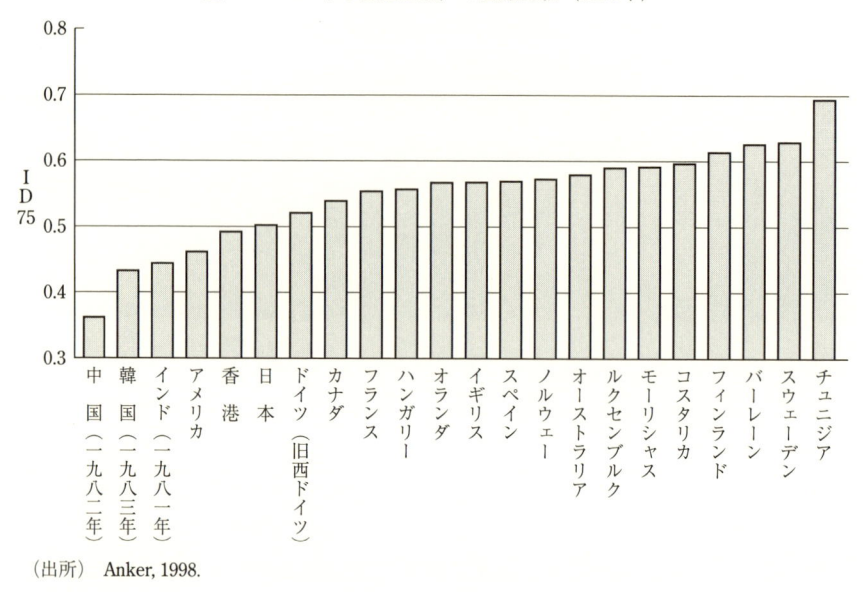

(出所)　Anker, 1998.

職域分布がどのくらい異なっているかを知ることができる（もともとはアメリカ合衆国において白人と黒人の居住分離を表す指標として用いられた〔Duncan and Duncan, 1955〕）。この数値が高いほど、職域分離の程度が高い、つまり職域が不平等に分布していることを表す。IDは一般に、職業分類を細かくすればするほど大きくなる傾向にある（具体的にIDを求める方法については〔大沢，1993〕などを参照してほしい）。

職業という観点から国別のIDを比較したのが図4-1である。比較のため、75の職業分類に加工したデータをもとにしている。データは少々古いが、カバーしている国の範囲が広いのでいくつか興味深い事実がわかる。第1に、地域ごとの差が大きいことである。中東や北アフリカ地域でもっとも高く、日本を含むアジア地域でもっとも低くなっている。一般に女性の職場参加が進んでいると考えられがちなヨーロッパやアメリカの数値は、この両者の中間程度である。アジア地域の職域分離指数が小さいのは、他の地域では圧倒的に男性の職場となっている生産職（ブルーカラー労働）に従事する女性の割合が比較的

高いためである。中東や北アフリカで高いのは，宗教的な背景とかかわりがあると考えられる。第2に，地域間でこのように大きな差があるのとは対照的に，同一地域内では職域分離の程度が似通っていることである。

　IDは1人当たりの国民所得，成人女性の教育レベル，農業セクターの大きさといった指標とは必ずしも相関しないことが示されている（Anker, 1998）。女性労働力率との関連も単純ではないようだ。女性労働力率が高い国では性別職域分離の程度が低いというような単純な関係は，必ずしも見出されないからである。とりわけ女性労働力率が高い国（たとえば北欧諸国）では，職域分離は相対的にむしろ大きくなっている。同一地域内では性別分離の程度が似ていることも考え合わせると，性別職域分離を考える際には，経済的な要因だけでなく社会的・文化的背景を考慮することが重要だといえそうだ。

個別職域ごとにみた性別分離

　IDは労働市場全体の職域分離の程度を1つの数値で代表させる指標であり，労働市場を構成している個々の職域の状況についてはわからない。性別職域分離の実態をよりよく理解するには，個別職域ごとの状況をみることが欠かせない。

　個別職業の状況をみるときに重要なのは，「職域の違い」には2つの意味が含まれていることである。1つは男女の仕事がどのくらい「違っているか」という観点であり，このような観点からみた職域分離を**水平分離**という。もう1つは，男女の仕事の違いを仕事の階層（上下関係）における位置の違いとしてとらえるとらえ方で，このような観点でみた職域分離を**垂直分離**という。何を基準に仕事の「上下」を判断するかにもいろいろな見方がありうるが，一般的には報酬の多さ，責任や権限の大きさ，威信の高さなどで測られることが多い。たとえば一般の事務職には女性が多く管理職には男性が多いという現象は，男女の仕事が違っているという観点から水平分離ということもできるが，管理職が階層上優位な職業だとみるなら，優位な職業に男性が多い垂直分離ということになる。

　個別の職業ごとにみると性別分離の状況はどうなっているだろうか。職業には，男性が多数を占める職業も女性が多数を占める職業もある（女性が多数を

図4-2 管理的職業にみる性別職域分離（2008年）

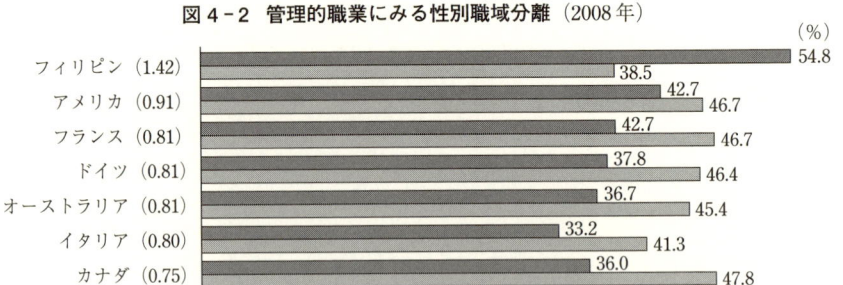

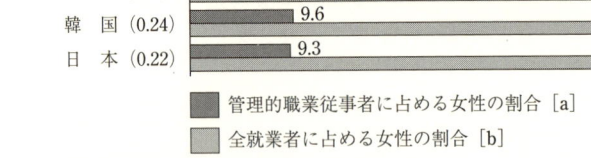

国	管理的職業従事者に占める女性の割合 [a]	全就業者に占める女性の割合 [b]
フィリピン (1.42)	54.8	38.5
アメリカ (0.91)	42.7	46.7
フランス (0.81)	42.7	46.7
ドイツ (0.81)	37.8	46.4
オーストラリア (0.81)	36.7	45.4
イタリア (0.80)	33.2	41.3
カナダ (0.75)	36.0	47.8
ロシア (0.74)	37.1	50.1
イギリス (0.74)	34.6	46.9
スウェーデン (0.68)	32.3	47.3
韓国 (0.24)	9.6	40.2
日本 (0.22)	9.3	42.2

（注）カッコ内の数値は女性出現率（＝[a]/[b]）。
（出所）ILO LABORSTA (laborsta.ilo.org) より筆者作成。管理的職業には議員，管理的公務員，会社役員・管理職を含む。

占める仕事は**ピンクカラー職**とも呼ばれる〔Howe, 1977〕）。男性が多数を占める傾向にある職業の例として，管理的職業についてみてみよう。管理的職業は垂直分離の観点からも重要な職業のひとつである。図4-2は，管理的職業に女性がどのくらい就いているかを，G8諸国にオーストラリア，韓国，スウェーデン，フィリピンを加えてみたものである。その国の就業者全体に占める女性の割合と比べて管理的職業に占める女性の割合が大きい（＝女性が管理的職業に現れやすい）順に並べてある。職の位置づけは国によって異なる面があるので単純比較は難しいが，おおまかな傾向はうかがえるだろう。フィリピンを除くすべての国で，管理的職業の女性割合は就業者全体の女性割合を下回っており，一般に女性は男性に比べて管理的職業には現れにくい状況にある。一方，国ごとの違いも大きい。水平分離をみるIDの比較では日本の性別職域分離は大きくないが，管理的職業には女性が非常に現れにくいことがわかる。

職域の違いのうち重要なものに就業形態がある。図4-3はパートタイム就

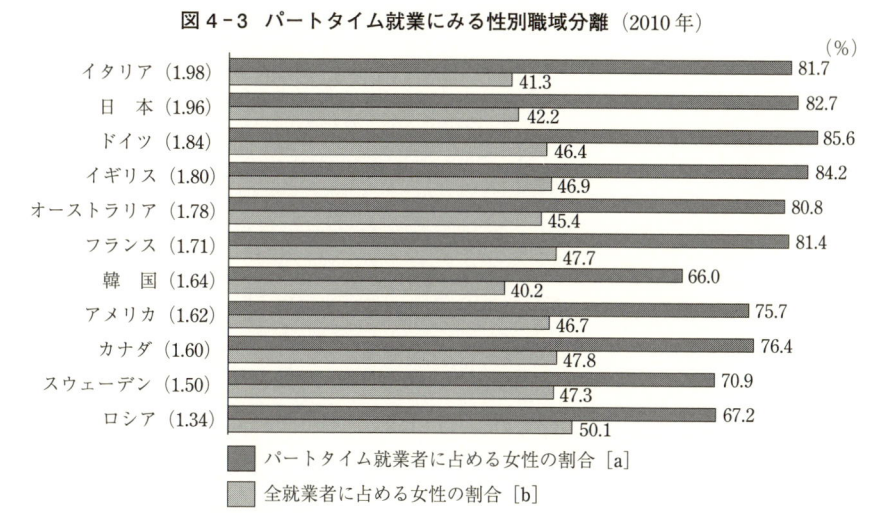

図 4-3 パートタイム就業にみる性別職域分離（2010 年）

国 (女性出現率)	全就業者に占める女性の割合 [b]	パートタイム就業者に占める女性の割合 [a]
イタリア (1.98)	41.3	81.7
日本 (1.96)	42.2	82.7
ドイツ (1.84)	46.4	85.6
イギリス (1.80)	46.9	84.2
オーストラリア (1.78)	45.4	80.8
フランス (1.71)	47.7	81.4
韓国 (1.64)	40.2	66.0
アメリカ (1.62)	46.7	75.7
カナダ (1.60)	47.8	76.4
スウェーデン (1.50)	47.3	70.9
ロシア (1.34)	50.1	67.2

（注）カッコ内の数値は女性出現率（＝[a]／[b]）。
（出所）OECD StatExtracts (stats.oecd.org) より筆者作成。パートタイムの定義は労働時間週30時間未満。25～54歳。

業（労働時間週30時間未満）にどのくらい女性が就いているかを，管理的職業と同様の見方で国際比較したものである。比較しやすいよう，対象を25～54歳の女性に限っている。この年齢層の男女就業者に占めるパートタイム就業者の割合は，もっとも小さいロシアの4％からもっとも大きいドイツの21％まで幅がある（日本は15％）が，どの国でも女性は男性に比べてパートタイム就業に現れやすいことがわかる。

2 日本における歴史と現状

水平分離

次に日本の性別職域分離についてみてみたい。まず，歴史的な変化を確認してみよう。生産年齢（15歳～64歳）人口の女性労働力率は1975年の49.7％を底として上昇傾向にあり，2010年には63.1％と男性労働力率（84.8％）の4分の3程度にまで上昇してきている（労働力調査）。このような女性労働力率の上昇に伴い，性別職域分離は変化してきたのだろうか。この問いへの答えも，何

に関して，どのレベルの職域分離に着目するかによって変わってくるので単純ではないが，これまでに明らかになっていることを確認してみよう。

さまざまなレベルの職業におけるIDの推移に着目したこれまでの研究は一致して，1970年代以降，日本の性別職域分離が拡大傾向にあり，女性労働力率の上昇が必ずしも職域の平等化を伴っていなかったと指摘している（大山，2000；水野，1994）。国際比較でも女性労働力率が高ければ性別職域分離が小さいとは必ずしもいえなかった（第1節）のと同様に，時系列的にみても，両者の関係は必ずしも単純ではないようだ。個別の職業でも同じようなことがいえる。たとえば，戦後日本で多くの女性が就くようになった事務職でも，性別による位置づけの違いが際立った特徴となったのは，むしろ女性の割合が高まった高度成長期だった（金野，2000）。

一方，1980年代後半以降の動きについては，職業分類をどのくらい細かくするかによって見え方が異なってくる。中程度の職業分類では性別職域分離は85年以降縮小しているが（真鍋，1999），より細かい職業分類を用いると，少なくとも90年代半ばまでは縮小傾向は見出されない（大山，2000。筆者の計算によれば，国勢調査小分類のIDは2005年時点でも1990年代から大きく変化していない）。

ただし先にもふれたように，IDの変化だけからは労働市場内の構造変化はみえない。そこで，ここでは就業者全体の女性比率を基準として職業を「男性職」「統合職」「女性職」の3つにタイプ分けする方法（Hakim, 1993）を用いて，1980年代半ば以降の変化をおもな職業についてみてみよう（表4-1。この間の労働市場全体において女性はだいたい40％程度を占めているので，ここでは女性比率が40％±15％の職業を「統合職」とし，25％未満の職業を「男性職」，55％以上の職業を「女性職」とした）。

1985年から2005年までの20年間で，統合職のシェア（統合職で就業する男女の全就業者に占める割合）が全体の39％から23％に低下し，代わりに女性職シェアが25％から44％まで増加している。この傾向は男女共通であり，女性の多い職種で働く人が相対的に増えていることがわかる。管理的職業では男性職シェア100％の状況が続いているが，その他の職業ではそれぞれ異なった変化がみられる。事務職とサービス職では統合職シェアが激減し，圧倒的な女性職

表 4-1　職業別「男性職」「統合職」「女性職」割合の推移（1985 ～ 2005 年）

	職業割合 [a]	女性割合 [b]	全就業者に占める割合			男性就業者に占める割合			女性就業者に占める割合		
			男性職	統合職	女性職	男性職	統合職	女性職	男性職	統合職	女性職
職業計											
1985	100.0	38.9	36.3	39.1	24.6	55.0	33.6	11.4	6.9	47.7	45.4
1995	100.0	39.9	37.6	24.6	37.9	57.2	23.1	19.7	8.0	26.8	65.2
2005	100.0	41.9	33.7	22.8	43.5	53.0	22.7	24.3	7.0	22.9	70.0
管　理											
1985	4.0	8.8	100.0	0.0	0.0	100.0	0.0	0.0	100.0	0.0	0.0
1995	4.2	9.6	100.0	0.0	0.0	100.0	0.0	0.0	100.0	0.0	0.0
2005	2.4	11.7	100.0	0.0	0.0	100.0	0.0	0.0	100.0	0.0	0.0
専門・技術											
1985	11.0	40.1	49.5	13.7	36.8	74.6	14.4	11.0	11.9	12.8	75.3
1995	12.7	41.9	42.4	21.1	36.6	66.6	23.3	10.0	8.8	17.9	73.3
2005	13.9	47.1	37.9	21.0	41.1	64.7	22.7	12.6	9.1	16.6	74.4
事　務											
1985	17.9	57.3	1.3	71.6	27.0	2.9	81.1	16.0	—	64.6	35.2
1995	19.3	62.0	1.2	2.7	96.1	2.7	3.6	93.6	—	2.2	97.6
2005	19.8	61.5	1.4	1.3	97.2	2.9	1.6	95.5	0.5	1.2	98.3
販　売											
1985	14.2	36.7	35.6	20.8	43.6	52.3	21.9	25.8	6.8	19.0	74.2
1995	14.6	37.3	42.8	17.2	40.0	61.4	17.7	20.8	11.5	16.3	72.2
2005	14.4	37.5	42.7	11.2	46.2	60.9	11.5	27.6	12.3	10.7	77.1
サービス											
1985	7.1	63.4	0.5	56.0	43.5	1.2	75.4	23.4	—	44.7	55.2
1995	7.9	63.8	1.4	47.6	51.1	3.1	63.3	33.6	—	38.7	60.9
2005	10.0	66.2	2.2	15.1	82.7	5.1	23.8	71.1	0.7	10.7	88.6
生産・労務											
1985	30.8	31.0	50.0	29.7	20.3	66.6	23.7	9.7	13.0	43.0	44.0
1995	29.5	29.4	53.1	30.9	16.0	68.4	25.2	6.4	16.3	44.6	39.1
2005	27.6	28.6	49.7	38.0	12.3	64.3	30.5	5.1	13.2	56.5	30.2

（注）　1　「男性職」＝女性比率25％未満，「統合職」＝女性比率25％以上55％未満（40％±15％），「女性職」＝女性比率55％以上。
　　　2　[a] 職業割合＝当該職業の就業者数／就業者総数，[b] 女性比率＝当該職業の女性就業者数／当該職業の就業者数
（出所）　国勢調査抽出詳細集計職業小分類より筆者作成。分類項目数は1985年293, 1995年294, 2005年274。

化が進んでいる。女性比率でみると全体の平均に近い販売職では，男性職と女性職への分化傾向がみてとれる。統合職化の傾向にあるのが専門・技術職と生産・労務職である。統合職化に伴って，専門・技術職では男性職のシェアが低下し，生産・労務職では女性職のシェアが低下している。2005年時点の状況を横断的にみると，男性就業者では男性職シェア53％に対し女性職シェア24％，女性就業者では男性職シェア 7 ％に対して女性職シェア70％であり，

男女ともに同性の多い職種で働く人が過半を占めている。

職務レベルでの性別分離についても，さまざまな職場の事例が報告されている。たとえば，あるVTR製造職場では，男性は「予防保全マン」としてプログラム作成を含む広範囲の仕事に就き，女性はロボットの間での手組立てや検査の仕事に就いている。ある旅行代理店店舗では，外交販売はすべて男性正社員，「上得意」の特定顧客への営業は女性正社員，店頭営業は女性正社員と女性派遣社員が行っている（熊沢，2000）。ある都市銀行の融資部門についての報告によれば，融資案件の資料分析，審査，融資の決定は男性の仕事であり，顧客から預かった書類の保管，端末入力，伝票記載は女性の仕事である（駒川，1998）。あるシステム・エンジニアの職場では，男性の新任配属先は「フィールド部門」が多く，そこでは受注したシステムの構築とハードウェア関係の運用支援を行っている。これに対して女性の配属先は，フィールド部門への技術支援を行う「共通部門」の特定の職務であることが多い（大槻，1998）。ビルメンテナンス業の分野では，百貨店や遊園地，ファッションビルなどでの「見せる清掃」に比較的若い女性が配置される例が多いという（北，2001）。このように，日本の場合でも職場レベルまで下りると，性別職域分離はいっそう鮮明にみえてくる。

垂直分離

日本では管理的職業に就く女性が少ないことを第1節の国際比較で確認したが，日本の垂直分離の状況についていくつかの角度からより詳しくみてみよう。図4-4は管理職の役職別女性割合の推移をみたものである。近年，係長相当職で女性割合がようやく10％を超えているものの，上位の役職になるほど女性の割合は少なくなる。一方，女性割合の増加が2000年代後半から加速していることもみてとれる。管理職の女性割合は企業規模によっても異なり，大企業ほど小さい傾向にある（厚生労働省，2010b）。

一般社員でも異なる区分で人事管理が行われることがあり，それが性別垂直分離の意味合いをもつ場合もある。コース別雇用管理制度における，いわゆる「総合職」と「一般職」の区分がその例である。制度を導入している企業123社における実態（2007年度）をみると，おもに定型的業務に従事し原則転居を

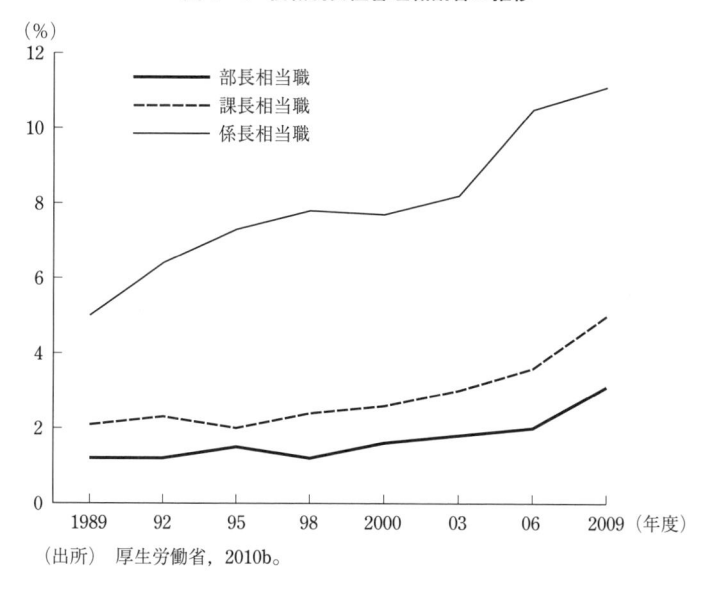

図4-4 役職別女性管理職割合の推移

(出所) 厚生労働省，2010b。

伴う転勤のない一般職では女性が8割近くを占めるのに対し，総合的な判断を要する業務に従事し原則転居を伴う転勤のある総合職の女性割合は6％にすぎない（厚生労働省，2008）。

また，就業形態上の性別職域分離も，就業形態によって処遇に大きな格差がある場合には垂直分離の一種とみることができる。たとえばパートタイム労働者は，日本の現状では通常の労働者とは身分の異なる労働者と位置づけられることが多く，通常の労働者との処遇格差が問題とされてきた。業種や職種によって状況に差はあるものの，パートタイム労働者に女性が多いことは，日本では一般に性別垂直分離としての意味合いをもつといえる（パートタイムを含む非典型雇用については第9章で詳しく扱う）。

3 性別職域分離の理論

分離の形成

では，このような性別職域分離はどのようにして起こり，維持されるのだろ

うか。文化や社会的制度のようなマクロな要因から個人レベルの要因まで，これまでさまざまな説明が提案されてきた（合場，1996；ホーン川嶋，1994; Hakim, 2004）。

　職場の性別分離はまず，職場をとりまく社会的・文化的環境とかかわっている。そのひとつが社会的制度である。たとえば，さまざまな理由から，性別によって就ける職種が制度的に制限されたり，公的な資格の受験がいずれか一方の性にのみ認められたりすることがある。現在の日本でも，一部の職種や資格に性別制限がある。また，たとえば宗教上の理由から女性が家庭外で男性と接点をもたないよう強く促されているような文化では，顧客に男性も含まれる職には女性が就きにくくなる。家庭領域での性別分業も仕事の領域に影響する。たとえば家庭内で伝統的に女性が担ってきた仕事が女性の仕事とステレオタイプ化され，その仕事が市場化された後も女性の仕事となる傾向にあったり，家庭内の役割分業と類似の役割分業が職場の中でも起こったりする。

　職場レベルの性別分離により直接にかかわるのが，雇用主および働く人々である。雇用主は，特定の性別の者を雇用したり昇進させたりする方針をとることがある。その理由は必ずしも一方の性のたんなる優遇や他方の性に対する差別的感情とは限らない。いわゆる**統計的差別**（Phelps, 1972）に基づく判断もある。統計的差別とは，個々人をその人が属するグループの性質によって判断することである。異なるグループ間に雇用主にとって重要な差があり，個々人を個別に判断するのはコストが大きいかそもそも難しいとき，統計的差別は雇用主にとって合理的な判断として採用されうる。たとえば，長期的・継続的なキャリアを前提として訓練投資されているとき，平均して勤続年数が長いという理由で男性が優先されるような場合である。逆に，女性のほうが雇用主にとって一般に「よい働き手」となる傾向にあれば，男性よりも女性が好まれることになる。

　働く人々の側に着目する立場からも，いくつかの説明が試みられてきた。まず，生理的・心理的性差に端を発する男女の関心・性向・能力の違いによる説明である。それによれば，生得的な生理的・心理的傾向や能力が社会化によって強化される結果，男女の関心や能力に違いが生まれる。関心・性向・能力の男女差は，直接仕事の違いに反映されうるとともに，人々が職に就く以前の学

歴達成や性別役割分業といった職場外の状況に影響することを通じて,間接的にも職域分離に影響しうる。たとえば,一般に男性は女性よりもアグレッシブだという傾向は,とりわけ希少な機会をめぐる競争場面では意味をもってくるという (Goldberg, 1993)。

2つめは,夫がおもに市場労働の役割を担い妻がおもに家庭内労働の役割を担う,近代型の家庭内性別役割分業との関係に注目する。女性は,市場労働をするとしても家庭での役割と両立しやすい仕事を選ぶため,性別職域分離につながるという説明である。そもそも家庭内分業がなぜ起こるのかについては,男性による女性のコントロールの一部だとする家父長制理論 (Walby, 1990；上野,1990) と,夫婦が市場労働と家庭内労働それぞれの効率性を高めるためだと考える経済学的合理的選択理論 (Becker, 1991) がある。前者が,家庭内性別役割分業によって女性の市場労働機会が制限されているとみるのに対し,後者は,分業は初期状態のわずかな比較優位からも発展しうる互恵的なものとみる。

ライフスタイルに関する価値観の多様性に基づく説明もある。この説明によれば,仕事と家庭とそれぞれどのようにかかわるのが自分にとって望ましいかについて,人々の価値観は大きく3つに分けられる。基本的に仕事優先の仕事中心型,家庭優先の家庭中心型,仕事へのコミットメントと家庭へのコミットメントが競合する双方志向型である。現状では,双方志向の価値観の人には女性が多く,仕事中心の価値観の人には男性が多い。そのため,仕事中心型の人が集まりやすく残りやすいような職域 (たとえば労働時間が長かったり広域異動があったりする職域) には男性が多くなり,双方志向型や家庭中心型の人が集まりやすく残りやすいような職域には女性が多くなる。とりわけ制度的・社会的制約が少なくなった先進諸国での性別職域分離には,ライフスタイルに関する人々の価値観が重要な役割を果たすという (Hakim, 2000, 2003)。

分離の維持と連鎖

いったん一定の性別分離が形成されれば,職場で働く人々の間のインフォーマルな相互行為も,分離を維持する重要な要因になりうる。その職場で典型的な性別の人々は意識的・無意識的に,非典型的な性別の人々に対して,排除

な行動をとったり排除的な雰囲気を作り出したりすることがあるからだ。その背景は，雇用主の場合と同じような統計的差別であったり，典型的な性別の人々が集団としての仕事機会や性別アイデンティティを守ろうと非典型的な人々を意識的に排除しようとする意図（Hartmann, 1976; Cockburn, 1983）であったり，逆に，非典型的な人々へのむしろ積極的な「配慮」であったり（Konno, 1997）するかもしれない。あるいは，男性が多い職域では男性的な職場文化が，女性の多い職域では女性的な職場文化が発達しやすいことや，たんに人々は一般に同性とのほうがつきあいやすいことといった（Hakim, 2004），非典型的な性別の人々に対する態度とは別の事情かもしれないが，いずれも非典型的な性別の人々を「排除」する効果をもちうる。これらは同僚関係や上司・部下関係だけでなく，取引先や顧客，クライアントとの関係においてもありうることである。

性別分離はまた，「この仕事は男性の仕事」「この仕事は女性の仕事」という意味づけ（セックスタイピング sex-typing）につながり，それ自体が分離を再生産する要因になる。職域のセックスタイピングは，ほとんど無意識のレベルでそこで働く人のイメージを規定し，仕事を選ぶ人や採用・昇進を判断する人だけでなく，広く社会に影響を与える。職域のセックスタイピングは，職域に非典型的な性別の人にとっては参入障壁となったり，職場での経験をさまざまな意味で困難にしたりする。これはもちろん，女性が少数派の場合だけでなく，男性が少数派の場合も同じである（中田，1999；矢原，2007）。

男性職域が女性職域に対して優位な垂直分離の関係があるとき，その理由はおもにこれらの目にみえない障壁によって女性が上位職に就きにくくなっていることにあるとする説は「ガラスの天井」説と呼ばれる。これに対し，女性職域では男性が上位職に押し出されていく現象があるとする説もあり，そのような現象は「ガラスのエスカレーター」と呼ばれる（Williams, 1995）。

性別分離は，学歴や専攻分野を含む教育志向や性別分業志向に影響を与えることで，間接的にも再生産される。人々（本人や親）は，男性と女性にどのような機会が開かれているかをみて，どのような教育にどの程度投資するかを判断したり，性別分業を志向したりすることがあるからだ。教育達成における男女差や性別分業のあり方は雇用機会の男女差に反映され，結果として性別職域

分離を支えることになる。

　あるレベルの職域分離が別の職域分離に連鎖していることもある。女性の管理職が少ない理由を企業にたずねた調査（2009年度）では，「現時点では，必要な知識や経験，判断力等を有する女性がいない」と回答した企業の割合がもっとも高く，6割を超えている（厚生労働省，2010b）。先にみた職場レベルでの性別分離の事例なども考え合わせると，これまで多くの職場で男性と女性とではもともと与えられる職務に違いがあり，管理職にふさわしい経験と能力を身につける機会にも差があったことが，管理職の性別分離にかかわっていると考えられる。

　以上の説明はそれぞれ，性別職域分離という現象を支える——逆に言えば，これらが変化することで分離状況が変化する——メカニズムの一部を切り取ったものだといえるだろう。説明したいのがどのレベルの職域分離なのか，どのような事例なのかによって，どの要因が重要かは違ってくる。かつては重要だった要因が，社会の変化に伴って説明力を失うこともあるだろう。これらの説明は対象に即して適切に組み合わせることで，性別職域分離の成り立ちやその変化を理解する助けになると考えられる。

4　よりよい社会的協働に向けて

性別職域分離と結びつきやすい諸問題

　性別職域分離は仕事世界の興味深い一側面だが，多くの場合，たんに興味深い現象だというだけでなく，何か乗り越えられるべき「問題」だと考えられてきた。それはなぜだろうか。たとえば第1節でも紹介したILOの調査研究（Anker, 1998）は，おもに2つの理由をあげている。第1に，性別職域分離によって私たちの世界観の中に存在する「男性」「女性」のステレオタイプが強化されてしまうことである。社会のさまざまな領域で，性別ステレオタイプは男女を問わず個々人にとっての制約となりうる。第2に，性別職域分離によって労働市場の効率が損なわれることである。個々の雇用主にとっても，また経済全体でみても，性別職域分離は必要な場所に必要な人材を確保する障害になりうるという。

たしかに，性別ステレオタイプの強化や労働市場の硬直化という問題は，無視されてよい問題ではないだろう。しかし，仕事の世界やそこで働く人々にとって，このような問題意識はどこか外在的でもある。仕事の世界やそこで働く人々にとってより内在的な視点，すなわち社会学の視点からは，性別職域分離の問題をどう考えればよいだろうか。社会学の重要な課題は，多様な選好や意味世界をもつ人々による共同性のあり方を探ることにある（盛山，2011）。このような社会学の立場からみた仕事の世界の課題とは，人々がそれぞれ自分にとって望ましい生き方をよりよく実現すると同時に，さまざまな社会的価値を生み出す協働のよりよい一員となれるような，フェアで豊かな共同性の一端を担うことにあるといえるだろう。ここでは，私たちがめざすべき仕事世界のあり方をこのように考えたうえで，働く人々のライフスタイル価値観の多様性という前節で紹介した見方を使って，性別職域分離がどのような問題と結びつきやすいかをみてみよう。

　ここでとくに重要なのは，男性の多い職域（男性職域）と女性の多い職域（女性職域）が同一の企業での管理職と一般事務職のように垂直分離の関係にある場合である。男性職域では働く人々の家事，育児，介護といった家庭での役割が小さいことを前提とする仕事のしかた（たとえば急な残業などにいつでも応じられることなど〔熊沢，1997〕）が基準となり，「仕事中心の男性」のイメージに沿った働き方となる傾向にある。逆に女性職域では，「双方志向／家庭中心の女性」のイメージに沿った働き方となる傾向にあるだろう。これは，現状では男性のほうが女性と比べて仕事中心の人々が多く，女性のほうが男性と比べて双方志向ないし家庭中心の人が多いからでもあり，より基幹的とされる職務ではしばしば，ある程度仕事中心の働き方が必要とされるからでもある。

　その結果，たとえば男性職域では，双方志向／家庭中心の男性も男性であるために仕事中心の働き方を強いられ，それが希望に合わない働き方のためかえって能力が発揮しづらいといった状況が起こりやすくなる。仕事中心の女性は，ライフスタイルの選好としてはその職域に合っていても，非典型的な性別であるために先にふれた意識的・無意識的排除を経験しやすく，十分に活躍できない状況が起こりやすい。また双方志向／家庭中心の女性は，そもそもそのような職域で貢献できる余地の少ない存在だと思い込まれやすいだろう。職域に典

型的な性別と選好の人々にとっても，性別職域分離が問題を助長することがある。男性職域における仕事中心の男性は，職域での働き方と自身の選好との間に齟齬はないかもしれないが，齟齬がないがゆえに，たとえば長時間労働が過剰となってさまざまな問題を引き起こしうる。あるいは女性職域における双方志向／家庭中心の女性も，職場での働き方と自身の選好は合っているかもしれないが，それゆえに，たとえば処遇が不合理に低くても不問に付されやすくなるだろう。

つまり，性別職域分離それ自体が問題であるというよりも，性別職域分離が働く人々や職場からみたさまざまな問題とかかわりやすく，またそのような問題があっても見逃されてしまう状況を作り出しやすいことが，問題なのだと考えられる。もちろん，人々だけでなく仕事や職場もまた多様であり，これらの問題が実際にどの程度問題かは職場ごとに異なりうる。あらゆる職場が画一的な方法で問題に対処しなければならないと考える必要もない。しかし，性別職域分離という視角で仕事の世界をみてみることは，よりよい協働のしかたや処遇のしかたがないかどうかを，社会的協働の一端を担うそれぞれの職場が問い直す，1つのよいきっかけとなりうるだろう。

日本における取り組みの現状と課題

性別職域分離とかかわる諸問題には，現在，日本においてもさまざまなレベルで取り組まれている。まず，企業レベルでの**ポジティブ・アクション**がある。ポジティブ・アクションとは「固定的な性別による役割分担意識や過去の経緯から，男女労働者の間に事実上生じている差があるとき，それを解消しようと，企業が行う自主的かつ積極的な取り組み」のことだと説明される。しかし大事なのは，どのような経緯で性別職域分離が形成・維持されてきたかにかかわらず，現時点での問題に対処し将来に向けてよりよい協働を実現していくことであり，ポジティブ・アクションはそのための方策だと理解できる。日本では現在，常用労働者を30人以上雇用している企業のうち3割程度がポジティブ・アクションに取り組んでいる（厚生労働省，2011a）。近年では経営の観点からも，環境の変化に柔軟に対応するためにも「ダイバーシティ・マネジメント」（多様な人材を活かす経営戦略）の考え方が必要だと指摘されている（日経連ダイ

バーシティ・ワーク・ルール研究会，2002)。

　ポジティブ・アクションは，大きく男女の雇用機会均等を目的とする施策と**ワーク・ライフ・バランス**を目的とする施策に分けられる。均等施策には，採用，教育，配置などに関する従来の方針を見直し，男性と女性が同等に考慮されるようなしくみとすることや，管理職の女性割合などの具体的な数値目標を掲げてそのための人材育成を積極的に行うなどの施策が含まれる。ワーク・ライフ・バランス施策は働き方の見直しにつながる環境整備を目的とした施策であり，たとえば，家庭での活動との両立を図りやすいよう休業や短時間勤務などの制度を導入したり，制度を利用しやすくしたり，また転勤制度など既存の働き方を見直したりすることで，仕事のしかたの可能性を広げることである（佐藤・武石，2010；佐藤・武石編，2011）。

　ワーク・ライフ・バランス施策は，女性の就労と子育ての両立支援策と考えられがちだが，男性の間でも職業生活と家庭などそれ以外の生活との両立志向が増加していること（牧田・井田，1999）などを背景に，男性も含めて働く人々にとっての仕事と生活の調和をめざしている。このような施策は，たんに生活時間のやりくりを助けるためのものという位置づけを超えて，「よい仕事」とは何かについての職場の常識自体を変えていくことも射程に入れている（Rapoport et al., 2002）。もちろん，これらの施策がどの程度必要か，どの程度まで可能かは，個々の仕事の性質や職場の状況によっても異なってくるだろう。

　より大きな環境整備としては，とくに1980年代半ば以降，政府による法整備が進められてきている。関連するおもな法律には，男女雇用機会均等法（85年「勤労婦人福祉法」を改正，99年・2007年改正），育児・介護休業法（91年に育児休業法制定，95年に育児・介護休業法へ全面改正，その後漸次改正），次世代育成支援対策推進法（2003年制定，2008年改正）などがある。また，労働基準法による女性労働者の深夜業務制限が1999年の労働基準法改正によって撤廃されたことは，たとえば交代制勤務の生産職で職域統合が促進される背景となった（首藤，2003）。ワーク・ライフ・バランスについては，政労使トップ間合意のもと2007年に「仕事と生活の調和（ワーク・ライフ・バランス）憲章」および「仕事と生活の調和推進のための行動指針」が策定され，2010年にはさらに新たな視点や取り組みを盛り込んだ憲章・指針が策定されている。また，就

業形態上の性別職域分離の観点からは，パートタイム労働者と通常の労働者との間の均衡・均等処遇を促すパートタイム労働法（1993年制定，2007年改正）も重要である。

　さらに，もっと大きな社会的課題もある。それは，そもそも男性に家族を扶養する役割が割り当てられてきたこと，そして実際，職場が男性に家族を扶養できるような待遇を確保しようとしてきたことが，性別職域分離の重要な歴史的要因だという指摘（大沢，1993，2002）とかかわっている。職場については男女機会均等の理念が広く受け入れられるようになってきたのに比べ，家庭の中ではやはり男性に稼ぎ主であってほしいという人々の期待は根強く（久本，2003），男性が多様な形で働き生活できる余地が狭められている。人々がそれぞれ自分にとってよい生き方をし，よい人間関係を築けると同時に，多様な道筋で協働——仕事の世界はその重要な部分である——によりよく参加しうる社会を築いていくことは，成熟した少子高齢社会を生きる私たちにこそふさわしい課題といえるだろう。

ゼミナール

1. 近年，性別職域分離の状況は変化しているだろうか。変化がみられるとすればどのような変化だろうか。国勢調査などのデータをもとに調べてみよう。また，世界の国々における性別職域分離について，ILOのデータ（laborsta.ilo.org）などを用いてさらに調べてみよう。

2. 身近な職場ではどのような性別職域分離がみられるだろうか。あなたが実際に働いている職場の観察や，身近な人へのインタビューなどをもとに，身近な職場で性別職域分離がみられるかどうか，みられるとすればどのような分離がみられるか，分離の状況は変化しているかなどについて考察してみよう。また，第3節でみたさまざまな理論を参考に，その職場での性別職域分離の形成や変化を説明してみよう。

3. ワーク・ライフ・バランス施策の充実した国々では性別職域分離が大きい傾向にあることが知られている（Hakim, 2000, 2004）。ワーク・ライフ・バランス施策には，性別職域分離を強める効果があるのだろうか。そうだとしたら，どのような理由が考えられるだろうか。ワーク・ライフ・バランス施策と職域の統合職化とが両立しうるとすれば，その条件は何だろうか。議論してみよう。

基本文献案内

OECD『女性優位職業の将来――OECD加盟国の現状』内海彰子訳，カネカリサーチアソシエイツ，2002年
　●初等教育職や看護職など世界的にみて女性割合の高い職業に関する，現状やその「地位向上」戦略の国際比較。

大沢真理『企業中心社会を超えて――現代日本を〈ジェンダー〉で読む』時事通信社，1993年
　●男女の位置づけの違いという視点から，大企業を中心とする日本社会の特質を分析した代表的な研究の1つ。

小笠原祐子『OLたちの〈レジスタンス〉――サラリーマンとOLのパワーゲーム』中公新書，1998年
　●事務系ホワイトカラーの職場にみられる男女間の構造的な不平等が生み出す，逆説的な「権力」関係とその帰結を描く。

R. M. カンター『企業のなかの男と女――女性が増えれば職場が変わる』高井葉子訳，生産性出版，1995年
　●アメリカのある大企業を事例に，企業の内部での男女の位置づけや経験の違いを明らかにした，性別職域分離研究の古典。

木本喜美子『女性労働とマネジメント』勁草書房，2003年
　●百貨店と大型スーパーで働く女性を取り上げ，職場のあり方や働く人々のキャリアにおける性別の意味，組織の戦略と働く人々の意識のかかわりを分析する。

熊沢誠『女性労働と企業社会』岩波新書，2000年
　●企業の中で女性が置かれた位置を多くの事例を通して描き出し，職域統合の道筋を提言する。

佐藤博樹・武石恵美子『職場のワーク・ライフ・バランス』日経文庫，2010年。
　●組織の人材マネジメントの視点から，ワーク・ライフ・バランス施策の意味や，職場で施策を活かすための具体的な方法を示す。

――――金野美奈子◆

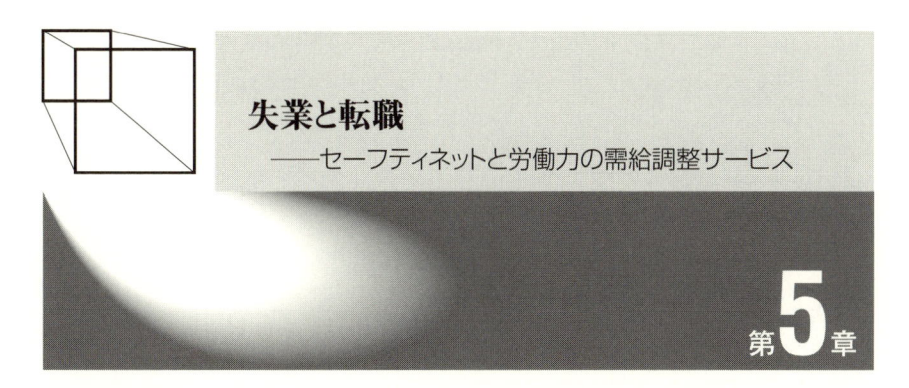

失業と転職
―― セーフティネットと労働力の需給調整サービス

第5章

はじめに

　不況が続き，失業率が高まって，安定的な雇用が減少してきている。終身雇用制度も，過去の話になった。こうした時代には，自らのエンプロイアビリティ（雇用される能力）を高めるとともに，転職（労働移動）をも想定し，どのような情報で，どういったルートで転職するのがベターなのか，事前に考えておく必要がある。本章で検討するのは，具体的なデータと転職をとりまく社会システムの構造である。国際的にみて日本の失業率はどのレベルなのか，失業対策としてのセーフティネットはどこまで整備されているのか，昨今の雇用流動化を企業はどうとらえているのか，転職をサポートする公共サービスおよび人材ビジネスにはどのようなものがあるのか，結局のところ転職に有用な情報はどこで得られるのか，といった問題である。「自分がリストラされてしまった」状況を想定して，その後どう行動すればいいのか，その行動にどういう意味があるのか，真剣に検討してみよう。

1　失業とリストラ

政府統計と失業者の定義

　失業率が高まっている。「高い失業率」についてはバブル経済の崩壊以降，新聞等マスコミでさかんに報じられているが，数値データの出所はいずれも政府統計（総務省「労働力調査」）である。データはすべて，総務省統計局のホームページ（http://www.stat.go.jp）上で，インターネットにより広く公表されて

図 5-1 完全失業者数および完全失業率の推移

(1) 完全失業者数および完全失業率の推移

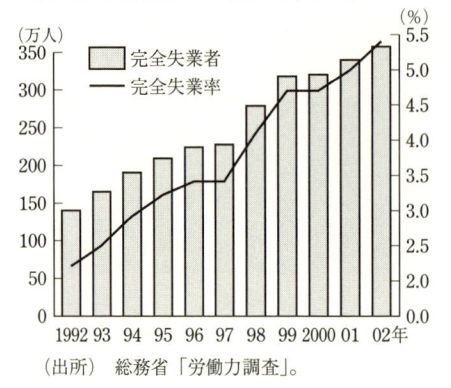

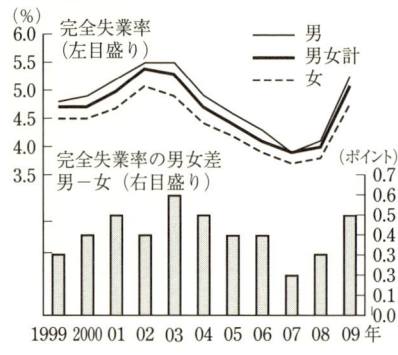

(2) 完全失業率の推移（1999～2009年）

（出所）　総務省「労働力調査」。

いる。

「労働力調査」では，いわゆる失業者を「完全失業者」と呼んでいる。これは調査でのとらえ方として，調査の対象となった「ある一定期間（調査実施週の1週間），仕事をしなかった」者（みかけ上「失業している」ようにみえる者）の中から，休業者（仕事をもっているが，その間休んでいた者など），通学者（学校の生徒・学生など），家事従事者（専業主婦など），高齢者（定年退職後リタイアした年金生活者など）を除いたグループを指す。さらに「完全な」失業者を取り出すために，「完全失業者」はこのグループの中で，「仕事を探す活動や事業を始める準備をしていた」ことを条件としている。つまり，入院や産休など長期休職中でもなく，学生でも専業主婦でも年金生活者でもないのに「仕事をしなかった」集団の中から，求職活動中もしくは起業中だった「働く意思のある」者を取り出すことで，「意図的に無職のままでいたり，ただ怠けてサボっている」集団を排除し，「完全失業者」とするのである。したがって，住所不定無職のまま公園などで生活しているいわゆるホームレスの人々でも，公共職業安定所に出向くなどして求職活動を行っていなければ，統計上は完全失業者としてカウントされない。

2009年の「労働力調査」によると，同年の完全失業者（年平均）は336万人となっている。周知のとおり日本の人口は約1億2800万人（5年に1度行われ

る総務省「国勢調査」2010年の結果による）だが，これには就業していない子どもや高齢者を多く含んでおり，人口すべてが失業認定，失業率算定の対象となるわけではない。したがって2009年時点では，国民全体の中の「労働力人口」（15歳以上人口から，通学者，家事従事者，高齢者などの非労働力人口を除いた人口）約6617万人のうち，336万人が完全失業者となるわけであるから，完全失業率は完全失業者数を労働力人口で割ることで，四捨五入で5.1％と算出される。これを20年間の推移でみると，完全失業者数および完全失業率は，1990年代に入って以降しばらく上昇傾向にあり，2002年からの景気拡大局面で一時低下したが，2008年のリーマンショックで以前の水準に戻ってしまったことがわかる（図5-1）。

リストラの影響を受ける若年者と中高年

図5-1の完全失業率上昇の背景には，企業の人員削減によるリストラ（restructuringの略で，組織や構造物の再構築を意味する。企業組織の再構築には人員増を伴う場合もあるが，一般的には人員削減を目的とする組織再構築を指す）がある。「労働力調査」では，完全失業者の離職理由について聞いているが，この理由のうち「勤め先や事業の都合など非自発的な離職による」者（非自発的離職者）の数が増加している。

日本のバブル経済（1987～1991年）崩壊以降の推移を見ると，非自発的離職者数は，1993年の41万人から2002年には151万人まで増加している。10年間で約3.7倍の増加である。ちなみに，「自分または家族の都合など自発的な離職による」者（自発的離職者）は，93年の69万人から02年には115万人まで増加している（約1.7倍）。つまり，93年時点では自発的離職者のほうが多かったのだが，非自発的離職者の数が急増して逆転し，現在に至っているわけである。

企業におけるリストラの実施については，企業を対象とした調査結果にも表れている。バブル崩壊直後の1994年の労働省（現・厚生労働省）「産業労働事情調査」によると，「（不況下における）雇用調整の方法」は，複数回答で「残業規制」が30.1％，「配置転換」が23.8％と多くなっているが，「中途採用の削減・停止」が23.7％，「新規学卒者の採用削減・中止」が20.6％とこれらについており，さらに「臨時・季節・パート労働者の再契約中止・解雇」が12.2％，

「希望退職者の募集・解雇」が11.7％に達している。日本企業は，従来より長期雇用制度などに代表される日本的経営を実践してきたとされているが，不況下においては，中途・新卒採用の削減や中高年の雇用調整を余儀なくされる姿が浮き彫りになっている。

こうした企業の動きは，「労働力調査」の年齢階級別完全失業率にも表れている。2009年の調査結果によると，男女ともに「15～24歳」の完全失業率が高く，男性10.1％，女性8.4％と全体（5.1％）を大きく上回っている。男性の場合は，「15～24歳」に次いで「25～34歳」が6.5％と高く，若年層の失業が社会問題となっている。こうした傾向は，女性にも同様にみられる。

また，一定の条件を満たした企業の整理解雇は，日本の法制度上「解雇権」として合法であることがある。整理解雇に際しては，売上高の低迷など人員削減の必要があり，解雇回避の努力義務を尽くし，解雇する者の選定基準に合理性があり，労働者および労働組合と協議を尽くしていれば，「解雇権の濫用」とはみなされない。

失業と失業率の国際比較

とはいえ日本の失業率は，欧米先進諸国のそれと比較して，それほど高くはない。2009年の各国公表値を比較してみると，日本が5.1％，アメリカが9.3％，さらにヨーロッパでは，イギリスが7.8％，ドイツが7.5％，フランスが9.5％と日本を上回っている。

もっとも，各国政府とも独自の定義で調査を行っていることから，まずはその違いをふまえて比較しなければならない。たとえば，アメリカ，カナダ，ドイツの統計は調査対象から「軍人」を除いているが（シビリアン・ベース），日本やフランスは「軍人」に相当するグループを就業者に含んでいる（つまり日本の場合，自衛隊に入隊した人々を調査対象から排除すれば，そのぶん失業率算定の際の母集団「労働力人口」が少なくなるわけであるから，実質的な失業率は現行値よりも高くなる。ちなみに，2009年時点での日本の自衛官は約23万人である）。

また，日本では求職活動について「過去1週間」の有無を聞いて判断しているが（調査実施週の1週間以上前に求職活動をして，調査実施週はしていない者を完全失業者とカウントしない），アメリカではこれを過去2～4週の求職活動実

施を「求職活動中」と判断し,失業者とする。さらに,欧米に一般的な「レイオフ(工場などの操業停止に伴う一時帰休)」についても,アメリカではレイオフされ復職を待っている者は求職活動の有無を問わず失業者に含めているが,日本の「一時休業」は,雇用関係が一般に継続している点をふまえて「休業者」として扱われることから,失業者としてカウントされない。

　こうした定義の違いから,ILO(国際労働機関)では国際的な統一基準を設け,各国のデータを標準化して公表している(データは厚生労働省『労働経済白書』に掲載されている)。この「標準化失業率」でみると,日本の失業率はアメリカを上回っているもののヨーロッパ諸国のそれを下回っている。しかしながら近年,それら先進諸国の失業率が低下傾向にあるなか,日本の失業率は上昇しつづけていることに注意しなければならない。

2　セーフティネットのシステム

セーフティネットとしての失業保険など

　失業者の増加に際して,失業保険(失業時の保険金給付)は,実際に失業してしまった場合の安全網(セーフティネット)としてきわめて重要な制度である。もちろん日本政府は,国民の失業に対して一定の責任を負っている。日本では,制度上これは雇用保険の中のサービスの1つとして位置づけられている。日本の雇用保険法は,国民が労働者として雇用される場合,同保険制度への原則加入を義務づけるものとなっている(パート労働者は,①週20時間以上30時間未満勤務する,②1年以上雇用されることが見込まれる場合に,加入が義務づけられる)。

　日本のセーフティネットの制度が「雇用保険」と呼ばれる理由は,その総合サービス化による。掛金が雇用者と事業主の労使折半で支払われていることから,政府が雇用保険特別会計で管理する雇用保険料は,雇用者が失業した際の失業給付金として使われるだけではない。たとえば,在職中で失業していなくても(一定の被保険者期間を有する在職者),職業能力向上のために英会話学校に通う場合などには「教育訓練給付」が給付されるが,これも失業給付と同じ特別会計より,「失業の予防」との観点から支出されるものである。このほか

にも，同様に整理解雇の予防を目的とした事業主への助成金（雇用調整助成金）制度や，労働者福祉を目的とした保養施設などへの設備投資も同様である（これらは雇用者への支援施策として位置づけられる）。このように失業保険（失業給付）のみならず，失業防止に関係する広範囲な雇用サービス（失業等給付，雇用安定・職業能力開発・雇用福祉事業）を同一保険制度の中で実施していることから，「雇用保険」制度と呼ばれている。

　セーフティネットとして中心的役割を果たしている失業給付については，一部を除く雇用者（65歳以上の年金受給者，公務員，船員は適用除外）を対象として，次の2つの条件，①離職前2年間に被保険者期間（保険に加入し掛金を支払った期間）が12ヵ月以上あること，②公共職業安定所に求職の申し込みをすること（求職活動中の失業者として正式に認定されること），を満たす者に受給資格を与えている。給付額は離職前賃金の50〜80％で，給付期間は年齢，被保険者期間，離職理由等により90〜360日となっている（高年齢，長期勤続，倒産・解雇により離職した者ほど期間が長い）。

　なお，この制度は中央政府（厚生労働省）が所管し，各地方の公共職業安定所を受付窓口としている。したがって失業したために失業給付を受けようとする者は，最寄りの公共職業安定所（通称ハローワーク）に出向いて必要な手続きを行い，失業の認定を受けなければならない。その手続きの後，ハローワークの担当部門より，各失業者の銀行等の指定口座に失業給付金が振り込まれる。

セーフティネットの国際比較

　表5-1は，日本と，アメリカ，イギリス，ドイツ，フランスの欧米先進国の失業保険制度（2010年時点）についてまとめたものである。

　表5-1の「被保険者」および「受給要件」をみてもわかるとおり，いずれの制度も原則としてすべての雇用者とし，いずれも失業の事実，求職の意思を確認したうえで失業給付を行う点については大きな違いはない。しかしながら，給付対象や金額および給付期間の設定についてみると，各国の特徴が際立ってくる。

　日本の制度では，低賃金労働者ほど失業給付金の離職前賃金比率が高くなっており，また，整理解雇による失業者などでは給付期間が長くなる。つまり，

低賃金層や「非自発的失業により心的ダメージを受けた」とみられるグループを厚くケアするシステムとなっている。これに対し，ドイツやフランスなどの欧州先進国では，給付期間について被保険者期間や年齢に応じて設定している。「緊要度（生活のためなど，仕事を必要としている度合い）」よりも，加入期間や年齢により設定される点で，保険制度としてシンプルなものとなっている。

失業保険制度の国際比較においてとくに注目すべきは，給付の期間設定についてであろう。表5-1の「給付期間」の示すとおり，アメリカとイギリスにおいて短く（最大180日程度），ドイツやフランスにおいて長い（フランスの場合は，最大約1000日）。日本の場合は，やや英米に近い中間域に位置づけられる。また，表には整理されていないが，アメリカでは「自己都合退職者」は給付の対象とはなっていない。

日本の場合，（自己都合退職者でも給付を受けられるなど）失業給付の対象が広かったり，給付の期間が長いということは，そのぶん福祉面で厚い制度として評価できる。しかし失業給付制度には，「給付期間が長い（これにより失業期間が長くなる）と，その間にじっくりと求職活動を行うことができるものの，結局カラダがなまってしまい気力も萎えて，再就職への意欲・能力が低下してしまう」というディスカレッジ効果（無気力化）が指摘される。ドイツやフランスの失業率が高いことの背景には，このディスカレッジ効果が影響していると考えられ，もし仮に国際的に給付期間設定を同一にした場合，日本の失業率はドイツやフランスに近い水準まで上昇する可能性がある。失業率の比較においても，失業保険制度の枠組み設定をふまえて考える必要もあろう。

セーフティネットとしての無料職業紹介事業

周知のとおり，日本国憲法は「勤労」「納税」「教育」を日本国民の三大義務として掲げている。日本政府が国民の失業に責任をもつ一方，国民は勤労し納税する義務を負っているわけである。さらに，国民における「職業選択の自由」もふまえ，政府は全国545カ所（2009年現在）に公共職業安定所を設置し，いつでも無料の職業紹介サービスが受けられるような体制を整えている（したがってハローワークの主業務は，先述の失業保険給付とこの無料職業紹介の2つとなる）。

表5-1　先進諸

制度名	日　本	アメリカ	イギリス
	失業給付	連邦・州失業保険	拠出制求職者給付（JSA）
根拠法	雇用保険法	社会保障法（1935年） 連邦失業税法（1939年） 各州失業保健法	求職者給付法（1995年）
被保険者	全雇用者。65歳以上の者、公務員及び船員は適用除外	暦年の各四半期における賃金支払総額が1,500ドル以上、又は1人以上の労働者を暦年で20週以上雇用する事業主	原則として18歳以上。年金受給年齢（男性65歳、女性60歳）未満のイギリス居住者（ただし、16歳及び17歳の者については例外がある。
受給要件	（基本手当） ・離職前2年間に12か月以上被保険者期間があること。 ただし、倒産・解雇等により離職を余儀なくされた受給資格者（特定受給資格者）、期間の定めのある労働契約が更新されなかった者やその他やむを得ない理由により離職した者（特定理由離職者）については、離職前1年間に6か月以上の被保険者期間があること。 ・公共職業安定所に来所し、求職の申込みを行い、就職しようとする積極的な意思があり、いつでも就職できる能力があるにもかかわらず、本人や公共職業安定所の努力によっても、職業に就くことができない「失業状態」にあること。 ・自己都合による離職の場合には原則3か月間の給付制限がかかる。	週毎に異なるが、一般的には事業主都合で解雇され、休職中の就労可能な失業者である。懲戒解雇者や自発的離職者（セクハラ、本人の病気、配偶者の転勤に伴う転居の理由の場合を除く）は対象とならない。 主な要件は以下の通り。 (1) 離職前に一定の雇用期間及び一定額以上の所得があること (2) 就職、再就職の能力、意思があること (3) 解雇又は就職拒否に関する欠格事由に該当しないこと	(1) 職業に就いていないこと又は収入のある仕事に週平均16時間以上従事していないこと (2) 就労を行う能力を有し、求職活動を積極的に行い、かつ直ちに就職し得ること (3) 過去2年間のうち1年間、保険料を納付していること (4) パーソナル・アドバイザー[1]との間で求職者協定を締結し、2週間に一度ジョブセンター・プラスに来所すること (5) 現在フルタイムの教育を受けていないこと
給付水準	離職前賃金の50～80%（低賃金ほど率が高い。60歳以上65歳未満の者については45～80%）。	州毎に異なるが、概ね課税前所得（平均週給）の50%。	16～24歳：週51.85ポンド 25歳以上：週65.45ポンド （2010年12月現在）
給付期間	年齢、被保険者期間、離職の理由等により、90日～360日 ※離職者の年齢や雇用失業情勢の地域差などを考慮し、特に再就職が困難な場合については給付日数を延長（2009年3月より3年間の暫定措置）。	最短期間は州毎に異なり1週間から、最長期間は26週間。 ※失業情勢が一定水準以上悪化し、延長給付プログラムが発動した州では最長59週。	最長182日（26週）
財　源	給付総額の13.75%を国庫負担（2007年度からの暫定措置。本則は25%）、残りを保険料。 保険料は当該労働者の賃金総額の1000分の15.5（2010年4月現在）。 被用者負担分：1000分の6 事業主負担分：1000分の9.5 （このうち、失業給付分は1000分の6、雇用安定・能力開発事業分が1000分の3.5）	〈保険料〉 連邦失業税と州失業税の二つからなり、双方の財源を事業主が負担する。3つの州を除き、被用者負担なし。 連邦失業税の税率は年間支払賃金額の6.2%。州失業税は州ごとに異なる。連邦、州双方の税金を期日までに一括で支払えば、連邦失業税は5.4ポイント減額され、0.8%となる。	〈保険料（2009年）〉 賃金の23.8% 被用者：11.0% 事業主：12.8% （国家第二年金加入者の国民保険[2]料） 〈国庫負担〉 原則なし

（注）　1　パーソナルアドバイザーは、求職者に対する各種支援を担当するジョブセンター・プラスの職員
　　　　2　国民保険（National Insurance）は、醵出制求職者給付、基礎年金、国家第二年金、就労不能給付
（出所）　労働政策研究・研修機構、2011.

国の失業保険制度

ドイツ	フランス
失業給付Ⅰ（Arbeitslosengeld Ⅰ） 社会法典第3編（SGB Ⅲ）「雇用促進」（Arbeitsförderderung）	雇用復帰支援手当（ARE） 労働法典 L.542-1条及び2009年2月19日の労使協定
週15時間以上の労働に従事する65歳未満の者	民間の賃金労働者
(1) 職業に就いていないこと又は雇用されている場合は就労時間が週15時間未満であること（後者はいわゆる「短時間勤務給付」 (2) 求職活動を行い、職業紹介に応じる常態であること (3) 離職前2年間において通産6か月以上保険料を納付していること（2012年8月1日までの有効特別短期要件） (4) 公共職業安定所に失業登録をしていること (5) 65歳未満であること	(1) 失業保険制度に一定期間加入 ・50歳未満： 離職直前28か月間で122日（610時間）以上 ・50歳以上： 離職直前36か月間で122日（610時間）以上 (2) 正当な理由がなく自己都合退職（辞職）した者ではないこと (3) 就労活動に必要な身体能力があること (4) 雇用局（Pôle emploi）に求職者として登録されていること (5) 求職活動を、実際に、かつ継続的に行っていること（再就職活動の指針となる「個別就職計画（PPAE: Projet Personnalisé d'Accès à l'Emploi）に従って行う） (6) 原則として、60歳未満であること
従前の手取賃金（法律上の控除額を差し引いた前職の賃金）の67%（扶養する子がない者は60%）。	給付額（日額）は離職前の賃金（月額）及び勤務形態（フルタイム、パートタイム等）に基づいて算定。フルタイム労働者の場合、以下のいずれかによる。 ・1077ユーロ未満： 支給額（日額）は、離職前の賃金（月額÷30日）の75% ・1077～1179ユーロ未満： 支給額（日額）は、26.93ユーロの低額（月額換算では、807.90ユーロ） ・1079～1948ユーロ未満： 支給額（日額）は、離職前の賃金（月額÷30日）の40.4%＋11.04ユーロ ・1948～11436ユーロ未満： 支給額（日額）は、離職前の賃金（月額÷30日）の57.4% （2010年1月現在）
特別短期給付／失業前2年間に、被保険期間が 6か月：給付3か月、 7か月：給付4か月、 10か月：給付5か月、 失業前5年間に、被保険期間が 12か月：給付6か月、 16か月：給付8か月、 20か月：給付10か月、 24か月：給付12か月 〈被保険期間が〉 30か月で50歳以上：給付15か月、 36か月で55歳以上：給付18か月、 48か月で58歳以上：給付24か月	50歳未満： 4か月（122日）～24か月（730日） 50歳以上： 4か月（122日）～36か月（1,095日） 60歳以上の受給者で、満額老齢年金を拠出期間不足で受給できない者は、最長65歳まで需給可能。
〈保険料（2011年）〉 賃金の3.0%（労使折半） ただし、2009年1月から2010年6月までの18か月間は時限措置として2.8%に引き下げ、さらに2010年12月まで延長。2011年1月より3%。 〈国庫負担〉 一定額（※）を連邦政府が負担。（社会法典第3編第363条第1項） ※2007年分：64.68億ユーロ、2008年分：75.83億ユーロ、2009年分：77.77億ユーロ。2010年以降、連歩負担は税率の変動に沿って変わる。	〈保険料（2009年）〉 保険料率は総賃金の6.4% 　被用者：2.4% 　事業主：4.0% 〈国庫負担〉 財源の98.9%は、被用者及び雇用主の拠出金である（2007年）

（個別相談員）。
（Incapacity Benefit）等を含む単一の社会保険制度である。

また，ハローワークのほかにも，政府は，学校，自治体，その他公共団体などに無料職業紹介の許可を与えており，これらの機関が相互に連携しながら，国民サービスとしてのカウンセリングや斡旋業務の質を維持してきている。さらにハローワークは，若年層向けの「ヤングハローワーク」，女性向けの「マザーズハローワーク」，中高年向けの「人材銀行」などを別途設置し，サービスの専門化を進めてきている。
　ハローワークが行う無料職業紹介は，国や自治体がもつ職業訓練施設との連携が図られており，失業期間中にスキルアップを図るために必要な訓練プログラムを受けることも可能である。とくに最近では，スキルアップの前段階として，適職探索に悩む自発的失業者へのケアの必要性などをふまえ，「キャリア・カウンセラー」を育成・配置している。
　他方，急速に進展しつつある情報通信技術をサービスに導入し，インターネット上に求人情報を公開して広域マッチングを行うなど，サービスの革新を図る動きもある。これには，民間の求人広告事業者が連携して求人情報をリンクするなど，新たな官民連携の動きも始まっている。

3　雇用流動化時代の労働力移動

雇用流動化論をめぐる動き

　マスコミや論壇において，雇用流動化論（もしくは労働市場流動化論）がさかんに取り上げられ，論じられている。これは，景況の悪化や不景気の持続を背景に勢いづく傾向がある。景気が悪くなって企業の売上高が伸び悩むと，各企業はコストの削減をおもに考えるようになり，とくに人件費負担を重く感じている企業は，組織のリストラを行うようになるからである。1960年代の不況期においても，また70年代のオイルショック以降においてもそうであったし，80年代の円高不況，90年代の「失われた10年」においても同様であった。
　企業のリストラは，従業員の再配置，早期退職希望者の募集（事実上むりやり退職させられるケースも多い），正社員の削減と非正社員への代替（雇用期間が短期に限定されている雇用者を増やし，売上の増減に応じて雇用調整できる体制を整える）などによって行われる。もちろん，企業側のこうした動きによって，

従業員および労働者の仕事と生活はきわめて不安定なものにならざるをえない。

　雇用流動化論は、こうした労働市場環境を所与のものとして、おもに労働者側が前向きにとらえていこうとするものである。この議論は、労働者は自己責任のもとに自己実現欲求の達成を志向し、自己研鑽とともに積極的に職業訓練を受け、どこに行っても通用するような職業能力を身につけるべきで、企業側もこうした労働者の動きに応じて人的資源管理手法を工夫・構築していくべきである、との考え方に立っている。言い換えれば、エンプロイアビリティの向上、すなわち個々の労働者のマーケット競争力、失業への耐性強化を図る思想と理解できる（能力開発にかかわる理論的整理については、第2章を参照されたい）。

　この論議が定着しつつある背景には、不況以外の要因もある。1980年代以降の円高局面では、日本国内の労働者の賃金が円高によって相対的に上昇していた。他方、とくにグローバル化を進める日本の製造業では、これに伴い国内での事業活動に多大な人件費負担を感じるようになっていた。「中国などの低賃金の後発工業国を相手に国際製品市場で対抗するには、日本の人件費コストは高すぎる」という産業空洞化を前提とした論理である。また、政府の産業構造転換政策も大きい。かつて高度成長期、政府がリーダーとなって、わが国の基幹産業を石炭産業から自動車・電機産業へ転換させたように、現行の製造業やサービス業に代わる新規産業（情報サービス産業など）を新たに育て上げようとする動きである。もちろん産業構造転換には大規模な労働力配置が必須である（旧産業から新産業へ）が、少子化時代には学卒者の大量採用など新規労働力の学校などからの供給はあまり望めないので、在職労働者の能力開発と労働力移動による再配置が不可欠となってくる。その意味で、雇用流動化は産業構造転換のための必要条件でもあるので、90年代から2000年以降にかけて、政府はさまざまな会議・委員会（行政改革、規制緩和、構造改革会議など）を通して雇用流動化論議を展開してきた。

統計調査にみる「雇用流動化」の実態

　しかしながら、多くの企業がリストラを実施し、雇用流動化論がさかんに論議されているからといって、劇的に労働者が労働市場で流動して（職場を渡り

表 5-2 転職入職者の就業形態間移動状況

区　分	計				男				女			
	一般↓一般	パート↓一般	一般↓パート	パート↓パート	一般↓一般	パート↓一般	一般↓パート	パート↓パート	一般↓一般	パート↓一般	一般↓パート	パート↓パート
2010年　（％）	51.4	8.9	10.6	25.5	66.3	6.3	9.5	13.7	36.4	11.5	11.7	37.7
2009年　（％）	52.2	7.7	12.1	24.7	66.1	5.0	12.6	12.1	38.6	10.3	11.6	37.0
前年差(ポイント)	−0.8	1.2	−1.5	0.8	0.2	1.3	−3.1	1.2	2.2	1.2	0.1	0.7

(注)　1　転職入職者のうち調査時在籍者について前職からの移動をみたものである。
　　　2　自営業からの転職入職者を含まないため，合計は100にならない。
(出所)　厚生労働省「雇用動向調査」。

歩いて）いるわけではない。この実態に関するデータとしては，厚生労働省「雇用動向調査」が代表的である。

　2010年の「雇用動向調査」によると，転職入職者が約400万人となり，転職入職率（転職入職者数／調査期間中1月1日現在の常用労働者数×100）は9.1％（前年9.9％）で，前年と比べて低下している。つまり，転職者は1割以下程度であり，かつその比率も低下傾向にある（1990年前後のバブル経済期のほうが高く，10％を超えていた）。また，表5-2は，転職入職者における，ここ10年間の就業形態間移動の状況を示したものである。

　表5-2のとおり，労働移動のパターンとしてもっとも多いのは「一般（正社員等）から一般へ移動」する場合であるが，そのパターンの比率そのものは低下傾向にあり，その代わり増えているのが「パート（非正社員）から一般やパートへ移動」するパターンである。表5-2では，2010年のデータを男女別に示しているが，「主婦パート」などが多い女性でこの比率が高くなっている（女性「パートからパート」37.7％）。一般的にパート層は流動的であり，転職入職者数そのものが減少傾向にあることを考えても，雇用流動化論議がどうあれ，こうしたデータをみる限りにおいては，全体として「流動化する労働市場」を読みとることは不可能である。

マーケット情報とエンプロイアビリティと企業内教育

　雇用が安定的ではなく流動的になるということは，働かなくても生活できる

という一部のグループを除き，的確な求職活動が可能な労働市場と「求められる人材」としての職業能力が不可欠となる。ある時点である仕事をしていたとしても，その仕事を安定的に長く続けられるのではないとすれば，次の適切な仕事（雇用機会）を探索し，それに応募し，採用されるという求職活動を繰り返し行わなければならない。そのためには，常に市場に職業の情報（求人情報）が流通している必要があるし，その後の面接など労働者と雇い主側のマッチングの機会が豊富に用意されていなければならない。最近では，政府や民間部門の情報ビジネス会社が，求人情報を広くインターネットで提供する事業に着手している。

　もちろん，以上のような，雇用が流動化する状況は好ましくないとする意見もある。たとえば，従業員がすぐ転職してしまうのであれば，企業は企業内教育を時間とコストのムダと感じるだろうし（教育して「やっと一人前」になったと思ったら転職されてしまう），従業員もいつ転職するかわからないので（転職後，労働条件が悪化する可能性もあるし，タイミングが悪ければ一時的に失業する可能性もある），生活防衛のために出費を抑え，住宅ローンによる持ち家購入などを控えるようになる（これでは内需が拡大しない）だろうから，好ましくないとする。

　雇用流動化が日本企業の企業内教育に与える影響については，とくに重視する必要があろう。企業内教育はOJTと並んで，日本企業の強さの源泉と考えられている。これまで日本企業が企業内教育に熱心だったのは，長期雇用慣行などにより長期的な雇用関係があれば，当初コストをかけて教育しても，将来においてそれを回収することが可能だったからである。充実した企業内教育によって従業者の能力は向上し，それが企業組織の強化につながる。しかしながら，雇用流動化時代にこうした好循環を期待することは難しい。

　このような問題に対して，労働者への職業教育機能を公共部門などが企業から代替して行おうとする動きがある。公共部門の職業訓練施設や民間部門の教育ビジネスなど，雇用主企業でも従業者でもない第三者機関が職業教育を行うのであれば，労働者の能力開発を広く担保できるとする考え方である。その結果，労働者の技術・専門性が向上し，エンプロイアビリティが高まれば，労働者が雇用機会を探索することは容易になる。

いわば，労働市場の情報流通と公共部門などによる職業能力開発システムの整備は，雇用流動化社会の必要十分条件といえる。上述のとおり，日本の労働市場においては統計上，流動的な労働者は少数派となっているが，このような環境が整備された後には，雇用流動化がいっそう進捗すると考えられる。

　なお，1990年代から続いてきた「雇用流動化論議」については，2008年のリーマンショック以降の急激な景気後退を背景に収束し，論議をリードしてきた内閣府「規制改革会議」は翌2009年に解散している。

4　転職活動を支えるシステム

労働市場サービス産業の発展

　1990年代，日本においてはいわゆる「官製市場」の規制緩和政策が急速に進められた。それまで，日本の労働需給調整サービスの基盤は，失業給付と無料職業紹介を行う公共職業安定所が民業規制的な政策によりほぼ独占的に支えていた。20世紀初頭の産業革命時に遡ると，爆発的に労働需要が生まれて，地方農村部の中卒者（金の卵）の集団就職など，労働力の地域をまたいだ広域移動が求められた時代があった。このとき，ほとんど人身売買に近い業務を行うブローカーが広く暗躍した経験から（戦後の日本映画『ああ野麦峠』で描かれた「女工としてブローカーに売り渡される農家の若年女性」に代表されるケースなど），戦後すぐの職業安定法以来，民間の職業斡旋（労働需給調整）ビジネスは原則禁止とされてきていた。一部，経営管理者の紹介やOA専門職の労働者派遣など公共職業安定所が不得意とされる分野で，許可制による行政監視のもとで，民間事業が認められていたのみであった。これが，ほぼ50年の時間を経て，1990年代後半の「小さな政府」をめざす行政改革の流れの中で，「民間でできることは，できるかぎり民間で」のキャッチフレーズのもとに，規制緩和政策による民間への市場開放が急激になされたわけである。

　労働需給調整サービスに対する政府の規制緩和は，1999年の関連法改正によって大きく進展した。同年の職業安定法改正により民間の職業紹介・再就職（教育）支援サービスが原則自由化され，同じく労働者派遣法改正により，幅広い業務分野への派遣が可能になっている。現在では，公共部門と民間部門が

表5-3 官民における労働市場サービスの事業化状況

事業内容	実施主体	公共部門	民間部門
情報提供事業	①求人広告	×	○
需給調整事業	②職業紹介	○	○
	③労働者派遣	×	○
需給支援事業	④相談・教育訓練	○	○
	⑤雇用保険	○	×

それぞれさまざまな労働需給調整向けのサービスを事業化している（表5-3）。公共部門は，失業給付（雇用保険）と無料の職業紹介，およびそれにセットされる職業訓練プログラムを用意しており，他方，民間部門は，求人広告（求人情報の広域提供），有料職業紹介，労働者派遣，再就職支援，教育訓練ビジネスを事業化している。民間部門では唯一雇用保険事業が事業化できていないが，これは雇用保険法が民間事業を規制していることに加え，すでに民間ビジネスが発達している損害・生命保険に比べて失業保険は，保険金支払いの前提となる失業認定の基準設定が難しいなど，ビジネスに馴染まないと考えられているからである（たとえば，「ただ怠けてサボっている」失業者への保険金支払いを制限する際，その状況調査・基準設定には困難をきわめることや，リーマンショックのように急激な不況突入により大量失業が生じた際，民間企業では十分な支払保険金を用意できなくなること，などの問題がある）。

労働市場サービスの利用状況

では，「転職活動を支えるシステム」として，労働市場サービス産業はどのように機能しているのであろうか。厚生労働省「雇用動向調査」において転職入職者を入職経路別にみると（データは2009年を再集計したもの），広告28.4％，縁故25.4％，公共職業安定所27.6％，その他18.6％となっている。労働市場サービスとしての普及度は，広告すなわち情報提供事業としての求人広告の利用がもっとも多く，ついで公共職業安定所となっている。また，同調査の「その他」の多くは民間の有料職業紹介事業者となっていることから，民間の職業紹介会社が公共のハローワークについで利用率が高くなっていることがわかる。

他方，「雇用動向調査」では対象となっていないが，労働者派遣のマーケッ

表 5-4 現在の会社（仕事）への入職経路（全体／性・就業形態別／性・正社員年齢別）

〈直近 2 年以内転職経験者　n＝2075〉　　　　　　　　　　　　　　　　（単一回答：％）

	n	働きたい会社に直接問い合わせ	学校（学生課）の窓口や掲示板	ハローワーク（職業安定所）	民間人材紹介会社	人材派遣会社	有料の求人情報誌	無料の求人情報誌やタウン誌	新聞の求人広告	折り込みチラシ	インターネットの転職情報サイト	企業のホームページ	携帯電話の求人サイト	家族や友人・知人・縁故	その他
2010年全体	2075	5.0	0.3	13.6	5.6	6.7	0.2	5.9	2.7	6.9	25.9	4.4	1.6	16.1	5.2
正社員・正職員	789	5.2	0.4	18.9	11.0	4.4	0.1	2.3	1.4	2.8	22.7	3.2	0.4	19.6	7.6
18〜24歳	38	7.9	—	21.1	—	2.6	—	5.3	2.6	—	31.6	5.3	5.3	13.2	5.3
25〜29歳	175	4.6	—	18.9	11.4	5.1	—	1.1	0.6	2.3	32.0	4.0	—	12.6	7.4
30〜34歳	148	4.7	1.4	13.5	11.5	6.1	—	5.4	—	1.4	30.4	4.1	0.7	16.2	4.7
35〜39歳	144	2.8	—	20.1	14.6	4.2	—	1.4	2.8	1.4	20.1	4.2	—	20.1	6.9
40〜49歳	161	5.6	—	24.2	9.9	4.3	—	1.2	2.5	5.0	16.1	1.9	—	24.2	5.0
50〜59歳	123	8.1	—	16.3	10.6	2.4	—	1.6	0.8	4.9	8.9	0.8	—	29.3	16.3
契約社員・嘱託	227	5.3	0.9	11.5	8.4	7.5	—	5.3	4.0	4.8	22.5	3.1	2.6	19.4	4.8
フリーター	323	5.6	—	5.6	0.6	0.3	0.3	16.4	1.9	5.0	36.5	7.1	5.3	12.4	3.1
パートタイマー	497	5.6	0.2	13.9	0.6	2.8	0.4	6.8	4.6	17.7	20.9	6.4	1.0	14.3	4.6
派遣	211	0.9	—	6.6	2.4	33.2	0.5	2.4	2.4	2.8	37.4	1.4	0.9	7.6	1.4
業務委託	28	7.1	—	25.0	—	3.6	—	—	3.6	—	21.4	3.6	—	32.1	3.6
男性計	886	5.1	0.3	14.6	9.9	3.0	0.2	5.6	1.8	2.6	26.2	4.3	1.5	18.3	6.5
正社員・正職員	505	5.5	0.2	18.0	14.1	2.6	0.2	2.2	0.8	1.8	22.0	3.2	0.2	20.4	8.9
18〜24歳	12	8.3	—	25.0	—	—	—	8.3	—	—	33.3	8.3	—	16.7	—
25〜29歳	94	6.4	—	23.4	14.9	1.1	—	2.1	—	1.1	26.6	4.3	—	12.8	7.4
30〜34歳	104	3.8	1.0	13.5	15.4	2.9	—	5.8	—	1.0	30.8	4.8	1.0	16.3	5.8
35〜39歳	108	3.7	—	17.6	15.7	3.7	0.9	0.9	0.9	0.9	22.2	4.6	—	22.2	6.5
40〜49歳	98	6.1	—	23.5	13.3	3.1	—	—	3.1	—	16.3	1.0	—	24.5	7.1
50〜59歳	89	7.9	—	13.5	12.4	2.2	—	1.1	—	4.5	11.2	—	—	27.0	20.2
契約社員・嘱託	112	5.4	0.9	10.7	13.4	4.5	—	5.4	2.7	2.7	20.5	2.7	3.6	21.4	6.3
フリーター	181	4.4	—	6.1	0.6	0.6	0.6	14.9	1.7	5.0	40.9	7.7	2.8	12.2	2.8
パートタイマー	28	3.6	3.6	10.7	—	3.6	—	14.3	10.7	3.6	21.4	10.7	7.1	7.1	3.6
派遣	44	—	—	13.6	2.3	13.6	—	4.5	4.5	2.3	34.1	4.5	2.3	15.9	2.3
業務委託	16	6.3	—	37.5	—	6.3	—	—	—	—	18.8	—	—	25.0	6.3
女性計	1189	4.9	0.3	13.0	2.4	9.3	0.3	6.1	3.3	10.1	25.7	4.5	1.7	14.6	4.2
正社員・正職員	284	4.6	0.7	20.4	5.6	7.7	—	2.5	2.5	4.6	23.9	3.2	0.7	18.3	5.3
18〜24歳	26	7.7	—	19.2	—	3.8	—	3.8	3.8	—	30.8	3.8	7.7	11.5	7.7
25〜29歳	81	2.5	—	13.6	7.4	9.9	—	1.2	3.7	3.7	38.3	3.7	—	12.3	7.4
30〜34歳	44	6.8	2.3	13.6	2.3	13.6	—	4.5	—	2.3	29.5	2.3	—	15.9	2.3
35〜39歳	36	—	2.8	27.8	11.1	5.6	—	2.8	8.3	2.8	13.9	2.8	—	13.9	8.3
40〜49歳	63	4.8	—	25.4	4.8	6.3	—	3.2	1.6	9.5	15.9	3.2	—	23.8	1.6
50〜59歳	34	8.8	—	23.5	5.9	2.9	—	2.9	2.9	5.9	2.9	2.9	—	35.3	5.9
契約社員・嘱託	115	4.3	0.9	12.2	3.5	10.4	—	5.2	4.3	7.0	24.3	3.5	1.7	17.4	5.2
フリーター	142	7.0	—	4.9	0.7	—	—	18.3	2.1	4.9	31.0	6.3	8.5	12.7	3.5
パートタイマー	469	5.8	—	14.1	0.6	2.8	0.4	6.4	4.3	18.6	20.9	6.2	0.6	14.7	4.7
派遣	167	1.2	—	4.8	2.4	38.3	0.6	1.8	1.8	3.0	38.3	0.6	0.6	5.4	1.2
業務委託	12	8.3	—	8.3	—	—	—	8.3	—	—	25.0	8.3	—	41.7	—

（注）表中数字のアミかけは全体を5ポイント以上上回る。斜体は5ポイント以上下回る。
（出所）リクルートワークス研究所，2011．

トも確実に拡大している。厚生労働省『労働者派遣事業報告書』によると，1985年の労働者派遣法成立以来，同マーケットは拡大を続け，2009年の実績で約6.3兆円に達している。

さらに詳しい労働市場サービスの利用状況については，リクルートの「ワーキングパーソン調査2010」（2010年9月実施）が参考になる。これは首都圏（東京，神奈川，千葉，埼玉）の新規入職者約1万人を対象に行ったアンケート調査である（リクルートワークス研究所, 2011）。首都圏調査の結果は，表5-4のようになった。

リクルートの調査は，労働者派遣をも対象とし，さらに求人広告の種類を細かく分類しているところに特徴がある。表5-4によると，全サンプルでは，「インターネットの転職情報サイト」が25.9％ともっとも多く，ついで「家族や友人・知人・縁故」（16.1％）「ハローワーク」（13.6％）となっている。ここ数年でインターネットを経由した転職が爆発的に増大した。

ソーシャル・ネットワークの重要性

労働者の転職に際して，インターネット広告や公共職業紹介などの労働市場サービス事業が重要な役割を果たしてきているが，上述の官民による統計調査結果において明確なように，入職経路として重要なものに，「縁故」（「雇用動向調査」），「家族や友人・知人」（「ワーキングパーソン調査2010」）がある。いずれも全体の多くが，こうした個人のネットワークを介して転職していることを示している。

こうした現状をふまえ，グラノヴェターに代表される多くの社会学者が，労働者の求職活動（ジョブ・サーチ）におけるソーシャル・ネットワーク（人的つながり）の重要性について強調している。グラノヴェターは，これを「弱い紐帯」（weak ties）と呼んでいる。

グラノヴェターの研究によれば，転職する際に有効な情報は，「強い紐帯をもつ人」（たとえば家族や会社の同僚など，いつも会う人）からよりも，「弱い紐帯で結ばれている人」（たとえば学生時代の先生や友人など，まれにしか会わない人）からのもののほうが獲得可能性が高い（「弱い紐帯の仮説」）。つまり，いつも会っている人々には，すでに知られている同じ情報を共有するという社会構

造的な傾向があるので，労働者は，かえって，たまに会う人から多くの新しい情報を入手するのである。さらにグラノヴェターは，綿密な実態調査から，近代化された現代企業社会においても，特殊主義（相手が自分と特別な関係であるか否かが相手に対する行動の基準となる価値観）が広範に活用される事実を明らかにしている（Granovetter, 1995＝1998）。やはり，躊躇や曖昧さなど情報ノイズの少ないストレートな伝達情報は，性格的にウマが合って，年賀状の交換ぐらいでごくたまにしか会わないけれども信頼感を失わない「特別な人脈」（特別なソーシャル・ネットワーク）から得られるものなのである。

　雇用の流動性が高まり，長期雇用慣行の比重が小さくなっていく中で，労働市場サービス機能のインフラ化や失業給付制度などのセーフティネットを整備することは，当然のことである。しかしながら，上述の調査結果や社会学者の研究成果にみられるとおり，最終的に転職や労働力移動に資する情報へのアクセスには，個々人の広範囲な人的ネットワークが不可欠となっている。しかも，それは職場など日々ともに行動する社会での濃密な人間関係ではなくて，「一期一会」的な関係をも含む幅広い人脈・人間関係が基本となる。また，それは，経済学的な損得勘定ではなく，それぞれの歴史（生い立ち），文化（価値観），社会構造（立場）を総合的に理解した，人と人との信頼関係でなければならない。失業と転職を支えるシステムとは，じつは，この弱くゆるやかで信頼に満ちた，広範な人間関係にほかならないのである。

ゼミナール

1．インターネットから失業に関する各国の政府統計データをダウンロードし，失業率をそれぞれ男女別，年齢階層別，地域別など属性ごとに再計算し，比較してみよう。
2．近くの公共職業安定所（ハローワーク）を実際に訪問し，求職者としてさまざまな求人情報，労働市場情報，行政サービス情報を集めて，検討してみよう。
3．SNS（ソーシャル・ネットワーキング・サービス。フェイスブックやミクシィなど）上においても，グラノヴェターの「弱い紐帯の仮説」はあてはまるだろうか？　ユーザー間で交わされる情報を分析してみよう。

基本文献案内

M. S. グラノヴェター『転職——ネットワークとキャリアの研究』渡辺深訳,ミネルヴァ書房,1998年
　●おもにアメリカの男性ホワイトカラーの転職行動を調査研究し,労働力移動にかかわる情報は人的つながりを経由して流通するという「弱い紐帯仮説」を導き出した。またこのアプローチはその他の市場や経済現象を理解するうえでも有用なことから,経済社会学入門書としても評価されている。

労働政策研究・研修機構『データブック国際労働比較』労働政策研究・研修機構,2011年
　●人口構造,労働経済,労働市場,雇用政策,企業の人事管理など,仕事にかかわる幅広いデータを「国際比較」の観点で整理したデータ集である。

労働政策研究・研修機構『ユースフル労働統計』労働政策研究・研修機構,2011年
　●労働市場に関するデータについて,政府統計を中心に,その加工方法などを含めて解説した指標集である。すべて,労働経済学的な分析をするうえで不可欠なデータとなっている。

渡辺深『「転職」のすすめ』講談社現代新書,1999年
　●グラノヴェターのアプローチをベースに,日本の労働市場および経済社会の変化と,そこに流通する労働市場情報の伝播の流れを理論的に解明している。

　　　　　　　　　　　　　　　　　　　　　　　　　　——————佐野　哲◆

ライフスタイルと就業意識
──「会社人間」の成立と変容

第6章

はじめに

　日本の労働者は，仕事と生活についてどのような意識や志向をもっているのだろうか。労働者の意識をとらえるということは，労働研究において中心的な課題の1つでありつづけている。しかし，日本の経済社会が発展していくにつれて，労働者意識についての関心の所在も大きく変化してきた。高度経済成長期には，労働者が社会の意識的な変革を担う可能性をもっているかどうかが論争的な主題であった。近年では，大きく変容しつつある日本の雇用システムと，労働者の仕事や生活に対する意識との対応に強い関心がもたれている。本章では，こうした新しい問題を視野に収めつつ，日本の労働者の意識が歴史的にどう変化してきたのかを学んでいこう。

1　豊かな労働者？

労働者階級の「ブルジョワ」化

　同じ状況に置かれている労働者でも，人によってその「**状況の定義づけ**」は異なり，現状の評価や判断，その後の行為なども違ってくる。本章では，こうした行為者による能動的な意味づけの側面を重視し，日本の労働者の就労意識やライフスタイルを扱う。この労働者意識についての研究の中で，1960年代以降大いに議論されたテーマがある。それが，「**豊かな労働者**」論である。

　労働研究では，当初より産業化の進行とともに出現した無産の賃労働者への関心が強かった。彼らは，資本家やホワイトカラー労働者とは異なる独特の文

化をもち、産業化の進行とともにその比重を高めて、左翼政党の支持層となり、政治体制の帰趨に重大な影響力をもつと考えられてきた。しかし、左翼政党が国政の中に確かな位置を占めるに至っても、政治経済体制のラディカルな転換は起こらず、ブルーカラー労働者とその家族の生活水準は上昇していく。

　第2次世界大戦後に先進諸国が安定的な経済成長を始めると、この傾向は顕著になり、労働者階級の「ブルジョワ化」が広く論じられるようになった。「ブルジョワ化」仮説とは、「現代のブルーカラー労働者とその家族が相対的に高い収入と生活水準を享受できるようになるにしたがって、ミドル・クラスの生活様式を身につけ次第にミドル・クラスの社会に同化していく」（稲上、1981、2頁）という命題のことである。本格的に議論が展開されたのは、1960年代である。たとえばツワイク (Zweig, 1961) は、生活水準が向上した労働者においては、階級闘争への志向は弱まり、中間階級的な価値観や行動がみられるようになってきていると論じている。

　労働者の生活水準が向上すると、彼らの職場や仕事への関心の強さも変化していくことが予想される。このような問題関心から、ドゥービンは、**中心的生活関心**という概念を導入している。人間の社会経験は、場所や状況などいくつかの領域に区分される。これらの領域の中で当人が活動する際にもっとも好んでいる領域が中心的生活関心の対象である。彼は労働者の中心的生活関心はかつては労働の場にあったが、それがコミュニティや家族に移ってきていると論じている (Dubin, 1956)。

ルートン調査

　こうした研究状況の中で企てられた重要な調査が、ゴールドソープら (Goldthorpe et al., 1968a, 1968b, 1969) によるルートン調査である。彼らはイギリスで発展しつつあった新興工業地域のルートンを調査地として選び、そこに立地する3つの企業の従業員を調査サンプルとした。

　これらのサンプルの労働者から見出された傾向は、**手段主義**という**労働志向**であった。すなわち、対象となった労働者全体に、企業・職場集団に対しても、労働組合・労働者政党に対しても、あくまでも手段としてかかわるという傾向が顕著にみられたのである。この傾向は、従来想定されてきた伝統的労働者像

表 6-1 ゴールドソープらの 3 つの労働志向

	労働の第一義的な意味	雇用されている組織に対する帰属	労働への自我包絡	労働生活と労働外生活との関係
手段的志向	労働は内在的に苦役、外在的報酬を得るための経済的手段である。	雇用されている組織との結びつきは打算的関与であり、感情中立的である。	労働への自我包絡は弱い。労働は生活関心の中心でも、自己実現の源泉でもない。	両生活は明確に分断されている。労働における人間関係は、労働外生活にまで及ばない。
官僚制的志向	労働は長期雇用による所得・地位の漸次的上昇（キャリア向上）の見返りとして組織に奉仕することである。	純粋の市場関係というより、「道徳的」要素がふくまれる。	労働はキャリアであり、個人の地位とその将来見通しが社会的自己確認の主要な源泉となり、労働が生活関心の中心となる。	両生活は明確に分けられていない。労働における自己確認と組織上の地位は、労働外生活にまで及ぶ。
連帯的志向	労働は経済的な意味をもつが、それは仲間や企業に対する集団的帰属心によって限定づけられている。	企業に対する帰属が存在する場合には「道徳的」であり、雇用主に対するものと比べ職場の仲間への帰属が強いときは「離反的」である。	労働への自我包絡は強い。労働生活における社会関係は情緒的報酬を伴い、労働は生活関心の中心である。	両者は密接に結びついている。労働生活と結びついた公式・非公式の集団への参加度が高い。

（出所）佐藤, 1982a, 222頁。

とも, ホワイトカラー労働者の価値観とも異なっている。そこでゴールドソープらは, ①豊かな労働者, ②ホワイトカラー労働者, ③伝統的労働者の 3 つとそれぞれ関連の深い理念型として, ①**手段的志向**, ②**官僚制的志向**, ③**連帯的志向**という 3 つの類型を構成している（表6-1）。

「手段的志向」では, 働くことは生活水準の維持など仕事外的な目的のための手段にすぎない。したがって, 組織とのかかわりも計算的であり, 努力への報酬が良好なかぎりにおいて維持されるという程度のものである。これに対して「官僚制的志向」では, 働くことは, 所得・地位の上昇や長期の雇用保障と引き換えに組織に提供されるサービスである。したがって, 組織とのかかわりは純粋な市場関係のような中性的性格のものではなく, 道徳的要素を含んでいる。最後の「連帯的志向」では, 働くことは, 目的に対するたんなる手段では

なく，作業集団や職場，企業全体などでの集団活動である。労働者はこれらの集団に同一化するが，その対象が，企業全体か作業集団・職場かによって，組織とのかかわりがポジティブなものになったり，ネガティブなものになったりする。

日本の「豊かな労働者」

以上の図式は，あくまでも欧米の労働者についてのものである。同時代の日本では，この「ブルジョワ化」仮説はあてはまるだろうか。1960年代に入ると，高度経済成長のもとで労働者意識が変容したのではないか，という問題関心から，労働組合，経営側，政府や民間調査機関の手で大々的に意識調査が行われるようになる（石川，1975）。このような調査をふまえた代表的な研究として，稲上毅のものがある。

稲上は，日本の有力単産（産業別単一労働組合），とくに電機労連が1960年代末から80年代初めにかけて実施した組合員意識調査を利用して，①日本の「豊かな労働者」はどこまで手段主義的な労働志向をもっているか，②彼らの社会的パースペクティブにどのような性格が認められるか，を検討している（稲上，1981）。すると，興味深いことに，日本の「豊かな労働者」においては，手段主義的な労働志向が有力になっているとはいえず，むしろ，ゴールドソープらの類型でいえば官僚制的な労働志向に接近していることがわかった。たとえば，職業生活において仕事のおもしろさや自律性など仕事の内容にかかわるものを重視することを**内在的報酬志向**，昇進や賃金など仕事に付随するものを重視することを**外在的報酬志向**と呼んでいるが，稲上の調査対象は，価値付与のパターンでは，内在的報酬志向に傾いている。また，中心的生活関心の所在についても，仕事も家庭も大事，さらにいえば，家庭生活を大切にするためにもまず職場・仕事生活をおろそかにしないという考え方が主流である。

「会社人間」の成立

稲上が描き出したような民間企業労働者の姿は，他の調査でも確認できる。石川晃弘によれば，1950年代中頃から60年代初めにかけて，民間企業労働者の間で，とくに若年層を中心に，企業目標に無条件に一体化したり，連帯主義

的に企業と対抗的な立場をとるというのではなく、自分たちの生活の向上のために企業に貢献するというスタンスをとる者が増えている（石川，1975）。ブルーカラー労働者も含めて官僚制的志向は，高度経済成長期を通じて民間企業労働者の間に定着していったものと考えられる。

　日本の「豊かな労働者」は，仕事に対して手段主義的にかかわるのではなく，仕事そのものの内実を重視する。彼らにとって家庭生活は重要であるが，そのことが職業生活を軽視することにはならない。むしろ，家庭生活を重視するがゆえに，職業生活では長期の雇用保障を背景に昇進・昇給をめざして同僚に遅れをとらぬよう仕事に邁進する。日本のサラリーマンを揶揄して「会社人間」という言い方がなされることがあるが，高度成長期が生み出したのがまさにこのような意味での「会社人間」であった。そして，こうした「会社人間」的なライフスタイルがホワイトカラー層だけでなくブルーカラー層にまで広まったということが重要である。

　雇用労働者における意識やライフスタイルの均質化は，階層帰属意識にも認められる。1960年代の時点では官公労働者にはまだ下層意識の持ち主が多い。しかし，民間大企業の労働者においては，中間層意識が下層意識を大きく上回っている。これはとくにホワイトカラー層において顕著であるが，生産労働者においても1960年代には中間層意識は拡大しているのである（石川，1975）。

2　「会社人間」の定着

ブルーカラーの「ホワイトカラー化」

　このように高度成長期を通じて，日本の雇用労働者の間には，「会社人間」というライフスタイルや価値観が定着していった。だが，なぜ日本の労働者の意識ではブルーカラーとホワイトカラーの違いが小さいのだろうか。

　このことは，1つにはブルーカラーの「ホワイトカラー化」という制度的事実によって説明することができる。これは，雇用システムの中でのブルーカラー労働者の処遇がホワイトカラー労働者のそれと近似しているということである。具体的には，賃金，勤続年数，幅広い熟練などの面でいえそうである。まず，賃金について年齢を横軸に賃金指数を縦軸にとった賃金プロファイルを描

くと，日本でも欧米諸国でもホワイトカラーは右肩上がりになるが，日本ではブルーカラーにもこの傾向がみられる。また，勤続年数については，欧米諸国のホワイトカラーはブルーカラーより勤続年数が長く，そのホワイトカラーに日本の大企業ブルーカラーは近い。労働者が身につける熟練についても，日本のブルーカラー男子は他国のブルーカラーよりも企業内で関連の深い職場を経験して幅広い熟練を獲得している（小池，1981，2005）。

ホワイトカラーとブルーカラーの意識が近いことの背景には，労働組合が第2次世界大戦後，工員（ブルーカラー）と職員（ホワイトカラー）とが一体となった「企業別組合」として組織されたことや，「賃金の俸給化」という形で賃金制度や付加給付などの面で工員と職員との平等化が図られてきたこと，「作業長制度」に象徴されるように昇進制度面においてブルーカラーとホワイトカラーの境界が打破されてきたことなどの，ブルーカラーとホワイトカラーを平等に処遇する人事労務管理の歴史的経緯が反映されているものと思われる。

こうした背景から日本のとくに大企業労働者は，ブルーカラーもホワイトカラーもともに，仕事や職場に対して手段主義的にかかわるのではなく，長期の勤続を前提として昇進をめざして勤勉に働くという官僚制的な労働志向を身につけるようになったと考えられる。

家庭生活と職業生活

以上のような主として男性労働者にみられる変化は，他方では家庭や女性労働者の変化とも深いかかわりがある。現代では，夫が雇用労働者で妻が専業主婦ないしはパートタイマー，子どもが2人というような核家族が標準的と考えられることが多いが，こうした家庭は高度経済成長期までは決して典型的ではなかった。女性の労働力率も日本では戦後一貫して上昇していたわけではなく，1970年代初めまでゆるやかに低下した後，上昇傾向に転ずるというパターンになっている（大沢，1998）。それは，日本がアメリカなどと比べると，戦後急速な工業化を経験したということと関係している。

1960年の日本では，農業を中心とする自営業主と家族従業者が就業者の半数近くを占め，核家族所帯は一般所帯の半数にすぎなかった。日本の女性就業者の中で雇用就業者が家族従業者を上回るのは，60年代の前半である。いわ

ば日本は戦後に，自営業者と家族従業者中心の社会から，雇用就業者（サラリーマン）と専業主婦あるいはパートタイマーからなる所帯中心の社会へと，転換を遂げたということができるだろう。

自営業者の経営内でも，**性別役割分業**や**性別職域分離**（第4章参照）は存在しうる。しかし，夫が雇用労働者として家の外で働き，妻は家事・育児などに携わり時間ができたらパートタイマーとして働く，といった標準所帯での性別役割分業や性別職域分離が一般的になってきたのは，高度経済成長期以降なのである。その意味で，家庭におけるこのようなサラリーマン型の性別役割分業の成立と職業生活における「会社人間」の成立との間には，ある程度の対応関係があるものと考えることができる。

「会社人間」が企業のために献身的に働くことができたのは，その妻が家庭生活上の仕事をもっぱら担ってくれたからである。また，そのように「会社人間」が会社のためにがんばる理由の1つは，家庭生活を維持するための雇用保障を望んでいたからであろう。そして，「会社人間」の妻が安心して家事・育児に専心できたのも，そうした雇用保障が存在したからであろう。

いわば日本社会は，高度経済成長期を経て，ブルーカラーもホワイトカラーも含めた「会社人間」化を経験し，それと対応して核家族型の性別役割分業が一般化してきた，ということができるであろう。このようなライフスタイルが標準的になったわけである。

3　国際比較からみた日本の労働者意識

勤労意欲の違いを説明する

こうした「会社人間」のライフスタイルや意識は，1970年代に入ると国際的にも注目されるようになる。きっかけは日本が高度経済成長期を経て経済大国化したこと，そしてその後のオイルショック後の不況に際して急速な回復力を示したことである。一部の研究者やジャーナリストは，この原因を日本の労働者の特性に求めた。日本の労働者は，企業への忠誠心が高く，勤勉であり，仕事へのコミットメントが強い，などといった議論である。

日本の労働者の勤労意欲の高さを説明する代表的な図式を2つあげよう。第

1は，これを日本人に固有の伝統や文化，独特のパーソナリティによって理解する考え方である。第2は，日本型雇用システムの特性，人事労務管理や小集団活動などに原因を求める考え方である。2つの見解は，実践的な場面でも異なる対応と結びつく。日本以外の国で経済的成功をめざす際に，第1の立場では，日本企業のやり方をそのまま見習っても無意味であるという結論になる。教育の場などで，時間をかけて勤労倫理を再興するなどといったことが必要になる。これに対して，第2の立場では，自国でも経済的パフォーマンスを高めるために，日本企業で一般的な労務施策を採用することが有効であるということになる。

文化やパーソナリティによる説明

まず，第1の立場に近い論者として，千石保の研究を取り上げよう（千石，1980）。千石は，1979年に総理府の委託研究で，日本，アメリカ，イギリスの3カ国の工場を観察し，従業員の意識調査を行った。彼は日米英の工場の従業員を対象に，たとえば，残業を進んでしたか，また，それは金銭目的のものか，という質問をしている。すると，残業を進んでしたというのは，日本のR社では71.9％，アメリカのW社では51％，イギリスのT社では56.4％となり，日本が圧倒的に多い。また，「進んでしたが金銭目的」の比率は，日本では4％，アメリカでは14％，イギリスでは10.7％と日本がもっとも低い。千石はこれらにみられるような諸事実から，日米英の労働者には仕事への動機づけ，「やる気」に違いがあるのではないか，と考える。

千石は，日本人の労働者の「やる気」の背景の1つとして，日本企業の従業員が会社に対して依存的な心理をもっているという点をあげる。日本の子どもは強い受容欲求をもつのに対して，アメリカの子どもは自立志向が強い。日本の労働者の強い受容欲求が，組織への全面的依存をもたらし，会社の利益のための自己犠牲的行動を促す。この点で，自己の利益と会社の利益を本質的に区別している英米の労働者とは根本的なレベルで違いがある，ということになる。

社会学者による国際比較研究

これに対して，社会学者の多くは，文化やパーソナリティなどの説明にある

表6-2　4カ国生産労働者の労働倫理

	日本	アメリカ	イギリス	西ドイツ
人並み以上に働きたい（％）	24.5	52.7	56.5	51.3
自分の知識や技能を高めたい*	82	80	88	91
職場で生産性向上や品質向上に結びつく創意工夫をしている**	78	85	92	92
勤務先が創意工夫を引き出す努力をしている*	74	47	44	55
勤務先が従業員の知識や技能を高める努力をしている*	73	55	47	64
勤務先が従業員の意見や要望を取り入れながら経営をしている*	53	47	42	48

（注）　＊「強く感じる」＝100，「ある程度感じる」＝67，「あまり感じない」＝33，「まったく感じない」＝0とした場合の平均値。
　　　＊＊「いつもしている」＝100，「ときどきしている」＝67，「ほとんどしていない」＝33，「まったくしていない」＝0とした場合の平均値。
（出所）　ワークエスィクス調査研究委員会編，1985。

程度理解を示しつつも，雇用システム全体にも広がる社会のしくみの違いを重視する。このような観点からの研究として，コール，ワークエスィクス調査研究委員会，リンカーンとカリバーグの国際比較にふれよう。

　まず，コールは，1970年から71年に横浜とアメリカのデトロイトで，男性を対象とした質問紙調査を行っているが（Cole, 1979），その中で労働者の勤勉さについてたずねている（詳しい内容は，佐藤〔1982b〕で紹介されている）。彼は3つの質問から調査対象者の勤勉さについての尺度を構成しているが，興味深いことにその値の平均値は，デトロイトのサンプルのほうが若干高くなっている。コールは，この結果をふまえて，日本の労働者の行動面での勤勉さを，労働意欲を具体的な職務行動に転換する「転換率」が日本で高いことから説明する。この「転換率」は，経営政策やジョブ・システムによって規定されていると考えるのである。

　1984年に，日本，アメリカ，イギリス，西ドイツ（当時）の鉄鋼，電機，自動車，機械メーカーの従業員を対象にワークエスィクス調査研究委員会が行った国際比較調査も，同様に日本の生産労働者の労働倫理が決して相対的に高いものではないことを示唆している（表6-2）。たとえば，「人並み以上に働きたいか，人並みで十分か」という趣旨の質問に対して，日本は人並み以上に働きたいと答えた人がもっとも少ない。「自分の知識や技能を高めたい」という回答はアメリカに次いで少なく，「職場で生産性向上や品質向上に結びつく創意

工夫をしている」は最下位である。しかしながら、「勤務先が創意工夫を引き出す努力をしている」「勤務先が従業員の知識や技能を高める努力をしている」といった回答は日本が際立って多く、「勤務先が従業員の意見や要望を取り入れながら経営をしている」も第1位である。この調査結果からすると、日本のブルーカラー労働者の労働倫理はアメリカ、イギリス、西ドイツのブルーカラー労働者と比較して決して高くない、むしろ低い部類に属する。しかし、企業が従業員の人材育成に努め、創意工夫を引き出す努力をしているという点では、他国を大いに引き離している、といえそうである（ワークエスィクス調査研究委員会編、1985）。

リンカーンとカリバーグの日米比較研究

このように多くの国際比較研究では、日本の労働者の勤労意欲の高さや満足度の高さ自体が確認されていない。むしろ、日本企業の労働者が勤勉に働くのは、雇用システムや労務政策がそのように作用しているからなのではないか、という結論が示唆される。これをさらに突き詰めようとしたのがリンカーンとカリバーグの日米比較研究（Lincoln and Kalleberg, 1990）である。彼らは、日本企業の労働者が示す強いコミットメントと動機づけの源泉は、日本社会の文化的な特質にあるのではなく、経営のやり方や組織構造、雇用システムなどの制度的要因（「福祉企業集団主義」）に求められる、という仮説を検証しようとした。調査は具体的には、シカゴに近いインディアナ州南中部と神奈川県厚木地区で、1981年から83年の間に実施された。製造業7業種の中から日本では51社を、アメリカでは55社を選出し、その従業員からサンプリングして合計で日本では3735人、アメリカでは4567人の従業員に質問紙調査を実施している。

彼らは仮説を検証するために、①仕事や組織へのコミットメントと職務満足度、②仕事の特性（地位、タスクの性格、仕事から得る報酬、社会的な絆など）、③仕事に置く価値（コミットメント、パターナリズムなど）と従業員の背景（年齢、ジェンダー、既婚／未婚、教育など）、④組織のコンテクスト（技術、規模など）と組織構造（組織分化、集権化、公式化、福祉サービス）といった多様な変数を調査対象者に質問している。ねらいは、①で表れた特徴を②から④までの変数で説明する回帰分析を行うことである（図6-1）。

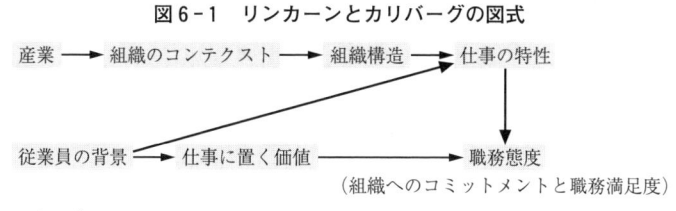

図6-1　リンカーンとカリバーグの図式

産業 ─→ 組織のコンテクスト ─→ 組織構造 ─→ 仕事の特性

従業員の背景 ─→ 仕事に置く価値 ─→ 職務態度
（組織へのコミットメントと職務満足度）

（出所）Lincolon and Kalleberg, 1990, p. 28より作成。

（1）表面的な結果では，日本の労働者はアメリカの労働者に比べて，組織へのコミットメントについてはやや低く，職務満足度についてはかなり低い。しかし，アメリカでは肯定的な回答が出やすく，日本では否定的な回答が出やすい傾向を前提とし，コミットメントと満足度との因果関係を考慮すると，組織へのコミットメントは日本では相対的に高く，満足度は低いという結果になる。

（2）仕事の特性については，日本でもアメリカでも，職務の内容，仕事から得る報酬，職場での人間関係などの要因が組織へのコミットメントと職務満足度に影響を及ぼすことがわかる。

（3）仕事に置く価値は，ある程度コミットメントや満足度に影響を及ぼしていた。

（4）組織変数については，日本の組織が，福祉企業集団主義の特徴を備えており，コミットメントと満足度を高めることがわかった。

リンカーンとカリバーグの研究結果は，企業へのコミットメントは強いが，職務への満足度は低いという日本の労働者像を描き出している。また，労働者のコミットメントの高さが，ある程度意思決定構造や企業福祉などの福祉企業集団主義的な施策からくるということの証左が得られている。労働者の勤労意欲を高める日本企業の労務施策は，ある程度移転可能なのである。

4　多様化するライフスタイルと日本型雇用システムの変容

1990年代以降の変化

ここまで，日本型雇用システムの形成過程とその内実を検討してきた。だが1990年代に入ると，日本型雇用システムに対してさまざまな方向から改変を

迫る要因が現れてきた（第1章参照）。

（1）もっともインパクトが大きいのは，平成期に入ってから長期化する経済の停滞が，企業にとって日本型雇用システムを維持することを困難にさせ，賃金・昇進制度などを修正したり雇用調整を大規模に行ったりする例が急増したということである。しかしながら，働く人の側での変化も見逃すことができない。

（2）日本型雇用システムに守られてきた労働者の側でも，従来の雇用システムについての評価や働くことについて意識の変化がみられる。

（3）また，仕事や生活についての価値観が多様化し，それぞれの層の選好に合わせた働き方が模索されるようになった。

（4）さらに，男女雇用機会均等法の施行（1986年）以降，女性の基幹的な業務への参入が目立つようになり，従来の職業生活と家庭生活の分業を前提とした人事管理に疑問符がつけられるようになった。

以下では，就労意識やライフスタイルにかかわる（2）から（4）の変化を考察しよう。

日本型雇用システムの変容と就労意識

まず，日本型雇用システムについての評価をみてみよう。今田幸子は，日本労働研究機構が1999年に行った全国20歳以上の男女を対象とする「勤労生活に関する意識調査データ」を利用して，「日本型雇用システムへの評価」「分配原理についての意識」「新たな生活様式の意識」という3つの関連を調べている（今田，2000）。今田によれば，この3側面についての意識は日本の勤労者の間で2つの層に分かれている。「第1の層は，終身雇用と年功賃金を支持する層で，努力，必要，平等への志向が強く，現状維持への志向が強く，自分自身については自信がないという特徴をもっている。第2の層は，自己啓発型の能力志向をもち，実績主義への志向が強く，脱物質主義，脱地位志向といった脱産業社会の志向をもち，自己への自信が強いことを特徴とする」（今田，2000，11頁）。

経営的理由からの日本型雇用システム改変の動きに対して，働く人の側でもそれを肯定的に受け止める層と，従来のシステム維持を望む層との2つの立場

図 6-2　仕事と余暇の関係

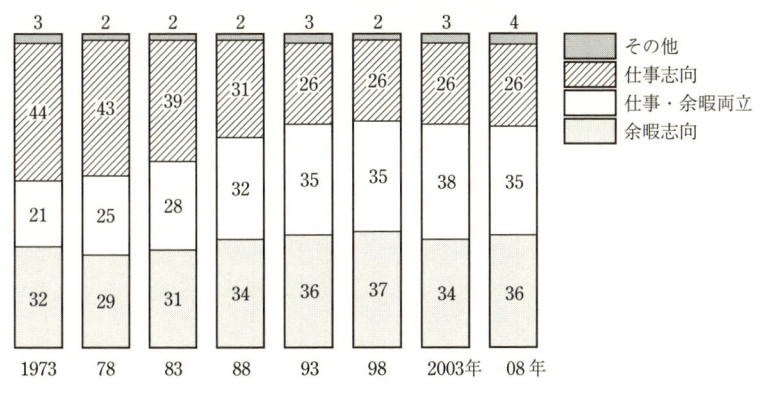

	1973	78	83	88	93	98	2003年	08年
その他	3	2	2	2	3	2	3	4
仕事志向	44	43	39	31	26	26	26	26
仕事・余暇両立	21	25	28	32	35	35	38	35
余暇志向	32	29	31	34	36	37	34	36

（出所）　NHK放送文化研究所編，2009。

が存在する。そして，これらの層の違いは，努力や平等，実績などのいずれを重視するかという**社会的公正観**や自信などといった自己観とも結びついている。

　社会的公正観については，さまざまな世論調査で「努力」「能力，才能」「業績，実績」のうちいずれを重視するのが望ましいか，ということが調べられている。1990年代以降は現状の認知については「業績，実績」が重視されている傾向がみられるが，「理想」としては「努力」をあげるものが増えている（間淵，2000）。今田のいう第1の層が，現在でも無視しえない規模で存在している可能性がある。

中心的生活関心の変容

　労働者の意識は，中心的生活関心の所在という面からも変容している。日本では，1970年代半ば以降，働く人の「生活世界」に占める仕事や会社の比重は相対的に低下しつつある。これは，企業や職場組織への関与を限定的にすること，つまり「会社人間」からの脱却を意味する（佐藤，1987）。NHK放送文化研究所が73年以来5年おきに実施している「日本人の意識」調査結果をみても，73年の時点では「仕事と余暇との関係」で「仕事志向」の者が全体の44％を占めていたのが，近年では20％台に減少している。それに対して増加したのが「仕事・余暇両立」と「余暇志向」である（図 6-2 参照）。70年代以

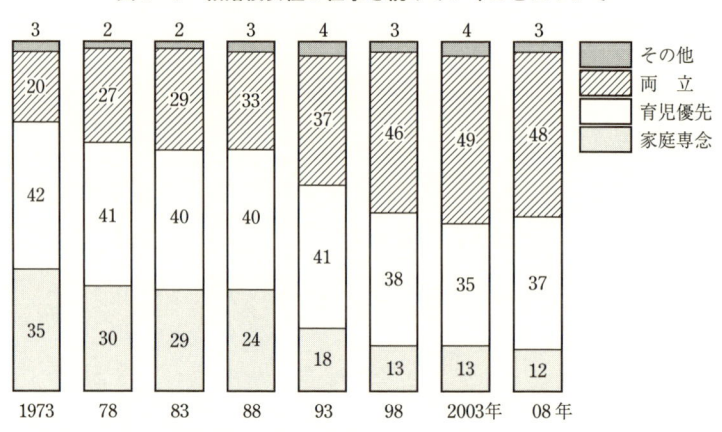

図6-3 結婚後女性が仕事を続けていくことについて

	1973	78	83	88	93	98	2003年	08年
その他	3	2	2	3	4	3	4	3
両立	20	27	29	33	37	46	49	48
育児優先	42	41	40	40	41	38	35	37
家庭専念	35	30	29	24	18	13	13	12

（出所）NHK放送文化研究所編，2009。

降，日本社会ではほぼ一貫して，若い世代から企業や職場への関与を限定的にしたいとする志向が増大しているのである。

また，近年は，パート，アルバイトや派遣労働者など正社員以外の働き方が広がる傾向にあるが（第9章参照），こうした働き方を選択した労働者には，正社員とは異なる労働志向が観察される。労働省（現・厚生労働省）は，1994年と99年に「就業形態の多様化に関する総合実態調査」を実施しているが，この調査を利用した分析（佐藤，1998；岩田・藤本，2003）によると，男性の正社員や常用型派遣労働者は仕事重視志向が高いのに対して，パートタイマーや女性の派遣労働者は生活重視志向が強くなる。また，派遣やパートなど同一就業形態の内部でも「生活重視志向」の者と「仕事重視志向」の者で比較すると，前者のほうが現在の就業形態の選択理由として「自分の都合のよい時間に働けるから」をあげることが多い。非典型労働に従事している人々の中には，典型労働への就業機会が限られているために非自発的に現在の就業機会を選択した場合はもちろんある。しかし，非典型労働に従事している人々は，平均的には正社員とは異なる労働志向をもつ傾向がある。さらに典型・非典型のいずれについても，同一就業形態内部でも労働志向の違いが観察できる。望ましい働き方を考えるうえで各人の就業ニーズをより細かく見極める必要性が高まってい

図6-4　女性労働力率の推移

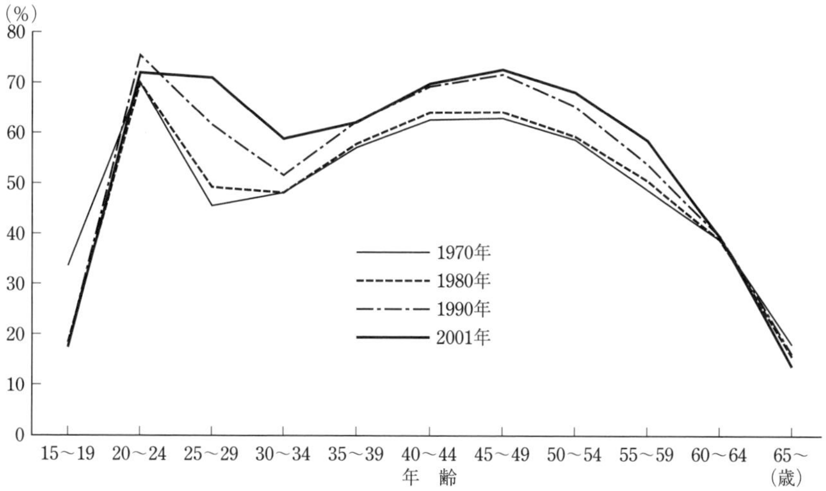

(出所)　総務省「労働力調査」。

るということができるであろう。

女性の就労

近年の変化でもう1つ見逃すことができないのは，女性の就労についての意識の変化である。先にふれたNHK放送文化研究所の調査によれば，結婚した女性が仕事を続けていくことについての意見は，1973年の段階では多数派が「子どもができるまでは職業をもっていたほうがよい」という「育児優先」の考えであり，結婚後は家庭に入るべきという「家庭専念」も3割を占めていた。しかし，これらの意見は徐々に減少し，近年では，「子どもが生まれても，できるだけ職業をもちつづけたほうがよい」という「両立」型が過半数近くを占めるに至っている（図6-3）。女性労働力率を年齢別にとると，70年代は20代前半と40代で高く，20代後半から30代前半が底になるMの形であった（**M字型カーブ**）。これは，学校卒業後いったんは就職するものの結婚や出産で一時的に労働市場から退出し，その後ふたたびパートなどの仕事に就くという就労パターンをとる女性が多いことを意味している。近年は，このM字が全体とし

て上に上がるとともに真ん中の底が上昇して逆U字型に近づいてきている（図6-4）。

つまり女性にも生涯にわたって継続的に就労する層が増えているわけで、その意味では、企業の側でも家庭生活と就業生活を両立しやすい配慮をするなどの施策（佐藤・武石, 2010）が求められているといえよう。

ゼミナール

1. 労働者が熱心に働くとき，その理由や背景にはどのようなものが考えられるか，文化や社会のしくみの違いなども考慮しながら考えてみよう。
2. 仕事や職場への態度という観点から考えてみたとき，ライフスタイルの違いについていくつかの類型を考案してみよう。それぞれのライフスタイルでは働き方はどう変わってくるだろうか。
3. インターネットや白書などで女性の働き方についてのデータを収集し，それが近年どのような方向に変化しつつあるかを考えてみよう。

基本文献案内

稲上毅『労使関係の社会学』東京大学出版会, 1981年
　●ゴールドソープ仮説の日本での妥当性を検討した第1章や「庫（くら）コミュニティ」という言葉で職場と組合をみずみずしく描き出した第4章など重要な論文が収められている。

太田肇『選別主義を超えて』中公新書, 2003年
　●成果主義など日本企業に広がる「選別主義」を考察した著作。第3章で各種調査を利用しながら日本の労働者の意識の最近の動向を吟味している。

佐藤博樹・石田浩・池田謙一編『社会調査の公開データ』東京大学出版会, 2000年
　●定期的に実施されている重要な公開社会調査データの紹介やその利用のしかた、さらには実際に公開データを利用した学術研究が収められている。公開データを利用した研究を志す人には必携。

NHK放送文化研究所編『現代日本人の意識構造』（第7版）日本放送出版協会, 2010年
　●1973年から5年ごとに同様の質問で実施されている個人を対象とした全国規模の意識調査。質問項目は，生活目標，人間関係，家族，仕事，政治，国際化な

ど多岐にわたる。日本人の意識や行動の変化を知るうえで貴重な情報を提供している。

田尾雅夫『会社人間はどこへいく』中公新書，1998年
　●組織コミットメントの理論を背景に，日本型雇用システムを支えてきた「会社人間」の心性を分析した著作である。

────千葉隆之◆

学校から職場へ
——風化する「就社」社会

第7章

はじめに

　従来の日本の若年労働市場の特徴は，若者が「就職」ではなく「就社」することにあるといわれてきた。「就社」とは，若者が高校や大学を卒業すると同時に企業に所属し，その企業で勤めつづけるということを意味する。日本がこのような「就社」社会となった背景としては，高度経済成長期にいくつかの歴史的偶然が集中していたことが重要である。しかし1980年代後半のバブル経済と90年代初頭におけるその崩壊の時期を通じて，「就社」社会には明らかな変容が生じた。90年代後半以降，若者の中にはうまく「就社」できない者や「就社」を拒否する者，典型的にはいわゆる「フリーター」が大量に現れている。「就社」社会ではなくなりつつある日本社会は，これからどこへ向かおうとしているのか。その中で若者は「働くこと」についてどう考え，行動していけばいいのか。

1　「就社」社会・日本の形成

「就社」社会とは

　いまどきの若者は「就職」するのではなく「就社」するという考え方が強すぎる。会社を選ぶ「就社」ではなく仕事を選ぶ「就職」が正しいのだ！——このようなお叱りの言葉は，1980年代に日本の「知識人」たちによって語られはじめ，それ以後マスコミ上で何度となく繰り返されてきた。しかし90年代後半以降はこのような語り口は下火となり，代わって「まともに働かない若者

は根性がない！」というお叱りが声高になった。若者は常に叱られる存在なのだ。世の中のベースを決定しているのは，若者よりもはるかに多くの諸資源（金，権力，コネクション）を手にしている年長世代であるにもかかわらず。

　ただし，若者を批判するために用いるのでないならば，「就社」という言葉自体は，高度経済成長期からバブル経済期に至る数十年間の日本の若年労働市場の特徴を言い表すうえで便利な言葉である。では「就社」とはいったいどのような現象なのかを，ここであらためて確認しておこう。奥村宏は，「就社」を「**会社本位主義の日本型就職システム**」と定義し，その特色として，①全国一斉の4月1日採用，②人事部による一括採用，③就職における大学間格差，④ゼネラリストを養成する社内経歴，の4点をあげている（奥村，1994）。

　この4つの特色はいずれも，これまでの日本の若年労働市場を編成する基本単位が「職業」ではなく会社という「組織」であったことを示している。高校や大学という教育上の「組織」から会社という仕事上の「組織」へと切れ目なく飛び移り，そこに留まりつづけることを日本の若者は要請されてきたのである（新規学卒採用については第2章第1節も参照）。

　このような教育から仕事への飛び移り方は，国際的にみれば決して自明のものではない。上記の4つの側面に即していえば，欧米先進諸国では総じて，①採用は年間を通じて随時行われ，②採用の最終判断をするのは人事部ではなく各部署の責任者であり，③採用に際しては個々人の経験や職業上の能力が基準とされ，④社内の配属は社員個々人の自らのキャリア形成に対する意向に基づいて決定される。すなわち会社という全体組織よりも，その中の個々の部署や社員個々人が意思決定上の単位として大きな重要性を与えられている。そして①②の点から，欧米の若者は通常，学校や大学の卒業後に就職活動を開始し，期限つき雇用やパートタイム雇用などを経由した後に正規雇用の職に就くことが多い。言い換えれば，欧米先進諸国では，教育上の「組織」への所属と，仕事上の「組織」への所属の間には，個人がフルに「組織」に所属しないグレーゾーンの期間が存在しているのである。

　それではなぜ日本でのみ，「就社」の慣行が支配的になっていたのだろうか。

「就社」社会の成立過程

「就社」の形での教育から職業への飛び移りは、明治期後半において財閥系企業が帝国大学、高等商業学校（一橋大学の前身）、慶應義塾大学部などの卒業者、いわゆる「学校出」の定期採用を開始したことを起源とする。それ以前にはこれら高学歴者の就職先はほぼ官庁に限られていたが、民間の企業が成長するに従い、官庁をモデルとした採用や人事の手法が民間企業にも導入されるようになる（天野、1992）。大正期に入った1920年頃までには、高等教育制度改革による大学の拡張を背景として、財閥系以外の中規模企業までが新規学卒者の一括定期採用を開始している（竹内、1995；尾崎、1967）。

こうした高学歴者の「就社」に際しては、教育機関の教員や就職部が企業に学生を紹介・推薦するという方式が一般的であった。1940年時点の資料では、大学卒業者の中で65％までが「自校紹介」で就職先をみつけている（中内、1983）。この資料では「自校紹介」の比率は旧制専門学校57％、甲種実業学校54.6％となっており、学歴が高いほど出身校の紹介による就職の比率が高いことがみてとれる。

このように戦前の「就社」は、会社の中で中核的な位置を占める一握りのホワイトカラー層へと、大卒など高学歴者を採用する場合にほぼ限られていた。工場の製造現場で働くブルーカラーについては、ごく一部を義務教育機関の新規卒業者から採用して社内で育てあげるが、大半は臨時工と呼ばれる非正規労働者を生産上の必要に応じて柔軟に採用・解雇するのが一般的であった。こうした慣行は、第2次世界大戦後の1960年頃までは維持されていた。60年時点のデータをみると、従業員数100人以上の製造業企業にブルーカラーとして新しく採用された者のうち、定期採用者は2割弱にすぎず、大半を占める中途採用者のうちさらに8割以上が臨時工であった（菅山、2000、244頁、表6-11より算出）。同資料でホワイトカラーについてみると、逆に8割以上が定期採用である。なお、同資料にもみられるとおり、製造業への新規採用者全体の中では9割近くをブルーカラーが占め、ホワイトカラーはごく少数にすぎなかったことも重要である。

しかしその後、高度経済成長が本格化するに至って、こうしたブルーカラー労働者の採用慣行は転換を余儀なくされる。その最大の理由は、今日からは想

像しがたいほどの「人手不足」であった。急激な生産拡大は，具体的には全国各地におびただしい数の新しい工場が建設されるという形をとって現れ，そうした新工場での働き手をいかにかき集めるかということが，当時の製造業企業にとってきわめて深刻な課題となっていたのである。このような状況下では，まずはそれまで臨時工扱いであった労働者を正社員である本工へと昇格させて自社内に確保する必要が生じた。しかし当時の労働力需要はそのような手段だけでは充足されなかったため，企業にとっては新規学卒者を学校の出口で待ちかまえ，卒業とともに即座に採用することが不可欠になったのである。

こうした製造業企業の動きにとって，いくつかの歴史的偶然が好都合に作用した。まず1960年代半ばという時期は，第2次世界大戦直後から50年頃までの間に生まれた大量のいわゆるベビーブーマーが，大挙して中学や高校を卒業してくる時期にあたっていた。しかも日本のベビーブーマーは，他の先進諸国と比べて農家の出身者が占める割合が非常に大きく，急発展を遂げていた製造業企業の目には，未開拓の巨大な労働力プールとして映っていたのである。

これら新規学卒者の中で中卒者については，公共職業安定所が全国的規模で企業に斡旋・配分する機能を果たしていた（苅谷・菅山・石田編，2000）。ただし1960年代におけるもう1つの大きな出来事は，高校進学率が急激に上昇したことである。55年時点では中卒後に高校へ進学する者は約半数にすぎなかったが，65年には7割に達し，70年には8割を超えた。こうして企業にとって魅力的なブルーカラー供給源であった新規中卒就職者の規模が一気に縮小したため，企業は中卒者の代わりに新規高卒者をブルーカラーへと採用せざるをえなくなった。新規高卒者はもともとホワイトカラーへの就職が主であったため，高校が卒業生を企業へと斡旋する慣行が存在していた。しかし同じ新規高卒者がブルーカラーへも就職するようになったとき，高校が仲人役を務める定期採用方式が，ブルーカラー層にまで拡大する結果になったのである。日本の雇用慣行の大きな特徴の1つは，ブルーカラーが「ホワイトカラー化」していることにあるという指摘があるが（小池，2005），そうした特徴は採用慣行についてもあてはまるといえる。

こうして，教育上の「組織」から仕事上の「組織」へのダイレクトな飛び移りは，高度経済成長期以降の日本に根づくことになった。ただし，労働力需要

がきわめて旺盛であった経済状況下では、いったんある会社に入った後に、より良好な労働条件の他会社へと転職するという行動もまたさかんであった。労働省（現・厚生労働省）の「毎月勤労統計調査」によれば、1970年時点における製造業企業の離職率は、従業員500人以上の大企業でも24％に達しており、500人未満の企業では30％を超えていた。しかしその後、70年代半ばのオイルショックを経て経済が低成長期に入ると、労働力需要の沈静化に伴い、離職率は大企業で10％台前半、中小企業で10％台後半で推移するようになる。この時期には一度入った会社を辞めたくても、他の会社によりよい再就職口がみつけにくくなったのである。

以上をまとめれば、学校・大学から直接企業に入る慣行が広く普及したのは高度経済成長期であるが、そのようにして入社した企業をなかなか辞めなくなったのはその後の低成長期であった。この2つの慣行の定着をもって、「就社」社会・日本が成立したといえる。

「就社」社会の得失

さて、こうして生まれた「就社」社会は、それなりにメリットをもっていた。それは何よりも、若年者の失業や不安定就業を防止し、それを通じて社会の秩序化・安定化や、社会的格差の一定の縮小に貢献してきたということである。また少なくとも1980年代までは、「ジャパン・アズ・ナンバーワン」（Vogel, 1979＝1979）という言葉に象徴されるように、日本企業の経営力・人材形成力が国内外を問わず賞賛されていた。

しかし「就社」社会に対しては、そのメリットよりもデメリットが指摘されることのほうが、とくに国内では多かったといっていいだろう。本章の冒頭に述べたように、そもそも「就社」という言葉自体に、初めから否定的な意味が込められていたのである。「就社」社会の問題点は、一言でいえばそれが「会社人間」を生み出すということである。では「会社人間」とは何であり、それがなぜ問題なのか。これについて熊沢誠の包括的な議論に従えば、まず「会社人間」の特徴は、次の4点にまとめられる。①会社人間は、その職業能力の展開が特定の企業に限られている。②会社人間の労働条件は企業別に、企業内で、主として経営者の裁量のもとで決まり、会社人間はそれに対して積極的・消極

的に適応しようとする存在である。③会社人間にとっては，生活時間の中に占める労働時間の比率が高い。④会社人間とは，会社での仕事，人間関係，昇進，収入を圧倒的な関心事とし，企業からの広範な要請を何よりも優先させる（熊沢，1994。「会社人間」については第6章も参照）。

　このような「会社人間」のはらむ問題は，まず第1に，彼らが家庭における家事や育児，老親の介護，そして地域での交流などの「義務とよろこび」から身を遠ざけているという点で，「生活者として矮小化されている」（熊沢，1994，55頁）ことである。第2に，それは同時に，「会社人間」の妻に家庭的責任のほぼすべてを負わせる性別役割分業の貫徹を意味しており，このことは女性の経済的自立や社会参加を阻害せざるをえない。第3に，しかも「会社人間」の生活は，彼らが勤める企業の浮沈からまともに影響を受け，時には企業からの過酷な要請をも受け入れざるをえない。第4に，そのような企業へのきわめて大きな依存は，企業の諸行為に対する内部からのチェック機能をも損なうことになる。

　これらの問題点は多くの人々の目に明らかであった。しかし，「就社」社会が強固に成立し，その中での社会的「成功」の道筋がはっきり目にみえるものとしてできあがってしまっていたとき，社会全体としての経済的パフォーマンスが大きく失調しない限りは，個々人にとってその道筋を大きくはずれて生きるのは難しいことだったのである。

　しかも歴史的にみて，第2次世界大戦後の日本は，天皇を中心とする国家という共同体も，伝統的な地域という共同体も，急速に喪失してしまっていた。そのような社会において，大人の男性は企業を，大人の女性は家庭を，そして子どもは学校を，精神の擬似的な拠り所とせざるをえなかったことも理解に難くない（宮台，2000）。

　しかしこうした社会状況の中で，おそらくもっともストレスを膨らませていたのは，「就社」社会での成功度の高低に向かって選別されていく途上にあった中学生・高校生であっただろう。「就社」社会が本格的な定着をみた1980年前後の時期には，校内暴力や家庭内暴力の増加が社会問題化し，「荒れる中学」の原因として「過度の受験競争」が指摘されていた（NHK放送文化研究所編，2003）。NHK放送文化研究所が中学生・高校生を対象として継続的に実施して

いる調査によれば,「思いきり暴れまわりたい」ことが「よくある」ないし「ときどきある」者の合計比率が82年には中学生48％,高校生49％（2002年にはそれぞれ18％,22％）に達しており,逆に「人をなぐりたいと思ったことはない」比率は中学生36％,高校生25％（2002年にはそれぞれ55％,54％）にすぎなかった（NHK放送文化研究所編, 2003, 付019頁, 付022頁）。また当時は,「のんびりと自分の人生を楽しむ」ことよりも「他人に負けないようにがんばる」ことを重視する者の比率が,中学生63％,高校生47％（2002年にはそれぞれ44％, 34％）を占めていた（NHK放送文化研究所編, 2003, 付030頁）。このように,「就社」社会に生きていた10代の青少年にとって,学校生活は競争とストレスの圧力釜のように感じられていたのである。こうした社会的負荷の集積が,次節で述べるような変化の潜在的基盤を形成していたと考えられる。

2　1990年代における「就社」社会の変貌

1980年代に始まる前史

前節で述べたような「就社」社会の現実は,それに対する批判的な言説が増加した1980年代の後半において,すでに一部から崩れはじめる兆しをみせていた。そうした動きは,当時の「バブル経済」の狂奔下で企業の採用意欲が著しく増大した結果,労働力供給者たる個々人にとって就業機会が潤沢に開かれたことを背景としていた。

当時の日本社会に新しく生まれた言葉の1つが「フリーアルバイター」であり,これはのちに略されて「フリーター」となって現在に至っている。たとえば1987年の新聞に掲載された「'87世相語年鑑」には,「大学を卒業しても,アルバイトで暮らす『フリーアルバイター』。仕事は興味,関心で選ぶ,あきたらやめる」（87年8月31日付『朝日新聞』朝刊）という記述がある。また91年の「フリーター事情　束縛嫌い失業恐れぬ　競争社会の落とし子」と題された新聞記事には,「無理やり地元企業に押し込めようとする高校の進路指導には強烈な矛盾を感じ」て,アルバイトをしながらユーラシア大陸横断旅行の準備をしている青年の例が紹介されている（91年8月12日付『朝日新聞』朝刊）。同じ記事には,「戦後最長のいざなぎ景気に肩を並べる大型景気が,フリーター

を増殖させたともいえる。好況で、転職に対する抵抗感、失業への恐怖感も急速に薄れた」という記述もみられる。実際に、88年に労働省が実施した調査結果では、調査に回答した639社の企業がその年度に採用した新卒者は合計約3万3600人であったのに対し、25歳未満の社員で前年1年間の間に離職した者の合計人数は1万9695人に及んでいる（88年8月25日付『朝日新聞』夕刊）。「第二新卒」という言葉が生まれたのもまたこの頃である。

　このように、「就社」してそこに留まるというそれまでの人生モデルに対する抵抗は、1980年代からすでに社会の中で目にみえる形で現れていた。その直接的契機はバブル経済下での労働力超過需要であったとしても、その底流にはより長期的な社会のトレンドとしての「消費社会化」という現象が存在したことを指摘しておく必要がある。80年代は多品種少量生産が進んだが、これは消費者の価値観や感性の多様化に対応した商品の差別化を示す現象であった。すなわち消費とは、もはや生活の必要を満たすためのものではなく、他者との差異化と自己確認のための行為へと変質したのである。このような社会の変化は、欲求の充足を先延ばしにして現在を刻苦勉励する努力信仰を空洞化させ、若者の間に「モラトリアム」志向や「遊戯性」の支配をもたらした。こうして出現した「新人類」や「おたく」などと呼ばれる新しい若者像が、「フリーター」の母体でもあったのである（小谷、1998）。

様変わりする新規学卒労働市場

　しかし1992年、地価・株価の暴落とともに日本の経済と社会は大きく暗転した。資産価値の下落と不良債権の増大、消費の減退、設備投資の抑制が悪循環をなし、長期にわたる「平成不況」が幕を開けることになった。企業の経営を圧迫した重要な要因の1つはバブル期における過剰雇用であった（吉田、1998）。「就社」社会・日本においては、企業がいったん雇用した労働者を解雇することに対しては厳しい規範的規制が存在しており、企業にとっては人件費が固定費用化しやすい。にもかかわらず、バブル経済期に企業は将来の生産年齢人口の減少をも見込んで大量採用を行ったため、景気が冷え込んだ後にはそうしたいわゆる「バブリー社員」の存在が企業にとって大きな負担となった。しかも企業の中では、過去の高度経済成長期にやはり大量採用したベビーブー

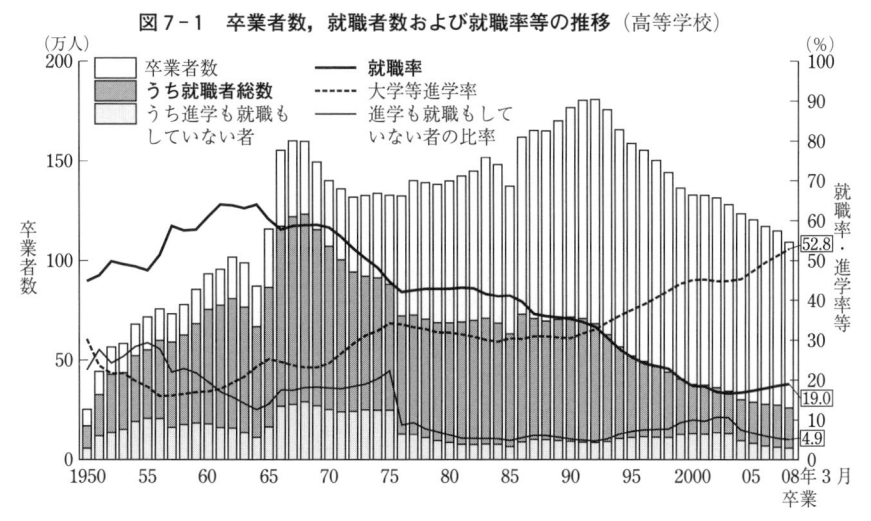

図7-1 卒業者数，就職者数および就職率等の推移（高等学校）

（注） 1.「進学も就職もしていない者」は，家事手伝いをしている者，外国の大学等に入学した者または進路が未定であることが明らかな者である。
2. 1975年以前の「進学も就職もしていない者」には，各種学校，公共職業能力開発施設等入学者を含む。また，2003年以前には，「一時的な仕事に就いた者」を含む。
（出所） 文部科学省「学校基本調査」。

マー，別名「団塊の世代」が中高年期にさしかかっており，年功的に賃金が増加する処遇制度のもとではこれら年長社員の存在も重荷となりつつあった。90年代後半には，50代に達したこれら「団塊の世代」が，「雇用調整」「リストラ」と呼ばれる人減らしの対象となる（熊沢，2003）。

しかし，バブル経済の崩壊の影響をより直接に被ったのは，中高年世代よりも新規学卒者を中心とする若年世代であった。先述のように企業が従業員を解雇しにくい日本社会では，雇用量の調節はまず新規採用を抑制するという形をとるからである。そして1990年代におけるその影響の現れ方は，若年者の中でも高卒者と大卒者では異なっていた。新規学卒者には短大卒者や専修学校修了者も含まれるが，ここでは高卒と大卒に焦点を絞る。

まず高卒者については，図7-1にみられるように，企業からの労働力需要の絶対量が急激に縮小した。新規高卒就職者の実数は，1970年代後半から90年前後までは60万人弱で安定的に推移していたが，95年には40万人を切り，

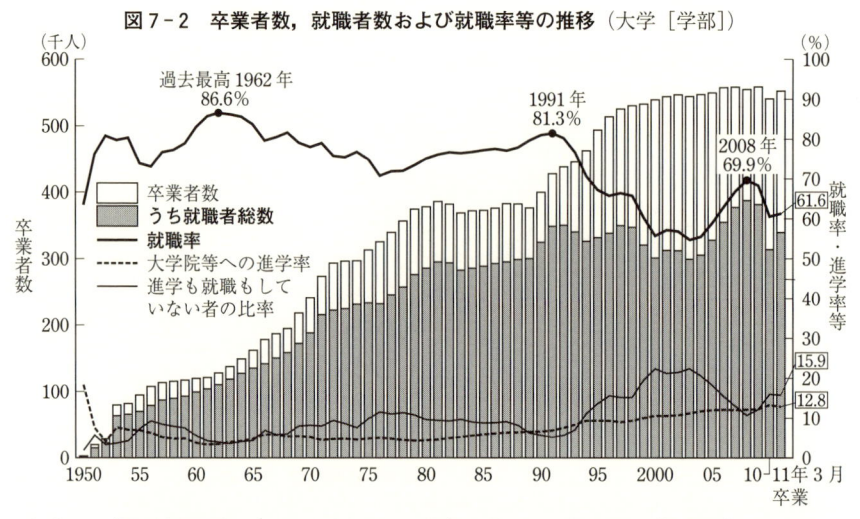

図7-2 卒業者数，就職者数および就職率等の推移（大学［学部］）

（注）1.「進学も就職もしていない者」とは，家事の手伝いなど就職でも「大学院等への進学者」や「専修学校・外国の学校等入学者」等でもないことが明らかな者である。
2. 1987年以前の数値には「一時的な仕事に就いた者」を含み，2003年以前の数値には，「専修学校・外国の学校等入学者」を含む。

（出所）文部科学省「学校基本調査」。

2000年には25万人をも下回って2010年時点では16万人とバブル絶頂期の3分の1以下にまで減少した。率でみると，新規高卒者の中での就職者の比率は，1990年の35％から2010年には15％と半減した。この減少は，新規高卒者に対する企業からの求人が，量・質の両面にわたり大きく変化したことを反映している。求人の量（求人数）は，92年のピーク時には167万に達していたが，2010年には19万と9分の1近くになった。しかも求人企業が中小企業に偏るようになっており，全求人企業の中で従業員数100人未満の企業が占める比率は1992年の48.5％から2010年には54.5％へと上昇している。これらの変化は，企業，中でも従来「優良な」就社先とされてきた大企業が，新規高卒者の正社員採用から明らかに撤退していることを意味している。

それに対して大卒者の場合は事情が異なる。図7-2をみると，新規大卒者の中で就職者の絶対数は1990年代に入っても大きく減少してはいない。ただし，新規大卒者全体の数がこの時期に著しく増加したため，率でみると就職率

は91年の81％から2003年には55％まで低下し，2011年には61％である。こうした新規大卒者数の増加は，①90年代前半における若年人口の多さ（彼らは第2次ベビーブーマー世代，すなわちベビーブーマーの子どもたち〔団塊ジュニア〕である），②それに対応した大学入学者臨時定員増を文部省（現・文部科学省）がその後も維持したこと，③上述した新規高卒労働市場の冷え込みがもたらした高卒後進学者の増加，という3つの要因から生じていた。90年代の長期不況下においても，新規大卒者に対する企業からの労働力需要は絶対量としてはほぼ維持されていたにもかかわらず，同じ時期に労働力供給量が急激に増大したために，新規大卒者は厳しい就職環境に直面せざるをえなくなったのである。

　以上をまとめれば，1990年代において，企業，とくに大企業は，これまで新規高卒者が就いてきた比較的単純な業務に対して正社員を雇い入れることを急激に抑制するようになり，そうした業務を派遣社員やパート・アルバイト，あるいは業務請負など安価で雇用量を調節しやすい形態の労働力に担当させるようになった。それに対して大卒あるいは大学院卒という学歴水準のより高い労働力に対しては，企業は依然として正社員としてのポストをそれなりに提供しつづけている。ただし大卒者向けのポストの内容もやはり変化を免れえず，大企業や専門・管理・技術職の減少，中小企業や販売職の増加が生じている。

大学生の就職活動の変化

　こうした新規学卒労働市場の変化は，新規学卒者が仕事をみつけるミクロなプロセスにも大きな影響を及ぼしている。その典型が，1997年の**大卒就職協定廃止**である。就職協定とは，大学卒業予定者の採用選考を開始する期日に関する，大学と産業界の間での取り決めである。53年度に開始されて以来，日程の変更等を繰り返しつつも就職協定が40年以上にわたり存続してきた背景には，企業が学生を早期に「青田買い」することを防止し，大学教育が就職‐採用活動によって混乱をきたさないようにするという大義名分が存在していた（中村，1993）。しかし実際には常に協定破りが横行してきたのであり，70年代後半から90年代初めにかけて暗躍していた「OBリクルーター」は，企業が学生に水面下でアプローチするための手段であった（苅谷ほか，1992）。しかし90年代半ば以後，OBを通じた就職‐採用は急速に後退し，代わって企業は自由

応募，オープンエントリー方式の採用をうたうようになった（鈴木，2001）。そのようなフリーハンドな採用を求める企業の強い要請が，就職協定の廃止を実現する推進力となっていたといえる。

　こうした新規大卒労働市場のいわば「自由化」は，就職を希望する大学生にとって厳しい状況をもたらした。1990年代に生じた大卒の就職・採用環境の変化として，次の3点が指摘されている（白石，2003）。

　第1は，就職・採用にかかわるコミュニケーションの過度なバーチャル化が，"人を介した情報提供"の希薄化をもたらしたことである。就職活動においてインターネットによる情報収集や応募が必要不可欠化する陰で，従来「働くことに関する情報」をもっともリアルに伝えてきた，生身の人間を媒介とする情報の流通が衰退してしまった。

　第2は，**採用基準の多様化・複雑化**である。厳選採用を志向しはじめた多くの企業では，精度の高いマッチングを実現するために，インターンシップ，職種別採用，コース別採用，一芸採用，Web選考，エントリーシートなど，多様で複雑な選考方法を導入するようになった。そうした企業からの要求に対して学生はさまざまな対策を練り必死に応えようとするが，不採用企業が数十社に及ぶことも多い中で，混乱や疲弊を深めていく。

　そして第3は，こうしたプロセスの開始時期そのものが**早期化**していることである。近年の大学生は複雑化した選考のための準備期間さえ十分にないまま，テクニカルな就職スキルの習得にばかり駆り立てられることになる。

　しかも，このように複雑化した新規大卒労働市場において，結果として実力重視の公正な採用が広く実現しているかというと，それも疑わしい。「就社」社会の特徴の1つは「**就職における大学間格差**」であった。すなわち，企業が指定した大学からしか応募を認めていなかった1960年代からバブル期の「OBリクルーター」時代に至るまで，特定企業と特定大学との「学閥」的な結びつきは維持されつづけていた。そこに，新たな大卒就職の「自由化」により，これまで不遇であった非銘柄大学出身者にもチャンスが広がることが期待されていた。しかし，「就職協定」廃止前の93年と廃止後の97年で，出身大学ランクと就職先企業規模との関係を比較すると，有名大学にとっての有利さは同じかむしろ強まっていることを示す調査結果がある（岩内ほか編，1998）。厳選採用

のしわ寄せは，大学ランクの低い大学の学生に集中しているといえる。

「フリーター」の増加とその位置づけ

　これまでみてきたような新規学卒労働市場の変化がまず意味していたのは，卒業後ただちに会社に正社員の仕事をみつけるという意味での「就社」の困難化である。しかしそれだけでなく，いったん「就社」してもその後にその会社に留まりつづけず辞めてしまう者が増えているという点でも，「就社」社会は崩れはじめている。15～24歳の若年失業率は1992年の4.5％から2010年には9.4％へと倍増しているが，その中でも**「自発的な離職」**を理由とする者が増加している。また，仕事に就いている若年者の中での転職希望率も高まっている（労働省，2000b）。通常であれば，不景気の時期には転職先をみつけにくいため，人々が仕事を辞めにくくなる傾向が現れるとされているが，90年代半ば以降の若年者にはこの理屈はあてはまらない。それに代わる理由は，彼らが最初に仕事をみつけた時点であまりに労働市場環境が厳しかったため，労働条件や仕事内容に関して納得のいかない仕事でも就かざるをえなかった結果，やはりそこでは我慢しきれずに離職してしまうことにある（黒澤・玄田，2001）。実際に90年代後半において若年正社員の労働時間などの労働条件は過酷化しており，そのことが離職の増加を招いていると考えられる（玄田，2001，2003）。

　このような二重の意味での「就社」社会の崩壊とともに，1980年代後半に初めて出現した「フリーター」が，90年代において量的に著しく増加することになった。当初はバブル期の著しい「売り手市場」を誘因としていた「フリーター」は，バブル崩壊後における急転直下の「買い手市場」のもとで皮肉にも社会的存在としての輪郭を明確にするのである。厚生労働省による推計では，「フリーター」（パート・アルバイトの形で働いている者および失業者の中でパート・アルバイトとして働くことを希望している者。契約社員や派遣社員は含まれない）の実数は1987年の79万人から2003年には217万人と倍増し，その後は微減して2006～09年は180万人前後で推移している。率でみると，全国の15～34歳の男性（在学者を除く）の中で「フリーター」率は92年の2.7％から2010年には5.5％に増加し，また女性（在学者・主婦を除く）の中では92年に3.1％であった「フリーター」率が2010年には7.4％にまで上昇している。「フリー

ター」の中では20代前半の年齢層が約半数を占めており，約7割は高卒以下の学歴である。また「フリーター」の約4割までが首都圏に集中している（小杉・堀，2002）。

この「フリーター」の中には，「やりたいこと」が不明確な「**モラトリアム型**」，「やりたいこと」が明確な「**夢追求型**」，しかたなく「フリーター」になった「**やむをえず型**」など多様なタイプが混在しているといわれる（日本労働研究機構，2000a）。また「フリーター」の多くは週40時間前後働いているが，50時間以上働く者や30時間未満しか働かない者もそれぞれ約2割ずつを占めており，労働の密度もさまざまである（日本労働研究機構，2001）。さらに，「フリーター」の中でも男性と女性とでは，属性や意識に違いがあることも明らかになっている（本田，2002。「フリーター」については第9章第3節も参照）。

こうして「フリーター」は，その全体としての社会的存在感と内部における多様性もますます増大している。それと並行して，すでに新奇な存在ではなくなった「フリーター」に対する社会的まなざしは厳しいものとなり，若者の職業選択における「目的意識の希薄化」（労働省，2000b，188頁）や「一人前の職業人として社会的役割を負っていくことを避ける意識」（小杉，2003，46頁），「空想じみた『自分探し』」（苅谷，2003，360頁）が批判を込めて指摘されるようになった。同時期に大学生や中高生の「学力低下」や10代による「不条理殺人」が社会的注目を集めたこともあり，1990年代後半以降の若者を「危うい存在」と定義する語りが増加した。このようなプロセスは，日本社会に蔓延しつつある保守主義や市場主義の雰囲気の中で生じたことも看過してはならない。

政策的対応とその限界

このような若年者の就労問題は，2000年代に入って政策課題としての位置づけを強め，2003年6月には文部科学大臣，厚生労働大臣，経済産業大臣，経済財政政策担当大臣が連名で「**若者自立・挑戦プラン**」を提出した。その内容には，職場体験などを通じた「キャリア教育」，「ジョブ・サポーター」や「キャリア・コンサルタント」などによる若年者の就職支援，企業の能力ニーズや若者の能力評価を明確化するためのシステム作り，大学や大学院における

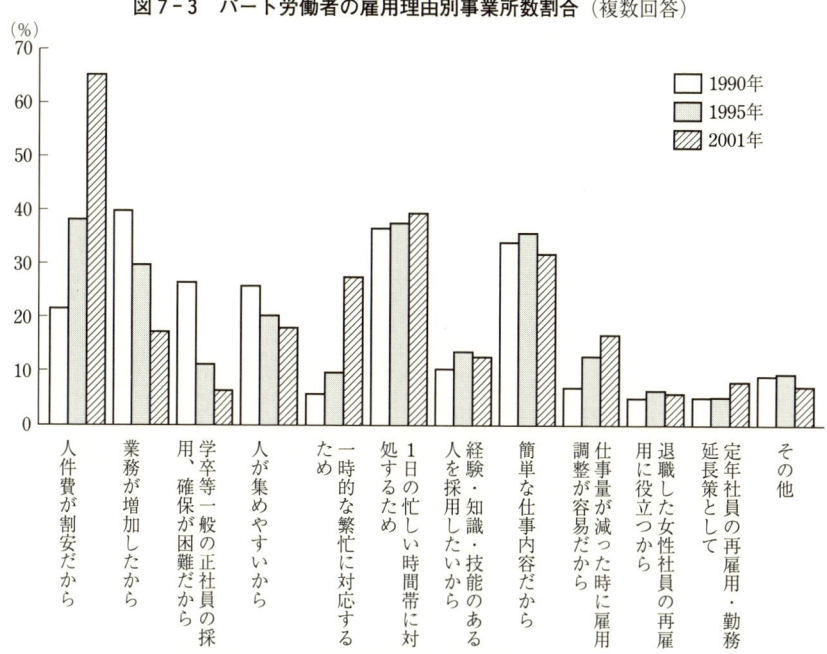

図7-3 パート労働者の雇用理由別事業所数割合 (複数回答)

凡例: 1990年／1995年／2001年

項目（左から）:
- 人件費が割安だから
- 業務が増加したから
- 学卒等一般の正社員の採用、確保が困難だから
- 人が集めやすいから
- 一時的な繁忙に対応するため
- 1日の忙しい時間帯に対処するため
- 経験・知識・技能のある人を採用したいから
- 簡単な仕事内容だから
- 仕事量が減った時に雇用調整が容易だから
- 退職した女性社員の再雇用に役立つから
- 定年社員の再雇用・勤務延長策として
- その他

(データ出所) 厚生労働省「パートタイム労働者総合実態調査」。
(出所) 厚生労働省, 2003。

　若者の能力向上への取り組み，起業・創業を通じた就業機会の創出，地域の実情に即した若年者のための「ワンストップ・サービスセンター」(ジョブカフェ)などが並んでいる。これらはほぼすべてが労働力供給者たる若者側へのテコ入れ策であり，労働力需要者たる企業の雇用方針に対してはほとんど言及されていない。

　しかし雇用の現場で鮮明化しているのは，国内での高い人件費を払って長期的に雇用する正社員を可能なかぎり減量化し，それ以外の業務を割安な非正規労働力でまかなおうとする企業の意図である。厚生労働省の「パートタイム労働者総合実態調査」の結果をみると，「パート」の雇用理由として「人件費が割安だから」という点をあげる事業所の比率は，1990年の約2割から95年には約4割，2001年には6割超と，5年ごとに2倍・3倍の著しい増加を遂げ，突出して1位の座を占めるようになっている (図7-3)。このような安価な労

2　1990年代における「就社」社会の変貌　125

働力への需要を企業が維持しつづける限り，いくら若者側が職業意識や職業能力を向上させたとしても，若年層における不安定就労は減少することはないだろう。

むろん，若者の職業意識や職業能力を向上させることが無意味なわけではない。それらは，仕事の世界の中で若者が生き抜いていくための重要な武器となるからである。しかしそうした意識や能力の向上に本気で取り組むとすれば，数日間の職業体験学習や少数のキャリア・コンサルタントなどのピンポイント的な施策や，大学・大学院などに焦点をしぼった教育改革ではなく，小学校・中学校・高校・専修学校・大学・大学院から成る教育システム全体の教育内容を，現実社会，とくに労働市場において高い有効性を発揮しうるものへと再編成することが不可欠になるはずである。しかし2011年時点においては，いまだそこまでの認識や決断に為政者が踏み切る様子はない。過去数十年間にわたって「就社」社会に安閑としてきた日本の覚醒は遅々としている。

3 新たな生き方の模索

世界同時進行的な動き

ところで，このような若者の就労の不安定化は，日本だけの現象ではない。ほぼすべての欧米先進諸国において，若者が職業の世界に確固とした自分の位置を見出すまでの期間が長期化しており，その間に若者は不安定な生活基盤と不透明な将来展望のもとで試行錯誤を繰り返すようになっている（Dwyer and Wyn, 2001）。あるいは，職業の世界における「確固とした自分の位置」という発想そのものが，時代遅れになりつつあるとも指摘されている。その背後にあるのは，消費社会化，情報社会化，知識経済化，サービス経済化，グローバル化などによって特徴づけられる「ポスト近代社会」への不可逆的な移行であり，それに伴って職業システムが「標準化された完全就業システムから柔軟で多様な部分就業システムへ」（Beck, 1986＝1998，訳書275頁）と，世界的規模での体制変化を遂げているという事態である。「『柔軟性』は現在の代表的スローガンであって，柔軟性が労働市場にあてはめられたとき，『われわれが慣れ親しんできたかたちの雇用』も終焉を迎えるはずである。柔軟性がもたらすのは，

短期契約型，契約更新型の雇用，あるいは，契約のない雇用であり，いつ廃止になるかもわからない，安定しない地位である。こうして，働き手の生活は不安であふれかえるものになるのだ」(Bauman, 2000＝2001, 訳書191頁)。

　20世紀後半を特徴づけていた安定的で標準的な働き方は，「就社」社会・日本において典型的に見出されたが，他の先進諸国においても1970年代頃まではかなりの程度あてはまっていた。しかし製造業の後退とサービス経済化が日本に先んじていた他の諸国では，すでに80年前後から「ポスト近代社会」化が始まっており，それはとくに若者の就労の不安定化として現れていた。日本では90年代初めまで製造業の減退が顕在化しておらず，またバブル期の好況に紛れて，このような変化は目立たなかったが，それは90年代に入って日本でも一挙に噴出することになったのである。

「就社」の終焉がもたらす人間像

　こうしたきわめて大きな動きの中で，日本の「就社」社会が風化していくとすれば，日本の若者は，「働くこと」，さらには「生きること」に対して，今後どのような構えで臨んでいけばいいのだろうか。

　近代以前の社会では，人々の働き方や生き方はおもに親世代からの世襲によってほぼ自動的に決まっていたのであり，これは「**属性主義**」と呼ばれる。それに続く近代社会においては，個々人の能力や適性によって働き方や生き方が決まる「**業績主義**」が支配的な原理となった。このような近代社会では，人生の初期に通過する学校教育の中で個々人が示しえた教育達成（学業成績，学歴・学校歴）を主たる基準として，職業的地位が分配されてきた。言い換えれば，個々人がどれほどの教育達成をあげたかに応じて，仕事や人生についてある程度確実な見通しをもつことができたのである。それを可能にしていたのは，大規模組織における大量生産を主軸とする産業構造が内包する予測可能性・安定性であった。

　しかし，消費社会化とサービス経済化の域にすでに踏み込んでいる「ポスト近代社会」においては，教育達成を基準として確実に予測できるようなライフコースは成立しえない。社会レベルで変化と流動化が常態となるとすれば，個人レベルでもそれに対応した働き方や生き方の原則が必要になるだろう。

それがどのような原則なのか，明快な答えはまだ誰も出すことができてはいない。しかしおそらく必要になってくるのは，「自分は誰か」ということについて揺るぎない核心を維持しつつ，状況の変化に応じて柔軟に適応性を示すという心性（メンタリティ）であろう。すなわち，内的な一貫性を保ちながら，外的な柔軟性を高めることである。「就社」社会では，自分が属する会社やそこでの昇進など，自分の外側にあるものに「自分は誰か」ということの拠り所が求められていたが，これからは，自分自身に身体化・内面化された拠り所が不可欠になるだろう。たとえば日本の若者の中で「職人志向」が高まっているのは，そうした動きの一環とみなすことができる（2003年3月2日付『日本経済新聞』朝刊）。また宮台真司は，タコツボ的に1つの組織や共同体に所属しきるのではなく，タコ足的に多くの組織や共同体に同時に所属することの重要性を提唱しているが（宮台，2000；宮台・速水，2000），これも，個々人における内的な一貫性と外的な柔軟性というイメージに連なる主張である。

　しかし，内的な一貫性と外的な柔軟性を，いったいどうすれば若者が身につけられるかについても，やはり答えは出ていない。たとえば，応用性の高い専門能力の形成などが考えられるが，その具体的な方法論が確立されているわけではない（第2章第4節を参照）。いまだ「就社」社会へのノスタルジーを引きずっている日本社会は，混沌とした未来を乗り切るための羅針盤も舵輪も手にできずにいる。それが明確な形をとりはじめるためには，日本社会はこれから数年間，あるいは数十年間にもわたるかもしれない，苦しい模索の期間を乗り越えなければならないだろう。

ゼミナール

1. 40代，50代などいろいろな年齢の年長世代の人たち（たとえば父親）に，就職の体験談を聞いてみよう。その人たちが就職した当時の高校や大学への進学率や経済動向，就職慣行なども合わせて調べてみよう。

2. 労働政策研究・研修機構のホームページにある労働図書館（http://lib.jil.go.jp/lib/）で，「フリーター」や「就職」などのキーワードで検索し，どのような調査や研究があるか調べてみよう。興味を感じた調査や研究があれば探して読んでみよう。

3. 大学の友人やアルバイト仲間と，30歳になった頃にどのような生き方をしてい

たいか，そのためには今からどのような準備をしておけばいいかについて，話し合ってみよう。

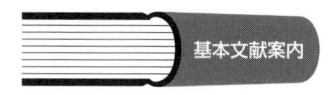

基本文献案内

玄田有史『仕事のなかの曖昧な不安——揺れる若年の現在』中公文庫，2005年
　●労働経済学者による近年の若者の労働環境の分析結果が，わかりやすい言葉で説明されている。終章には若者へのメッセージが込められている。

小杉礼子編『自由の代償／フリーター——現代若者の就業意識と行動』日本労働研究機構，2002年
　●フリーターの実態に関する調査研究の成果をまとめた書物。豊富なデータを用いて，さまざまな角度からフリーターの実像が描き出されている。

小谷敏『若者たちの変貌——世代をめぐる社会学的物語』世界思想社，1998年
　●戦後日本の若者像がどのように変化してきたかについて，「世代」をキーワードに多面的に論じている。オウム真理教やおたくなど，同時代的な話題が盛り込まれている。

竹内洋『日本のメリトクラシー——構造と心性』東京大学出版会，1995年
　●おもにバブル崩壊以前の日本における進学，就職，昇進などの実態が，独自の調査結果に基づいて論じられている。キーワードは「加熱」。教育社会学の理論についても勉強になる。

————本田由紀◆

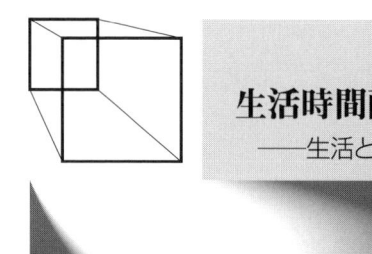

生活時間配分
——生活と仕事の調和を求めて

第8章

はじめに

　人々は，時間をどのように利用しているのであろうか。誰もが1日に使える時間は24時間，1週間は7日間で，1年に使える日数は365日である。生涯に使える時間は寿命に依存するが，寿命が同一であれば生涯で使える時間は同じになる。寿命が同じであれば，時間は個々人に平等に配分されている。しかし，生涯で使える時間が同じであっても，日，週，月，年，さらに生涯における時間配分のあり方，つまり時間の使い方は個々人で異なる。同じ量の時間が配分されていても，使い方は個人によって異なる。たとえば，時間の活用について自由度が高い人もいれば，他方，生活のために長時間労働を選択せざるをえず，仕事以外に使える時間が制約されている人もいる。また，時代や社会が変わると時間配分のあり方も変化する。たとえば，労働時間が短縮されることで仕事以外に使える時間が増え，週休2日制が普及することで週末旅行が可能となった。

　本章では，時間配分に関する基本的な考え方を説明したのち，労働時間に焦点を当て，労働時間とそれ以外の時間の相互関係を分析し，続いて雇用者の労働時間を取り上げてその推移や実態を検討する。最後に，仕事と生活の調和（ワーク・ライフ・バランス）の必要性に関して言及する。

1　生活時間配分と生活時間研究

時間配分の分析視点

　時間は有限な資源である。誰もが1日に24時間，1年に365日しか使うことができない。この有限な**時間資源**を人々はどのような行動（活動）に使用しているのか。労働（仕事），教育，家事，移動（通勤・通学），睡眠，食事，社会参加，レジャーなど活動別にみた時間配分の構造はどのようになっているのか。時間は，個人にとって有限な資源であるだけでなく，社会あるいは集団にとっても有限な資源である。社会や集団が利用できる時間資源は，構成員数に制約される。たとえば，従業員1人当たりの1日の実労働時間の上限を一定時間とすると，企業が活用できる総実労働時間の上限は従業員総数に規定される。

　行動別にみた個人の時間配分を，社会や集団を単位として集計したものが，社会全体や集団全体でみた時間配分となる。しかし，**個人の時間配分**の構造と**社会全体あるいは集団全体の時間配分**の構造が常に一致するわけではない。たとえば，個人の労働時間の合計が企業としての労働時間総数となるが，ある個人の労働時間が短くなっても，企業全体としての労働時間数が変化しないこともある。それは，別の個人の労働時間が長くなっていることによる。時間配分を，個人あるいは社会や集団などを単位として分析し，その構造を明らかにすることが，**生活時間研究**の課題である。

　時間配分の分析単位は，1日を単位とした24時間の配分だけでなく，週，月，年，生涯なども分析単位となる。個人の時間配分を取り上げれば，週を単位とすると，平日と週末では時間配分の構造が異なることが一般的である。生涯でみれば，時間配分はライフステージで異なり，教育に割かれる時間は若年期に，労働に割かれる時間は壮年期で多くなる。集団として企業を取り上げれば，季節により需要の変動がある場合，仕事に投入される労働時間は残業時間などによって季節ごとに増減する。このように時間配分を研究する際には，時間を分析する対象と単位をどのように設定するかが重要となる。

時間配分と労働時間

個人の時間配分に関する分析課題を労働時間に着目してみると、①週休2日制などの普及によって仕事への時間の配分が削減されたのか、②労働時間の短縮で生じた時間はどのような活動に使われたのか、③労働時間の短縮によって社会参加やレジャーに配分される時間が増加したのか、④女性の職場進出は女性の時間配分をどのように変えたのか、⑤共働き世帯の男性の家事時間は増加したのか、などをあげることができる。

個人単位でなく、社会や集団を単位として集計された時間配分に関する分析では、ある行動に費やされる時間が、特定の層に集中しているのか、あるいは特定の層に偏りがないかなどを明らかにすることが研究課題の1つとなる。たとえば、男女別や年齢階層別の労働時間や家事時間の違いなどを分析すると、教育時間は若年層に、労働時間は壮年男性に、家事時間は女性に集中していることがわかる。

こうした分析から、女性の職場進出を推進するためには、家事時間の男性への再配分が必要となること、また職業寿命が長くなると、職業キャリアの中間段階において教育への時間配分を増加させることが必要となることなどが指摘できる。

個人の時間配分と社会的な制約条件

個人の選好や欲求に基づいた選択の結果として、労働（仕事）、教育、家事、移動（通勤・通学）、睡眠、食事、社会参加、レジャーなどそれぞれの行動に一定の時間が配分されることになる。同時に、個人の選択は、社会的な条件に制約されたものでもある。たとえば、既婚女性がパートタイム勤務を選択する背景には、夫が長時間労働で家事や育児に配分する時間がきわめて少なく、その結果として、家事や育児への時間配分を増やすためにフルタイム勤務の仕事を選択できないことなどがある。必要とされる家事や育児の時間を確保するために、それを可能とする労働時間の就業形態を選択しているのである。既婚女性の時間配分は、夫の労働時間と家事時間などに制約されている。つまり、夫婦を単位とした時間配分が、夫と妻のそれぞれの時間配分のあり方を規定するともいえる。また、レジャーに費やされる時間は、個々人のレジャーに関する選

好だけでなく，勤務先における有給休暇の付与日数や有給休暇の取得の容易さなどの制約を受けることになる。

　1日は24時間であり，これはすべての人に平等に配分されている。しかし24時間をどのように配分するかは，社会的に制約されたものであり，その結果，個々人の時間配分は異なるものになる。このことが集団ごとの時間配分の違いとなる場合もある。さらに，生涯でみれば，寿命が個人ごとに異なるため，生涯の生活時間は個人ごとに異なる。寿命が，健康状態や利用可能な医療水準で異なり，かつ健康状態や利用可能な医療水準が社会階層に規定されるとすれば，生涯でみた生活時間は社会階層に規定されるといえる。外部から家事サービスを購入し，家事時間を削減できる場合には，生活時間配分が可処分所得に制約されることになる。

2　生活時間調査と生活時間配分

生活時間に関する調査

　生活時間（時間配分）に関する調査は，通常の意識調査と異なり，後述するように各行動ごとに使われた時間に関する情報を集めることが必要となる。曜日によって時間配分が異なる場合は，特定の日の行動だけでなく，平日や週末を通じて時間配分を調査することが必要となる。こうしたことから生活時間に関する調査は，収集すべき情報量が多いため，被調査者の調査負担も大きく，また調査実査のコストも大きなものとなる。こうした結果，全国規模の生活時間調査はきわめて少ない。

　日本で最初の「**生活時間調査**」は，日本放送協会（NHK）が，1941年から42年にかけて5万2000人を対象に実施したものである。調査の目的は，ラジオ番組の編成を適切に行うために必要な情報を集めることにあった。そのため誰がいつどの程度ラジオを聴取しているかに関して調査が行われたのである。調査の特徴は，「国民生活時間調査」と命名されているように，ラジオの聴取時間だけでなく，生活時間配分の全体を調査したことにある。この調査が，日本で最初の生活時間調査となった。

　その後，テレビの普及に合わせて，1960年から5年ごとにNHK放送文化研

表 8-1　行動分類

大分類	中分類	小分類	具体例
必需行動	睡眠	睡眠	30分以上連続した睡眠, 仮眠, 昼寝
	食事	食事	朝食, 昼食, 夕食, 夜食, 給食
	身のまわりの用事	身のまわりの用事	洗顔, トイレ, 入浴, 着替え, 化粧, 散髪
	療養・静養	療養・静養	医者に行く, 治療を受ける, 入院, 療養中
拘束行動	仕事関連	仕事	何らかの収入を得る行動, 準備・片づけ・移動なども含む
		仕事のつきあい	上司・同僚・部下との仕事上のつきあい, 送別会
	学業	授業・学内の活動	授業, 朝礼, 掃除, 学校行事, 部活動, クラブ活動
		学校外の学習	自宅や学習塾での学習, 宿題
	家事	炊事・掃除・洗濯	食事の支度・後片づけ, 掃除, 洗濯, アイロンがけ
		買い物	食料品・衣料品・生活用品などの買い物
		子どもの世話	授乳, 子どもの相手, 勉強をみる, 送り迎え
		家庭雑事	整理・片づけ, 銀行・役所に行く, 病人や老人の介護
	通勤	通勤	自宅と職場・仕事場（田畑など）の往復
	通学	通学	自宅と学校の往復
	社会参加	社会参加	PTA, 地域の行事・会合への参加, 冠婚葬祭, 奉仕活動
自由行動	会話・交際	会話・交際	家族・友人・知人・親戚とのつきあい, おしゃべり, 電話, 電子メール
	レジャー活動	スポーツ	体操, 運動, 各種スポーツ, ボール遊び
		行楽・散策	行楽地・繁華街へ行く, 街をぶらぶら歩く, 散歩, 釣り
		趣味・娯楽・教養	趣味・けいこごと・習いごと, 鑑賞, 観戦, 遊び, ゲーム 仕事以外のパソコン・インターネット
	マスメディア接触	テレビ	BS, CS, CATVの視聴を含める
		ラジオ	
		新聞	朝刊・夕刊・業界紙・広報誌を読む
		雑誌・マンガ	週刊誌・月刊誌・マンガ・カタログなどを読む
		本	
		CD・テープ	CD・MD・テープ・レコードなどラジオ以外で音楽を聴く
		ビデオ	ビデオ・ビデオディスク・DVDを見る, ビデオ録画は含めない
	休息	休息	休憩, おやつ, お茶, 特に何もしていない状態
その他	その他・不明	その他	上記のどれにもあてはまらない行動
		不明	無記入

（出所）　NHK放送文化研究所編, 2006。

究所が「国民生活時間調査」を実施している（NHK放送文化研究所編，2002，2006）。また，政府の統計では，総務省統計局が，76年から同じく5年ごとに「社会生活基本調査」として生活時間調査を行っている。

　2005年に実施されたNHK放送文化研究所「国民生活時間調査」を例にすると，10月11日（火）から24日（月）の間に2日ずつ7回に分けて調査を実施している。具体的には，調査対象日（2日間）の「午前零時」から「午後12時」までの15分刻みで，調査対象者（全国の10歳以上の国民，1曜日でも有効な回答があった者7718人）が，生活行動と在宅状況を「時刻目盛り日記式」調査票に記入する方式で実施されている。

　生活時間調査が対象とする行動の種類は，最小単位の小分類でみると表8-1のようになる。調査対象者は，小分類の行動に使われた時間を15分単位で記入することが求められる。生活時間調査で調査が難しい点の1つは，同一の時間帯に複数の行動が行われることが少なくないことである。たとえば，電車で通勤する時に新聞を読む場合には，同じ時間帯に「通勤」と「新聞を読む」の2つの行動が行われたことになる。「国民生活時間調査」では，小分類において，通勤と新聞を読むことの複数の行動が記入された場合，両方の行動に関して時間を集計する方法が採用されている。したがって，小分類の行動時間の合計は，24時間を超えることになる。このように生活時間調査の調査結果を利用する際には，複数行動の処理などデータ収集や分類の方法に注意を払うことが不可欠となる。

　生活時間調査の分析では，通常，①行動の平均時間，②行動の行為者比率，③行動の行為者平均時間の3つの数字が集計されることが多い。以下でもこの数字に言及するので，それぞれの定義を説明しておこう。

　①の**行動の平均時間**は，当該行動をしなかった人を含めて，集計対象集団がその行動に費やした平均時間である。言い換えれば，ある行動に関する非行為者を含めた全員の平均時間といえる。たとえば，成人女性の平日の仕事（労働）の平均時間は3時間32分で，これは就業していない女性を含めた平均時間である。

　②の**行動の行為者比率**は，集計対象集団の中で当該行動を行った者の比率である。ちなみに成人女性の平日の仕事の行為者比率は50.1％となる。

③の行動の行為者平均時間は，集計対象集団の中で当該行動を行った者を取り出し，その人が当該行動に費やした平均時間である。成人女性で平日に仕事をした行為者の平均時間は 7 時間 3 分となる（上記のデータは，NHK放送文化研究所編，2006による）。

上記のうち①の行動の平均時間は，実際には存在しないものである。しかし，集団単位として時間配分を分析する際には，重要な変数となる。分析単位となる集団が，それぞれの行動にどれだけの時間を投入しているかが把握できることによる。たとえば，日本社会の全体として仕事に投入された平均時間の推移を分析することで，労働時間短縮が社会全体として進展しているかどうかを明らかにできる。

生活時間配分とその推移

NHK放送文化研究所の「国民生活時間調査」で，生活時間配分の推移とその特徴を紹介しよう。

(1) 国民全体としてみた仕事（労働）時間の減少

図 8-1 のデータは，行動の平均時間による**仕事の時間**の推移をみたものであり，有職者だけでなく，無業者をも含んだものである（全国の10歳以上の国民が母集団）。定期的に調査が開始された1960年以降，平日，土曜，日曜別にみた仕事の平均時間は，全体として短縮化の傾向にある。日本社会全体として仕事に配分される時間が減少していることが確認できる。仕事時間の短縮は，とくに土曜と日曜で顕著である。この土曜と日曜の仕事時間の短縮は，日曜も平日と同じように仕事をする者が多い自営業の減少と，日曜は仕事の休みが多い雇用者の増加，さらに雇用者に関して70年代後半から普及した週休 2 日制（土曜の仕事時間を削減）の効果が大きいと考えられる。

ちなみに，就業者全体に占める雇用者の比率は，1960年が53.4％と半数程度であったが，70年が64.9％，80年が71.7％，90年が77.4％，2000年が83.1％，05年が84.8％と増加し，日本社会は雇用社会化した。また，何らかの**週休2日制**を導入している企業の割合は，70年では 4 ％にすぎなかったが，80年が48％（完全週休 2 日制 5 ％），90年が67％（同12％），2000年が91％（同33％），05年が89％（同41％）と，最近では完全週休 2 日制を含めて急速に普

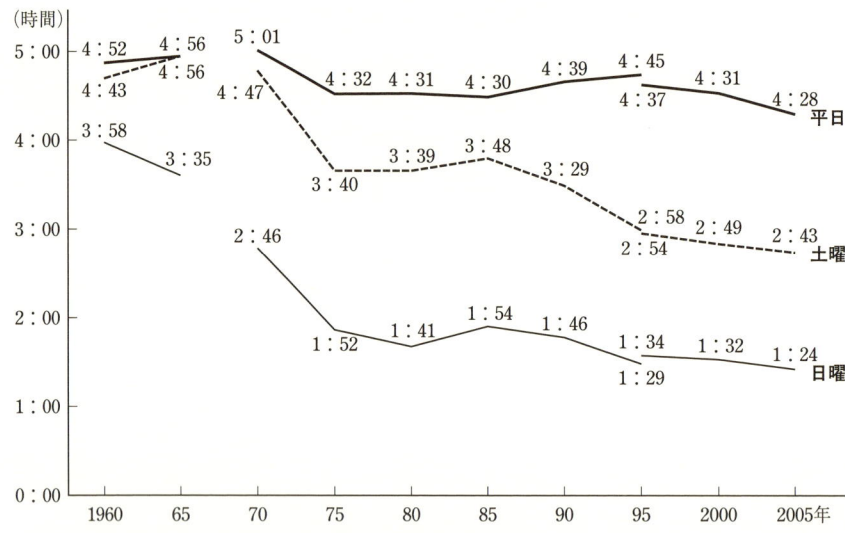

図8-1 国民全体の仕事（労働）時間の変化（行動の平均時間）

（時間）
- 平日: 4:52, 4:56, 5:01, 4:32, 4:31, 4:30, 4:39, 4:45, 4:31, 4:28
- 土曜: 4:43, 4:56, 4:47, 3:40, 3:39, 3:48, 3:29, 2:58/2:54, 2:49, 2:43
- 日曜: 3:58, 3:35, 2:46, 1:52, 1:41, 1:54, 1:46, 1:34/1:29, 1:32, 1:24

年: 1960, 65, 70, 75, 80, 85, 90, 95, 2000, 2005年

（注）調査方法の変更のため，1965年と70年の間を結んでいない。95年は，2つの方法で調査を行っているため，2つの数字が記入されている。以下同じ。
（出所）NHK放送文化研究所編，2002, 2006。

及した（厚生労働省「就労条件総合調査」）。

(2) 労働時間の2極化

図8-1によれば，土曜と日曜の仕事時間は減少傾向にあるが，平日の仕事時間は，増加や減少を繰り返し，ほぼ同水準にある。平日の仕事時間の増減は，残業時間など経済動向に規定される部分が大きいことがある。

最近の仕事時間の特徴として，短時間就業者と長時間就業者への2極化が指摘されている。短時間就業者の拡大は，主婦パートタイマーや学生アルバイト，さらに若年フリーターなどによる短時間勤務の拡大によるもので，長時間労働の拡大はフルタイム勤務の正社員，とりわけ壮年層の残業増大の影響といわれている。女性だけを取り出しても，労働時間の2極化が確認できる。総合職キャリアを選択する女性が増え，男性と同様に長時間労働をする女性が増えつつあることが背景にある。

(3) 女性への家事時間の集中

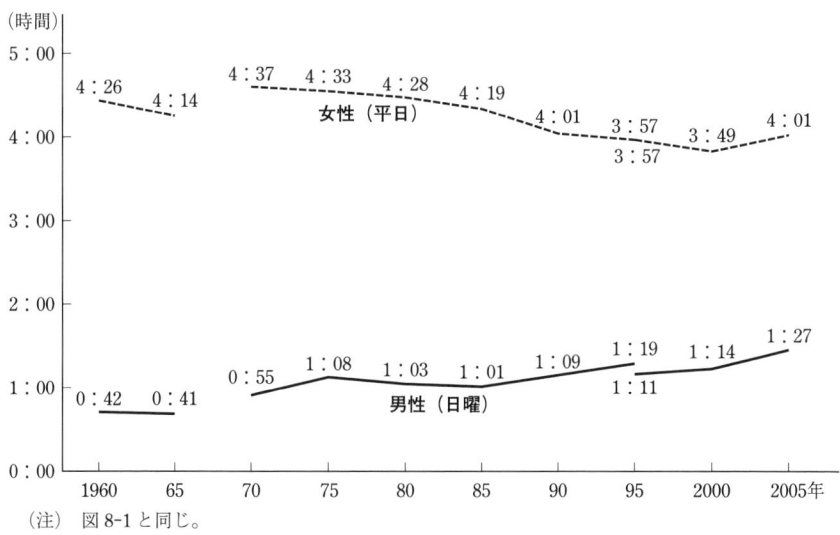

図 8-2 国民全体の家事時間の変化（行動の平均時間）

(時間)
- 女性（平日）: 1960年 4:26, 65年 4:14, 70年 4:37, 75年 4:33, 80年 4:28, 85年 4:19, 90年 4:01, 95年 3:57／3:57, 2000年 3:49, 2005年 4:01
- 男性（日曜）: 1960年 0:42, 65年 0:41, 70年 0:55, 75年 1:08, 80年 1:03, 85年 1:01, 90年 1:09, 95年 1:19／1:11, 2000年 1:14, 2005年 1:27

(注) 図8-1と同じ。
(出所) NHK放送文化研究所編, 2002, 2006。

　図8-2は，行動の平均時間によって**家事時間**の推移をみたものである。女性は平日のデータを，男性は日曜のデータを示している。男性は，平日，土曜，日曜の中で日曜の家事時間が長いため，日曜の家事時間を表示している。1960年以降，2000年まで女性の家事時間が減少し，他方で，男性の家事時間が漸増している。また，男女の家事時間の差（＝女性の家事時間－男性の家事時間）を計算すると，60年と比較すると2000年や05年までの間に，平日（60年：3時間51分，2000年：3時間17分，2005年：3時間19分），土曜（60年：3時間58分，2000年：3時間19分，05年：3時間8分），日曜（60年：3時間57分，2000年：2時間57分，05年：3時間）のすべてにおいて，男女の時間差が縮小している（NHK放送文化研究所編, 2002, 2006）。しかし，家事が女性によっておもに担われている構造には変化がない。
　女性の家事時間が減少した背景には，家電製品，加工食品，外食産業，家事代行業などの普及によって，家事を合理化したり外部化できるようになったことがある。同時に，雇用者として働く女性が増え，家事に配分できる時間に制

約がある女性が増加したことも家事の合理化などをいっそう促進したといえる。

　男性の家事時間の推移をみると，土曜や日曜とりわけ日曜での増加が大きい。他方，平日の家事時間は微増にすぎない。また，日曜に関しても家事の内容を詳しくみると，男性では，炊事・洗濯・掃除や子どもの世話など基幹部分でなく，家庭雑事や買い物など周辺部分が主となっている（とくに買い物の時間の増加）。さらに，男性の平日における家事時間の微増は，60歳以上の高齢者の家事時間の増加によるもので，50代以下の男性の家事時間にはほとんど変化がないことが明らかにされている（NHK放送文化研究所編，2002）。男性の家事参加は，日曜日や高齢者など一部で生じているものの，まだそれは家事の周辺部分でしかない。

（4）　雇用者の生活時間と家事参加

　雇用者を取り上げて生活時間配分をみてみよう（以下のデータは，NHK放送文化研究所編，2006による）。

　男性雇用者の平日における行動の平均時間は，①睡眠・食事などの必需行動が9時間33分，②仕事関連時間（仕事＋仕事のつきあい）が9時間2分，③自由行動時間が3時間20分，④家事時間が26分となる（この4つ以外にも行動がある）。家事の行為者比率は26.2％で，家事の行為者の平均時間は1時間39分となる。

　他方，女性雇用者の平日における行動の平均時間は，①睡眠・食事などの必需行動が9時間48分，②仕事関連時間（同上）が6時間34分，③自由行動時間が3時間22分，④家事時間は3時間6分である。家事の行為者比率は84.4％で，家事の行為者の平均時間は3時間40分である。

　土曜と日曜では，男性雇用者の家事の行為者比率が，土曜で45.1％，日曜で56.7％と増加するが，家事の平均時間は，土曜で男性が1時間16分，女性が3時間53分，日曜で男性が1時間52分，女性が4時間47分となり，いずれも男女間の格差が大きい。

　上記の結果によれば，女性は家事があるため，フルタイム勤務を選択できず，パートタイム勤務を選択せざるをえない状況があることが示唆される。

　さらに，子どもをもった共働きの夫婦を取り上げ，家事や育児への時間配分の特徴をみよう。表8-2は，総務省「社会生活基本調査」によるもので，特

表 8-2　妻の就業状況別にみた夫の週全体の仕事時間，家事・育児時間（夫婦と子どもの世帯）

	仕事		家事		育児	
	共働き	片働き	共働き	片働き	共働き	片働き
1986年	7：44	7：24	0：12	0：11	0：03	0：06
91年	7：36	7：14	0：16	0：17	0：03	0：08
96年	7：26	7：12	0：17	0：19	0：03	0：08
2001年	7：13	7：14	0：21	0：22	0：05	0：13

（注）　1.　総務省「社会生活基本調査」より作成。
　　　 2.　「家事」は，家事，介護，看護および買い物にかける時間の合計。
（出所）　内閣府，2004。

定の日の生活時間ではなく，週平均の生活時間を示しており，NHK放送文化研究所「国民生活時間調査」とは異なることに留意されたい。

　表 8-2 によれば，片働きに比べて，共働き世帯の夫の家事・育児の時間が多くなるわけでなく，共働きと片働きのいずれも夫の家事・育児の時間は短く，さらに両者の差はほとんどない。さらに，データは示さないが，フルタイム勤務の夫婦を取り出しても，夫である男性の家事・育児の時間が長いわけではない。つまり，妻が働いていれば男性の家事時間が増加する傾向は確認できない。女性は，仕事に従事すると，仕事の時間だけでなく，仕事をしない場合とほぼ同じ家事・育児の時間を確保するために，他の時間を削減することを迫られるのが現状である。他の先進諸国と比較しても，日本の男性の家事や育児の時間はきわめて少ない実態が明らかにされている（矢野・連合総合生活開発研究所編，1998）。

3　労働時間制度と柔軟な働き方

多様化・柔軟化する労働時間制度

　従来の労働時間制度は，午前9時～午後5時労働で週5日勤務など固定的なものが一般的であった。しかし，労働時間が短縮されてきただけでなく，労働時間制度の多様化と柔軟化が進展してきている。労働時間の多様化や柔軟化は，企業側の労働サービス需要の変化に柔軟に対応することだけでなく，**生活と仕事の両立を図ったり**，働き方や仕事の進捗状況に合わせて労働時間の使い方を

自分で選択したいとする労働者の就業ニーズを充足するものでもある。

　企業にとっての**労働時間制度**は，「労働者が企業に提供する労働サービスの量」と「労働サービスが提供されるタイミング」を規定する。労働サービスの供給量は，労働者数が一定であっても，労働者1人当たりの労働時間の長短によって提供される労働サービスの量が異なることによる。したがって，労働サービスの供給量を増加させる方法には，「労働者数の増加」と「労働者1人当たりの労働時間数の増加」の2つがある。残業実施や休日出勤などが後者の例である。同じく，労働サービスの供給量を減少させる方法も，「労働者数の削減」あるいは「労働者1人当たりの労働時間数の削減」からなる。労働サービス需要が拡大した際に，労働者数の増加でなく，労働時間数の増加で対応すると，企業の労働サービス需要の減少時に，労働者数を削減せずに労働時間数の削減で対応でき，雇用機会の維持が可能となる。

　さらに，労働時間制度は，労働サービスの量だけでなく，労働サービスが提供されるタイミングも規定する。労働サービス需要が，季節や曜日や時間帯で変動する場合，労働サービス需要が発生した時に労働サービスの供給が行われるように，労働サービスが提供されるタイミングの管理が求められる。労働サービス需要の変動に応じて年間の労働時間配分を事前に定めておく変形労働時間制や，労働者自身が仕事の進捗状況に応じて出退勤時間を選択する**フレックスタイム制**は，労働サービスの需要と労働サービスの供給のタイミングを合致させる制度である。また，交替勤務制も労働サービスの需要と提供のタイミングを対応させるしくみである。

労働者の生活時間と働き方の柔軟性

　労働者にとってみると，労働時間制度は自分の生活のために使える時間や仕事と生活の関係を規定するものである。

　生活時間は，必需行動時間（睡眠，食事など），拘束行動時間（仕事，学業，家事，通勤・通学など），自由行動時間（社会参加，レジャーなど）に分けることができる。フルタイム勤務で働く労働者の場合，拘束行動時間のうちの労働時間が相当な比重となるため，他の行動に割ける時間を規定する。あるいは労働者の必需行動時間や労働時間を除いた拘束行動時間，さらには自由行動時間に

使いたい時間が，労働時間に割ける時間（フルタイム勤務で働くか，パートタイム勤務で働くかなど）を決めるともいえる。いずれにしても労働時間が長くなると，自由行動時間が少なくなるだけでなく，必需行動時間や仕事以外の拘束行動時間が削減されることになりやすい。

また労働時間制度を，労働者が出勤する労働日数でみると，労働日数は休日数を決め，さらに有給休暇日数やその取得の容易さなどは，自由時間の過ごし方を規定する。休日日数の増加は，労働者の自由時間を拡大し，さらには長期休暇の利用が広がると，それは労働者のライフスタイルを変えることになる。

労働時間制度は，労働者の生活時間の配分だけでなく，生活と仕事の両立のしやすさを決めるものでもある。フレックスタイム制は，仕事の進捗状況に合わせて始業・終業時間を選択することに使えるだけでなく，同時に，生活の必要に合わせて始業・終業時間を選択することにも活用できる。

さらには，ライフステージのある段階，たとえば育児や介護などへの参加を必要とした時に，仕事よりも生活を優先した働き方を選ぶことを希望する労働者に対して，労働者の家庭責任と仕事の両立を可能とする働き方を用意することが，労働者のストレス軽減や勤労意欲向上に貢献することにもなる。こうした労働者の生活の視点に立った仕事と生活の両立を可能とする労働時間制度の柔軟化が，ワーク・ライフ・バランス支援策として企業の人事管理の課題となっている。

労働時間の推移

所定労働時間と時間外労働を合計して有給休暇を差し引いたものが，実労働時間である。

第2次世界大戦後の**実労働時間**の推移をみると，高度経済成長期初めの1960年までは増加するが，それ以降は，労働力需給の逼迫や労働生産性の高い上昇を背景に，着実に減少した。だが，70年代半ばに入ると経済成長の鈍化などにより横ばいを続ける。その後，80年代には日本の経済収支の黒字傾向が増大し，対外経済摩擦が激化した。こうした中87年4月，経済審議会は，貿易摩擦と円高に対処するため，「経済構造調整特別部会報告」（新・前川レポート）を発表し，内需拡大や国際的に調和のとれた産業構造と並ぶ構造調整の

ための柱として「労働時間短縮」を位置づけ，政策目標として，2000年までに年間の実労働時間を1800時間程度に短縮する方針を打ち出した。

年間実労働時間1800時間は，①完全週休2日制の実現，②年次有給休暇20日間の付与と完全消化，③臨時・緊急の残業以外の恒常的な残業を解消することで実現できるとされた。そのため政府は，労働基準法改正（1988年4月施行，本則に週40時間労働制が明記），金融機関の完全土曜閉店（1989年2月から），公務員の完全週休2日制（92年5月から）などを実施した。こうして80年代末から総実労働時間の短縮への動きが始まったのである。

労働時間短縮の課題

労働時間の短縮方法は，①所定労働時間を短縮する，②残業とりわけ恒常的な残業を削減する，③有給休暇の取得率を高める，の3つがおもなものである。このほか，職業生涯でみた労働時間の短縮策もある。職業生涯でみれば，定年延長は労働時間の延長となり，長期の教育訓練休暇機会の提供は，労働時間の短縮となる。

1980年代末から労働時間短縮が進んだが，それは所定労働時間の短縮による部分が大きく，残業の削減や有給休暇の取得率の向上はあまり進んでいない（小倉，2003）。景気変動による労働需要の減少時に雇用機会を維持するために，労働需要の拡大期に正社員を増加せず，労働時間の拡大つまり残業で対応することは，正社員の雇用機会維持を最優先する労使の雇用規範のもとではやむをえない面もある。しかし「毎日残業がある」といった恒常的な残業，とりわけ残業を前提とした業務体制や要員配置は改革する必要がある。同時に，恒常的な残業が削減されにくいのは，従業員の側が残業手当を収入として期待していることもある。

恒常的な残業を削減するためには，①業務体制の見直し（残業を前提としない業務計画や要員計画，仕事の効率化など），②職場風土の改革（つきあい残業をなくす，労働時間でなく仕事の成果で評価するなど），③仕事の進捗状況に応じた労働時間管理が行えるようにする（フレックスタイム制の導入など），などの取り組みが必要となる。

柔軟な労働時間制度

　労働時間法制は，規則的な一斉就業の工場労働を基本的な労働形態として想定し，1日および1週間の両面で労働時間の長さに上限を設ける方式を，長い間，採用してきた。しかし数次の労働基準法の改正によって労働時間の柔軟化が認められ，産業構造の変化等による事業活動や労働形態の変化，また裁量度の高い仕事の増加に対応しうる柔軟な労働時間制度の導入が可能となった。

　柔軟な労働時間制度は，①労働力需要の変動（業務の繁閑）への対応を可能としたり（労働時間制度の「企業にとっての柔軟化」），②労働者による労働時間の自己決定を容認するものである（労働時間制度の「個人にとっての柔軟化」）。企業の労働力需要の変動に即応した労働サービスの提供を行うことができる労働時間制度として，**変形労働時間制度**（1年，3カ月，1週間単位）がある。他方，労働者自身が生活リズムや仕事の進捗に合わせて労働時間の配分を行うことができる労働時間制度として，フレックスタイム制や裁量労働制をあげることができる。

　フレックスタイム制は，始業時間と終業時間を労働者の選択にゆだねる制度である。労働者自身が，仕事の進み具合に応じて出退勤時間を選択できるだけでなく，生活のリズムに合わせて出退勤時間を選択することにも利用できる。フレックスタイム制では，出退勤時間を労働者自身が選択できるが，選択できる時間帯が想定されている場合が一般的である。出退勤時間を選択できる時間帯がフレキシブルタイムで，出勤しているべき時間帯がコアタイムである。フレキシブルタイムが長く，かつコアタイムが短い（あるいはコアタイムがない）ほど，フレックスタイム制の柔軟性が高くなる。

　フレックスタイム制では，同じ職場の従業員であっても，フレキシブルタイムの時間帯には全員が出勤していない状況が生じるため，全員が常にそろって仕事をしなくてはならないような職場に導入することは難しい。こうした結果，フレックスタイム制は，生産現場などにはほとんど導入されていない。

　裁量労働制は，業務の遂行方法や労働時間の配分を労働者にゆだねる労働時間管理のしくみである。裁量労働制では，実際に働いた労働時間ではなく，事前に定められた時間数（みなし労働時間数）を労働したと「みなす」しくみ，いわゆる「みなし労働時間制」が適用される。裁量労働制が導入された背景に

は，労働者の業務遂行上の裁量度が高く，労働者自身に業務遂行と時間配分を任せるほうが生産性や創造性が向上するだけでなく，労働者自身の勤労意欲が高まる業務が増えてきたことがある。

「個人にとっての柔軟化」と「企業にとっての柔軟化」の関係

労働時間制度の「個人にとっての柔軟化」は，労働者自身が仕事の進捗に合わせて時間配分を行う場合，「企業にとっての柔軟化」にも貢献する。この意味では，2つの「柔軟化」には重なる部分がある。だが「企業にとっての柔軟化」は，企業が労働力需要の変動を予測し，それに合わせ労働時間の配分を事前に変更しておくもので，労働者による労働時間の自己管理は予定されておらず，この点が「個人にとっての柔軟化」とは基本的に異なる。

また，「個人にとっての柔軟化」は，時間管理に関して労働者に自己決定権を与え，労働時間に関する他律的管理を緩和することで勤労意欲を高めたり，時間管理に関する目的意識を喚起して時間効率をあげたり，生活リズムに調和した労働生活を実現する効果などが意図されている。

「個人にとっての柔軟化」によって後者のような効果が得られると企業が考える背景には，業務の性格から仕事の遂行や時間管理を労働者自身に任せる必要のある裁量性の高い仕事が増加したり，あるいは労働者に時間管理を任せるほうが効率化が図れる仕事が拡大したり，さらには労働者自身も生活リズムや仕事の進捗に調和可能な労働時間のあり方を求めているとの認識がある。

労働時間の「個人にとっての柔軟化」は，労働者の生活や仕事に合わせて労働時間の配分を労働者の自己決定に任せるものである。しかし，労働時間の管理を労働者の自己決定に任せられる程度，言い換えれば労働者に任される時間管理の裁量の幅は，労働時間制度によって異なる。

労働時間管理が制度として柔軟化されても，制度の意図どおりに運用面でも労働時間が柔軟化されるとは限らない。変形労働時間制度では，労働力需要の事前の予測が狂えば「企業にとっての柔軟化」が実現できない。しかし需要予測が正確であれば，制度と実際の運用との乖離は少ない。他方，フレックスタイム制や裁量労働制では，労働者自身が労働時間の自己管理の権利を行使しうる条件が整備されていない場合は，制度と運用との乖離が生じることになる。

当然のことながら権利行使の条件がそろっていなくては，労働者自身が弾力的な労働時間制度を利用することができない。

労働時間の「個人にとっての柔軟化」が機能するためには，「労働時間の柔軟化」に合わせて，①適正な仕事の質・量と納期，②明確な仕事の目標，③進捗管理や遂行手段の選択権付与（裁量度向上），④成果による評価と評価基準の明確化，⑤労働者の自己管理能力の育成などが不可欠となる。

重要性を増す生活と仕事の調和

共働き世帯の増加や男女の役割分業観の変化などを背景に，企業として仕事と生活の両立支援をめざすことが重要になりつつある。従業員が「子育て」や「介護」など生活の中で直面するさまざまな課題について，仕事をしながら安心して取り組めるように，「家庭生活と仕事の両立を可能とするしくみや働き方」を提供することである。企業が競争力を維持するうえでも，社員のワーク・ライフ・バランスの実現を支援することが不可欠な時代となりつつある。ワーク・ライフ・バランス支援は，従業員のためだけに必要なのではなく，それを欠いた企業は，競争力を維持できない時代となってきていることによる。優秀な人材を確保し，その人材がもてる能力を十分に発揮していきいきと働いてもらうためには，ワーク・ライフ・バランス支援という「新しい労働条件」の実現が企業に求められていることによる。

企業で働く従業員の構成や就業観などが大きく変わってきたにもかかわらず，人事のしくみがそれに追いついていない。そのため生活と仕事の軋轢（ワーク・ライフ・コンフリクト）に直面する従業員が少なくない。「本当は，こうした働き方や生活がしたいのにそれができない」といった状況は，身体的・精神的に大きな軋轢を生む。ワーク・ライフ・コンフリクトは，会社での従業員の働きぶりにマイナスの影響を及ぼし，生産性や創造性を低下させ，個人にとっても会社にとっても大きなマイナスとなる。

従業員の就業観やライフスタイルの変化に合わせて，人事管理や働き方のしくみを変えていくことが企業に求められており，ワーク・ライフ・バランス支援は，これからの企業が取り組むべき労働条件整備の最大の課題となっている（佐藤・武石，2010）。

ゼミナール

1. NHK放送文化研究所編『日本人の生活時間・2005――NHK国民生活時間調査』（日本放送出版協会，2006）の調査データを利用し，自営業者と雇用者（勤め人）の生活時間配分の違いを分析してみよう。
2. NHK放送文化研究所世論調査部編『生活時間の国際比較』（大空社，1995）や矢野眞和・連合総合生活開発研究所編『ゆとりの構造――生活時間の6か国比較』（日本労働研究機構，1998）を読み，他の国と比較した日本人の生活時間配分の特徴を分析してみよう。

基本文献案内

矢野眞和編『生活時間の社会学――社会の時間・個人の時間』東京大学出版会，1995年
　●生活時間研究の意義や研究動向を学ぶことができる。さらに，著者らの独自調査に基づき生活時間の構造や変化について分析が行われている。

NHK放送文化研究所編『日本人の生活時間・2005――NHK国民生活時間調査』日本放送出版協会，2006年
　●NHK「国民生活時間調査」の内容を一般読者向けに紹介したもので，集計結果も収録されており，データを利用することができる。

矢野眞和・連合総合生活開発研究所編『ゆとりの構造――生活時間の6か国比較』日本労働研究機構，1998年
　●生活時間の国際比較に関する先行研究を紹介するとともに，筆者らが実施した国際比較調査に基づき生活時間の国際比較が行われている。

NHK放送文化研究所世論調査部編『生活時間の国際比較』大空社，1995年
　●生活時間調査に関する国際比較調査を紹介，分析している。

佐藤博樹・武石恵美子『職場のワーク・ライフ・バランス』日経文庫，2010年
　●ワーク・ライフ・バランスの意味やその実現のための働き方改革のあり方を解説している。

――――――佐藤博樹◆

非典型雇用
——多様化する働き方

第9章

はじめに

本章では，**非典型雇用**を扱う。非典型雇用とは，パートタイム労働者や有期雇用労働者，派遣労働者，請負労働者など，フルタイム勤務で長期的に企業に勤める働き方とは異なるさまざまな働き方を指す。多くの先進諸国と同様，日本においても，パートタイム労働者を中心として，非典型雇用に従事する労働者が増加してきている。そうした現象の背後には，非典型雇用の働き方を積極的に活用しようとする企業の経営者や，そうした働き方を選ぶ労働者の姿がある。それでは，企業の経営者は，どのような目的で非典型雇用を活用しているのだろうか。また，労働者は，どのような理由から非典型雇用者としての働き方を選んでいるのだろうか。本章では，まず，非典型雇用のさまざまな働き方を整理する。そのうえで，経営者や労働者の意図に着目しながら，おもに日本における非典型雇用の実態についてみていくことにしよう。

1 非典型雇用のさまざまな働き方

非典型雇用とは

非典型雇用（atypical employment）という用語は，一般の読者にとって日頃使い慣れた言葉ではないであろう。というのも，この用語は，パートタイム労働者や有期雇用労働者，派遣労働者，請負労働者などのさまざまな働き方を総称するために作られた分析のための概念だからである。これらの働き方を非典型雇用と呼ぶとき，一般に，その反対の典型的な働き方として想定されている

表9-1　典型雇用と非典型雇用の違い

		労働時間	雇用契約期間	勤務場所	指揮命令者
典型雇用 (常用フルタイム労働者)		フルタイム	期間の定めなし	雇用契約を結ぶ企業の職場	雇用契約を結ぶ企業
非典型雇用	パートタイム労働者	パートタイム			
	有期雇用労働者		有期		
	派遣労働者			顧客企業(派遣先)の職場	顧客企業(派遣先)
	請負労働者			顧客企業(請負先)の職場	雇用契約を結ぶ企業(請負元)

(注)　灰色の部分は，必ずしも特定されないことを示す。

のは，勤務先の企業と期間の定めのない雇用契約を結び，フルタイムで勤務する働き方である (Meulders, Plasman and Plasman, 1994)。このような典型的な働き方を典型雇用と呼ぶこともある。

上にあげた非典型雇用の働き方のうち，パートタイム労働者は，労働時間の長さがフルタイム労働者と比べて短い。有期雇用労働者は，1カ月，3カ月，1年などと，雇用される期間に定めのある雇用契約を企業と結ぶ。派遣労働者と請負労働者とは，いずれも勤務先ではなく，派遣元あるいは請負元の企業と雇用契約を結ぶ。なお，両者は，労働者に対する指揮命令の関係に違いがある。派遣労働者の場合は，原則として，派遣先の企業側が労働者に対して指揮命令を行う。これに対して，請負労働者の場合は，請負先ではなく，労働者を雇用する請負元の企業側が労働者に対して指揮命令を行う。これらは，労働時間の長さや，雇用契約の期間，勤務先企業との雇用関係など，それぞれ異なる点において典型的でない働き方といえる（表9-1参照）。このほか，たとえば，勤務先が自宅である在宅勤務者や，特定の発注先からのみ仕事を請け負い，雇用者 (employee) をもたずに営業する自営業者なども，非典型雇用の働き方として論じられることが多い（このような個人請負の働き方については，第12章参照）。

なお，上で示したような非典型雇用のさまざまな類型は，労働時間や雇用契約期間，勤務場所と指揮命令者の関係など，それぞれ異なる側面に着目したものである。そのため，同じ労働者が，同時に異なる非典型雇用の類型に分類されることもある。たとえば，パートタイム労働者の中には，企業と期間の定め

のない雇用契約を結ぶ者もいれば，有期の雇用契約を結ぶ者もいる。このうち後者は，パートタイム労働者であるだけでなく有期雇用労働者でもあるといえる。実際，日本の企業でパート，アルバイトなどの呼称のもとに働く労働者は，勤務時間が短く，企業と有期の雇用契約を結ぶことが多い。また，生産現場で働く請負労働者の多くは，現場管理者などを除き，請負企業と有期の雇用契約を結ぶ有期雇用労働者でもある（佐藤・木村，2002）。議論の中で，これらの労働者がどのような類型の働き方として扱われるかは，働き方のどのような側面に着目するかに応じて異なる。

典型雇用と非典型雇用

ところで，何をもって典型的な働き方とみなすかについては，さまざまな考え方が可能である。そして，それに応じて非典型雇用の範囲も異なってくる。論者によっては，期間の定めのない雇用契約とフルタイム勤務に加え，月曜日から金曜日の朝から夕方までの時間帯（daytime）に勤務することを，典型的な働き方の条件とすることもある。そうした場合には，勤務先と期間の定めのない雇用契約を結びフルタイム勤務であっても，シフト勤務や夜勤，土日勤務などを伴う働き方は，非典型雇用とみなされることになる（Industrial Relations Service, 1995）。

また，論者によっては，フルタイム勤務に加えて，企業と期間の定めのない雇用契約を結ぶかどうかでなく，実際に企業と長期的な雇用関係をもつことを典型的な働き方の条件とみなすこともある。典型的な働き方をこのように定義すると，日本では，たとえば解雇が容易に行われがちな中小企業の正社員は，必ずしも典型的な働き方といえない。他方で，呼称のうえではパートやアルバイトなどと呼ばれていても，実際には長時間の勤務をこなし勤続期間も長い労働者は，必ずしも非典型雇用とみなせなくなる（仁田，2003）。このように，非典型雇用をどのようなものとしてとらえるかは，その反対の典型的な働き方をどのように定義するかにより異なってくる。

典型的な働き方は，それぞれの時代に普及している支配的な働き方がどのようなものであるかに応じて，歴史的に変化するという視点も重要である。たとえば，アメリカにおいて，企業と継続的な雇用関係を結ぶ働き方が支配的な働

き方として普及してきたのは，1920年代以降のことであるとされる（Cappelli, 1999＝2001）。日本においても，期間の定めのない雇用契約が長期継続的な雇用関係を支えるものとして登場してきたのは，第1次世界大戦以後のこととされる（隅谷，1957）。このようなことから判断すると，現在，典型的と考えられている働き方は，比較的新しい働き方であるとさえいえる。また，この後述べるように，パートタイム労働者や有期雇用労働者といった働き方は，先進諸国において概して増加の傾向にあり，いずれの国でも少なくない比重を占めるに至っている。こうした働き方をはたして非典型的な働き方とみなしつづけてよいかについては，議論の余地があろう。

とはいえ，本章では，現在における一般的な用語の定義に従い，勤務先の企業と期間の定めのない雇用契約を結び，フルタイムで勤務する働き方を典型的な働き方とみなし，それ以外の働き方を非典型雇用としてとらえることにしよう。また，日本における非典型雇用について論じる場合は，勤務時間が短いことや，企業と有期の雇用契約を結ぶことの多いパートやアルバイト，契約社員などの非正社員についても，慣例に従い非典型雇用として扱うことにしたい。

先進諸国における非典型雇用の拡大

非典型雇用は，日本を含む先進諸国において拡大しつつある働き方とされる（Meulders, Plasman and Plasman, 1994；鈴木，1998）。そうした事実を把握するため，ここでは，非典型雇用の中でもとくに労働者の規模の大きいパートタイム労働者について，近年における各国の労働者数の変化をみることにしよう。

とはいえ，各国における非典型雇用の労働者の数をひとしく把握することは，必ずしも容易ではない。その理由としては，国により非典型雇用をとらえる統計上の定義が異なることがあげられる。パートタイム労働者についても，それはあてはまる。たとえば，日本の「労働力調査」で採用されている，週の就労時間が35時間未満という基準を使うと，労働時間の短縮の進むヨーロッパ諸国では，通常，フルタイム労働者とみなされている労働者の多くが，パートタイム労働者に分類されてしまう。フルタイム労働者とパートタイム労働者とを分ける基準となる労働時間の長さは，各国における雇用者全体の労働時間の分布を反映しているといえる。そうした中，パートタイム労働者について国際比

表 9-2　就業者に占めるパートタイム労働者の比率

(％)

	1995年	2000年	2005年	2010年
日本	―	16.3	18.3	20.3
アメリカ	14.0	12.6	12.8	13.5
イギリス	22.3	23.0	23.0	24.6
フランス	14.2	14.2	13.2	13.6
ドイツ	14.2	17.6	21.5	21.7
イタリア	10.5	12.2	14.6	16.3
オランダ	29.4	32.1	35.6	37.1

(注)　日本の2000年値は総務省「平成12年労働力調査年報（基本集計）」より算出。
(出所)　OECD database（http://stats.oecd.org/）"Labour Force Statistics" 2011年11月現在。

較するうえでは，週30時間未満を統一的な基準としようとする動きもみられる（OECD, 1997a）。

　表9-2は，そうした定義に基づき，おもな先進諸国について，雇用者に占めるパートタイム労働者の比率の変化を示したものである。表9-2からは，パートタイム労働者の比率が上昇してきている国が少なくないことがわかる。このほか，有期雇用契約者の比率についても，日本やヨーロッパの多くの国で上昇の傾向にあるとされる（鈴木, 1998；小倉, 2002）。このような非典型雇用の普及を背景に，先進諸国では，非典型雇用のさまざまな働き方に社会的な関心が集められている。

2　企業の視点からみた非典型雇用

日本企業における非典型雇用

　日本企業の職場に目を向けると，そこには非典型雇用のさまざまな働き方がみられる。たとえば，スーパーマーケットやコンビニエンス・ストア，百貨店などの小売業や，ファストフード店やファミリー・レストランなどの飲食業の職場では，契約社員やパート，アルバイトなどの呼称で数多くの労働者が働く。日本企業の多くは，これらの労働者を非正社員として位置づけ，正社員と区別した人事管理を行っている。その際，非正社員は，正社員と比べて必ずしも長

期の勤続が期待されず，企業とは有期の雇用契約を結ぶことが多い。また，正社員には，原則としてフルタイム勤務が求められるのに対して，とくにパートやアルバイトなどと呼称される労働者については，1日の労働時間や週の勤務日数が，正社員よりも短く設定される傾向にある。そのため，これら非正社員として働く労働者は，非典型雇用として扱われることが多い。

このほか，日本企業の職場では，自社と雇用関係をもたない非典型雇用の活用も進んでいる。たとえば，事務系の職場では，派遣労働者が広く利用されている。また，百貨店では，正社員や契約社員，パートなどの自社の雇用者のほかに，アパレル・メーカーや問屋などの商品の納入業者が雇用する派遣店員が数多く働く。このほか，金融保険業で保険契約の募集などを行う保険外交員も，法律上は，雇用契約ではなく，委任や請負といった契約を企業と結ぶことが多い。

そして，製造業の現場では，組み立てや包装・梱包，検査などの工程に，請負労働者が数多く働いている。こうした製造現場の請負労働者は，かつては社外工と呼ばれ，主として鉄鋼業や造船業でさかんに活用されていた。しかし現在では，電機や自動車，食品などさまざまな業種の製造現場で，臨時工，季節工やパート，アルバイトなどの雇用者に代わり，広く活用されるようになってきている（糸園，1978；鎌田編，2001；佐藤・佐野・堀田編，2010）。

企業が非典型雇用を利用する理由

それでは，なぜ，企業はこれら非典型雇用を活用しているのだろうか。企業が非典型雇用を活用する目的をめぐっては，研究者の間でさまざまな議論がなされている。代表的なものとしては，企業は**数量的フレキシビリティ**（numerical flexibility）を求めて非典型雇用を活用しているという議論があげられる（Atkinson, 1985）。ここでいう数量的フレキシビリティとは，労働需要の変化に合わせて要員数を迅速かつ容易に調整することを指す。たとえば，パートタイム労働者の勤務時間を業務の集中する時間帯に合わせて設定したり，業務量がある期間だけ有期雇用労働者や派遣労働者，請負労働者などを利用したりすれば，業務量に必要十分なだけ労働力を利用することができる。その結果，企業は余分な人件費を支払わずにすむ。それゆえに，企業は，非典型雇用を活用し

表9-3 非典型雇用を活用する理由 (複数回答)

	短時間のパート	派遣労働者
第1位	賃金の節約のため (47.2%)	即戦力・能力のある人材を確保するため (30.6%)
第2位	1日, 週の中の仕事の繁閑に対応するため (41.2%)	専門的業務に対応するため (27.0%)
第3位	賃金以外の労務コストの節約のため (30.8%)	景気変動に応じて雇用量を調整するため (24.7%)
第4位	長い営業 (操業) 時間に対応するため (23.8%)	正社員を確保できないため (20.6%)
第5位	景気変動に応じて雇用量を調節するため (23.2%)	賃金の節約のため (18.7%)

(出所) 厚生労働省, 2011c。

ているのだとされる。論者によっては, 非典型雇用のさまざまな働き方をこうした議論と関係づけて, **フレキシブルな労働力** (flexible workforce, flexible labour) と呼ぶこともある (Hakim, 1987 ; Casey, Metcalf and Millward, 1997)。

　こうした議論は, 日本の企業について, どの程度あてはまるであろうか。この点に関して, 表9-3は, パートタイム労働者と派遣労働者について, それぞれを活用する事業所に, そのおもな理由を聞いた結果である。これをみると, パートタイム労働者については, 「1日, 週の中の仕事の繁閑に対応するため」や「長い営業 (操業) 時間に対応するため」「景気変動に応じて雇用量を調整するため」といった理由, 派遣労働者については, 「景気変動に応じて雇用量を調整するため」という理由が上位にあげられている。こうした結果は, 企業が変化する労働需要に合わせて要員数を迅速かつ容易に調節するため非典型雇用を活用しているとする上記の議論を支持しているといえよう。

　とはいえ, 企業がパートタイム労働者や派遣労働者を利用する目的は, 以上のような理由だけに限らない。いずれの働き方も「賃金の節約のため」という理由をあげる事業所の割合が高い。日本において, パートタイム労働者の賃金や派遣労働者を利用する際の料金は, 正社員の賃金と比べ低い傾向にある。それを利用して要員当たりの人件費を低く抑えることは, 日本企業がこれらの働き方を利用する重要な目的となっていることが読みとれる。このほか, 派遣労働者については, 即戦力となる人材や専門的知識をもつ人材を使うことも, お

もな目的とされている。企業が非典型雇用を活用する目的はさまざまであり，パートタイム労働者や派遣労働者など，働き方の別によってもその目的は異なるといえる。

非典型雇用の活用のための人事制度

いずれの理由で非典型雇用の労働者を活用するにせよ，労働者に仕事への意欲をもたせることは，企業にとって重要な課題となる。とくに，仕事の運営において非典型雇用への依存度が大きい場合には，その重要性は高い。そこで，企業は，雇用関係のある非典型雇用の労働者について，賃金制度や評価制度などの人事制度を工夫し，仕事への意欲を高めようとしている。

日本企業でとくにそうした人事制度の整備が進む先進的な業種としては，スーパーマーケットやコンビニエンス・ストア，ファストフード店，ファミリー・レストランなどがあげられる。これらの業種では，パートやアルバイトなどの非正社員が数多く雇用され，幅広い仕事を担っている。そうした仕事の中には，マニュアル化された定型的な仕事だけでなく，責任や高度な判断を伴う仕事も含まれる。たとえば，スーパーマーケットでは，レジ業務や生鮮品・惣菜の加工作業だけでなく，定番商品の発注や対面販売，部下の管理などを含む幅広い仕事にパートやアルバイトなどの非正社員を活用することが少なくない（本田，1993a）。また，ファストフード店などでは，店長のみに正社員を配置し，店長補佐としての仕事やその他の店内におけるさまざまな仕事をパートやアルバイトなどの非正社員に運営させる例もみられる。

このような企業では，高度なものを含む幅広い仕事に非正社員を活用するため，非正社員の定着を促したり，彼らの仕事や技能向上への意欲を高めたりするような人事制度の導入を進めている。そのような制度としては，①技能の伸びを評価する評価制度や，②評価に応じて賃金を上げるような賃金制度，③労働者が勤務する時間帯や曜日，労働時間を選べるような労働時間のしくみ，④正社員への登用制度などがあげられる（青山，1990；本田，1998；佐藤，2000；佐野，2011）。企業は，このような人事制度上の工夫を通じて，仕事の質や能率を保ちつつ，さまざまな仕事を幅広く非正社員に担わせようとしている。

しかし，パートやアルバイトなどとして勤務する者の中には，家庭や学校な

表9-4 「正社員」と「非正社員」のキャリア形成の違い

(%)

	正社員	非正社員
仕事の範囲	非限定 (63.3%)	契約により限定 (62.2%)
昇進の上限	第2次考課者以上 (54.8%)	管理的ポジションにつかず (78.9%)
技能育成方針（複数回答） （第1位①と第2位②）	①長期的な視点から計画的に幅広い技能を習得させる (53.0%) ②長期的な視点から計画的に特定の技能を習得させる (43.2%)	①定型業務をこなせる程度に技能を習得させる (38.6%) ②業務の必要に応じてそのつど技能を習得させる (30.6%)

（出所）　連合総合生活開発研究所，2003。

ど，仕事以外の生活領域に中心的な関心が置かれていたりする者も少なくない。それゆえ，彼らは，現在の仕事に限定的なかかわり方をしようとしたり，必ずしも長期の勤続を望まなかったりすることも多い。また，勤務時間が短い場合には，たとえば部下の監督や評価を行う管理的な仕事を任せることが困難な場合もある。そのため，仕事によっては，人事制度の工夫を通じて非正社員の活用を図るよりも，正社員に任せるほうが適切となる。そこで，企業は，正社員と非正社員の仕事に一定の区別を設け，仕事への高いコミットメントが必要であったり，技能習得のため企業内で長期のキャリア形成が必要であったりする仕事については，非正社員の活用を控え，正社員の活用を図ろうとしている（佐野，2002a）。

　表9-4は，この点に関して，企業の人事担当者を対象に，自社にある雇用区分ごとの仕事の範囲や昇進の上限，技能育成の方針を聞いた結果である。表9-4には，それぞれもっとも回答が多かった選択肢とその選択肢が選ばれた雇用区分の割合を示してある。これによると，「正社員」と位置づける区分の労働者に対しては，仕事の範囲をあらかじめ限定せず，管理職層への昇進の機会を設け，長期的で計画的な技能育成の方針がとられている。これに対して，「非正社員」の区分の労働者に対しては，仕事の範囲を契約により限定し，管理的ポジションには配置せず，定型業務をこなせる程度に技能を習得させたり，業務の必要に応じてそのつど技能を習得させたりしている。日本企業は，典型雇用に相当する正社員と，非典型雇用に分類される非正社員との間に，仕事やキャリア形成のあり方に関する区別を設けていることがわかる（佐藤・佐野・

原，2003；佐野，2009）。

3 働く側の視点からみた非典型雇用

非典型雇用の働き方を選ぶ理由

　視点を変えて，今度は，非典型雇用に従事する労働者の側からみてみよう。人々は，どうして非典型雇用の働き方を選んでいるのだろうか。この点に関しては，大きく分けて2つの対立する見方がある。1つは，非典型雇用を否定的にとらえる見方で，人々は，典型雇用の雇用機会を得られなかったために，やむなく非典型雇用の働き方を選んでいるというものである。もう1つは，非典型雇用に肯定的な見方で，人々は，仕事と家庭生活や余暇，学業などとの両立を図るための柔軟な働き方として，積極的に非典型雇用の働き方を選んでいるというものである。

　非典型雇用の働き方は，①常用フルタイムの典型的な働き方と比べて雇用の安定性に欠けることや，②賃金水準が低いことが多い。他方で，③働く時間帯や場所，仕事内容などについて労働者が選べる余地が大きい場合が少なくない。上にあげた否定的な見方は，このような2つの側面のうち，前者①②の労働条件の低さに関する側面を，肯定的な見方は，後者③の**柔軟な働き方**としての側面をそれぞれ強調したものといえる（Hakim, 1996；佐藤, 1998）。

　それでは，日本の非典型雇用の働き方についてみた場合，以上のいずれの見方がより適切といえるだろうか。これを検討するため，表 9-5 は，パートタイム労働者と派遣労働者に，現在の働き方を選んだ理由をたずねた結果である。まず，パートタイム労働者についてみると，「自分の都合のよい時間に働けるから」や「家庭の事情（家事・育児・介護等）や他の活動（趣味・学習等）と両立しやすいから」「通勤時間が短いから」など，柔軟な働き方としての利点を理由としてあげる者が多い。パートタイム労働者の多くは，働く時間帯や場所を選べる柔軟な働き方としての利点を重視して，積極的に現在の働き方を選んでいるといえそうである。

　一方，派遣労働者では，「正社員として働ける会社がなかったから」という理由をあげる者がもっとも多く4割を占めている。典型雇用の雇用機会を得ら

表 9-5　現在の就業形態を選択した理由（複数回答）

	パートタイム労働者	派遣労働者
第1位	自分の都合のよい時間に働けるから (50.2%)	正社員として働ける会社がなかったから (44.9%)
第2位	家計の補助、学費を得たいから (39.6%)	専門的な資格・技能を活かせるから (21.1%)
第3位	家庭の事情や他の活動と両立しやすいから (30.9%)	自分の都合のよい時間に働けるから (20.6%)
第4位	通勤時間が短いから (29.7%)	家計の補助、学費を得たいから (17.7%)
第5位	自分で自由に使えるお金を得たいから (24.7%)	より収入の多い仕事に従事したいから (17.2%)

（出所）厚生労働省，2011c。

れなかったために，やむなく現在の働き方を選んでいるという者が少なくないといえる。とはいえ，他方で，「専門的な資格・技能が活かせるから」や「自分の都合のよい時間に働けるから」といった理由をあげる者もそれぞれ2割程度を占める。働く日や時間帯，仕事内容などについて選択可能な柔軟な働き方として，積極的に派遣労働者としての働き方を選んでいる者も少なくないといえる。

　人々が，働き方のどういった側面を重視するかは一様ではない。雇用の安定性や賃金水準を重視する人もいれば，家庭生活など仕事以外の生活との両立のしやすさを優先する人もいる。そして，人々が働くことに何を期待するかにより，客観的にみて同じ条件の働き方であってもその評価は異なってくる。以上の結果からみるかぎり，とりわけパートタイム労働者については，雇用の安定性や賃金水準などの労働条件よりも，家庭生活など仕事以外の生活との両立のしやすさを優先して，積極的に現在の働き方を選んでいる者が多いと考えられる。

　ところで，パートタイム労働者が仕事に関してこうした期待を抱くのは，彼らが仕事以外の生活領域で担っている役割のあり方を反映している。このことを端的に示す例としては，既婚女性によるパートタイム労働者としての就労があげられる。先進諸国の多くで，パートタイム労働は，既婚女性のおもな働き方の1つとなっている（先進諸国における女性のパートタイム労働者としての就業

については第4章を参照のこと）。日本においても，パートタイム労働者の約7割を女性が占め，その多くを既婚女性が占める（総務省統計局，2011）。この背景として，既婚女性の多くが家庭における家事や育児のおもな担い手となっていることがあげられる。既婚女性にとり，パートタイム労働は，家庭生活で期待される育児や家事の役割と両立させやすい働き方として，就業のための重要な選択肢になっているといえる。

若年期における非典型雇用：学生アルバイトとフリーター

既婚女性と並ぶ非典型雇用のおもな担い手としては，若年層があげられる。日本の場合，34歳までの若年層は，女性では，契約社員の約4割，パートタイム労働者の2割弱，派遣労働者の約5割を占める。男性では，契約社員の約3割，パートタイム労働者の約4割，派遣労働者の5割弱を占めている（厚生労働省，2007）。

非典型雇用に従事する若年者のおもな類型としては，学生アルバイトやフリーターがある。このうち学生アルバイトは，文字どおり，大学生や高校生，専門学校生などとして学業を行いながら，平日の夕方以降の時間帯や，土日，夏季や冬季，春季の長期休暇などを利用してパートタイム労働などに従事する者を指す。とくに，平日の夕方以降や土日などの時間帯は，主婦層のパートタイム労働者が勤務しにくい時間帯であるため，学生アルバイトが主要な労働力となっている場合も多い。学生の中でもとくに大学生は，授業時間の制約などが少ないことなどから，学生アルバイトに占める比重が高い。大学生の学生アルバイトは，現在では，塾講師や家庭教師などの教育関連の仕事だけでなく，小売業や飲食業，サービス業などの業種を中心としてさまざまな仕事に従事している。大学生アルバイトが，こうしたさまざまな職種に進出する背景としては，大学進学率の上昇に伴い大学生の人数が増加したことがあげられる（東京都立労働研究所編，1988；佐藤，1988）。

フリーターは，学校を卒業したあとも正社員などの定職に就かず，パートやアルバイトなどの非正社員として働く若年者を指す。このような若年者は1990年代以降大きく増加した。とくに高卒者では，卒業後に進学しない者の中で非正社員として働きはじめる者が増えている。そうした傾向は大都市圏で

とくに顕著である。もちろん、非正社員として働きはじめても、数年のうちに正社員として働くようになる者も多い。とくに大卒者や男性でその傾向が強い。しかし、他方で、非正社員のまま長期にわたり働きつづけるケースも少なくない。フリーター増加の理由としては、長期的な不況下で企業が正社員の採用を控えるなか、あらたに働きはじめる若年者にとり、正社員としての雇用機会が減少したことがあげられる。また、若年者の中に必ずしも正社員として雇用されることにこだわらない者が増えてきていることも理由として指摘されている（小杉、2010）。

ところで、若年期は、人々にとり、職業を選択したり、仕事に必要な技能を習得しはじめたりする重要な時期にあたる。こうした視点からみると、学生アルバイトは、学校卒業後、本格的に職業生活に入る前に、仕事に関する自分の適性を判断したり、仕事に必要な初歩的な技能を身につけたりするうえで一定の役割を果たしていると考えられる。とはいえ、学生アルバイトが従事する非正社員の仕事の多くは、正社員の仕事と比べて定型的で高い技能を必要としない仕事である。そのため、学生アルバイトが非正社員として経験できる仕事や習得できる技能の範囲には限界があるのも事実であろう。この点は、フリーターについても同様である。また、すでにみたように、非正社員としての働き方は、企業内でのキャリア形成の余地に乏しい。それゆえ、フリーターの増加に伴い、若年者の技能習得やキャリア形成が阻害されかねない点が問題とされている（フリーターの増加や位置づけについて、より詳しくは第7章を参照されたい）。

4 非典型雇用をめぐるさまざまな当事者

以上では、主として、非典型雇用の労働者を雇用する企業の経営者や、非典型雇用に従事する労働者の視点に立ちながら、非典型雇用の実態についてみてきた。しかし、非典型雇用のあり方に影響を与えるのは、企業の経営者や非典型雇用の労働者に限らない。

労働組合も、非典型雇用の実態に影響を与えることがある。非正社員が多く働く流通業やサービス業を中心として、彼らを組合員化し、その利害を代表しようとする労働組合が増加しつつある（本田、2007；中村、2009；呉、2011）。

しかし，現在のところ，日本における労働組合のおもな形態である企業別労働組合の多くは，正社員のみを組合員としており，パートやアルバイトなどの非正社員は組合員でないことが多いことも事実である（非正社員の増加に伴う労働組合の課題については，第11章を参照されたい）。労働組合の多くは，主として正社員の利害を代表しているといえる。それでも，企業別労働組合の中で，非正社員の賃金や福利厚生，年次有給休暇などについて経営に発言するケースは少なくない。このほか，組合員である正社員の雇用機会を守るため，非典型雇用の仕事の範囲や要員数などについて発言を行うこともある（佐藤，2001b；佐野，2002b）。

政府も，労働者保護の観点から，立法を通じて非典型雇用のあり方に影響を与えている。非典型雇用の労働者であっても，労働基準法上の労働者である限りは，労働基準法や労働契約法のほか，最低賃金法や男女雇用機会均等法，労働安全衛生法など各種の労働保護法のもとに置かれる。この点は，典型雇用の労働者と同じである。たとえば，パートタイム労働者についても，労働基準法が定める年次有給休暇が，所定労働日数に応じて与えられる。有期雇用労働者に関する事項としては，これまで，労働基準法により1年を超える期間の有期雇用は原則として認められてこなかった。こうした雇用期間の上限は，労働基準法の一部改定に伴い2004年より3年に延長されている。また，派遣労働者については，労働者派遣事業を規制する労働者派遣法により，労働者派遣事業が認められない職種や，派遣期間に限定のある職種などが定められている（菅野，2010）。非典型雇用を活用しようとする企業の選択は，こうした労働者保護のための法的規制を前提として行われている。

このように，非典型雇用の実態は，非典型雇用の労働者を雇用する企業の経営者や，非典型雇用に従事する労働者のほか，労働組合や政府など，さまざまな当事者の行為を通じてかたちづくられている。それでは，企業の経営者はどうして非典型雇用を活用しようとするのだろうか。また，人々はなぜ非典型雇用の働き方を選ぶのだろうか。労働組合は，どのような考えから非典型雇用の労働条件について発言するのだろうか。本章でごく簡単に試みたように，こうした問いへの答えを探すことで，当事者の行為やその背後にある意図を明らかにすることは，非典型雇用の実態をとらえる重要な視点である。

ゼミナール

1. 正社員と非典型雇用のさまざまな働き方とを比較して，雇用する側と働く側の双方の視点から，それぞれの働き方のメリットとデメリットを考察してみよう。

2. アルバイトの経験がある人は，勤務先の職場を思い描いて，アルバイトが担当する仕事と正社員の仕事の違いを比べてみよう。両者に違いがある場合には，その理由についても検討しよう。

3. 働く日数や時間が短いパートタイム労働者が職場の責任者になった場合に，どのようなメリットやデメリットがあるか，経営者の視点や部下の立場に立って検討してみよう。

4. 「就業形態の多様化に関する総合実態調査」(厚生労働省のホームページ http://www.mhlw.go.jp/index.html から検索できる) などの既存の統計データを利用して，非典型雇用の労働者が現在の働き方を選ぶ理由について調べよう。そうした理由が，働き方や職種，労働者の性別や年齢によりどう異なるか，また，どうして異なるかについても検討しよう。

基本文献案内

大沢真知子，スーザン・ハウスマン編『働き方の未来――非典型労働の日米欧比較』日本労働研究機構，2003年
　●非典型雇用のさまざまな働き方について，日本や欧米諸国での実態の紹介や国際比較が試みられている。各国の非典型雇用に対する法規制を比較した論文も収められている。非典型雇用の実態や法規制のあり方について，国ごとの多様性や共通点を知るうえで参考になる。

佐藤博樹・鎌田彰仁編『店長の仕事――競争力を生みだす人材活用』中央経済社，2000年
　●「店長の仕事」という題名であるが，小売店や飲食店などの店長の重要な仕事である非正社員の人事管理についても，アンケート調査のデータを使った分析が行われている。非正社員の活用が進む現場での実態や課題について知るのに役立つ。

久本憲夫『正社員ルネサンス――多様な雇用から多様な正社員へ』中公新書，2003年
　●正社員の働き方と非正社員の働き方とを比較し，正社員の働き方の優位性を主張している。正社員と非正社員それぞれのメリットやデメリットを各自が検討

するうえで参考となるだろう。新書版のため入手しやすい。

佐藤博樹・佐野嘉秀・堀田聰子編『実証研究 日本の人材ビジネス──新しい人事マネジメントと働き方』日本経済新聞出版社，2010年

●日本における派遣労働者や請負労働者の仕事やキャリア，人事管理，活用の実態と課題について，アンケート調査やインタビュー調査に基づいて多角的な分析が行われている。社会学的な実証研究の方法の実例を知るうえでも役立つだろう。

──────佐野嘉秀◆

仕事からの引退過程
―― 高齢期のライフスタイル

第10章

はじめに

　労働者が仕事から引退していく過程はどのようなもので，どのような多様性があるのか。雇用労働者の引退過程に焦点を当てた内外の代表的な調査研究をサーベイ・紹介しつつ，その多様な姿と今後を展望するのが本章のねらいである。労働者の展開する職業キャリアに沿ってみれば，引退過程は職業キャリアの終盤に位置する。仕事からの引退過程に多様性を生み出す要因（勤務先属性や雇用管理施策，歩んできた職業キャリア，性・学歴・年齢などの本人属性や健康状態，地域・家族生活のあり方など）を整理し，引退過程と引退後の新たなライフスタイル形成過程がうまく接合しうるための課題を，海外の高齢者雇用政策の動向をも視野に入れて検討してみよう。

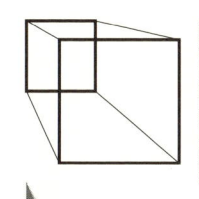

1　高齢化と仕事からの引退

仕事からの引退とは

　ここでいう仕事から引退した者とは，就業経験のあった者が何らかの理由で就業をやめて，**非労働力人口**になった状態を指すものとする。総務省「労働力調査」の分類によると，非労働力人口とは，15歳以上の者のうち，労働力人口から①就業者，②休業者，③完全失業者を除いた者を指す。①はさらに，㋑自営業主，㋺家族従業員，㋩雇用者からなり，㋩はさらに常用雇用，臨時雇用，日雇いに分かれる。②は仕事を休んでいる者，③は仕事を探している者である。したがって，ここでいう引退した者とは，一時的に仕事を休んでい

る者や，今は仕事をしていないが仕事を探している者とは区別される。非労働力人口には若い専業主婦も含まれるが，本章での主たる考察対象は，男女を問わず定年などにより会社を退職した雇用者，つまり高齢労働者である。国連の定義では65歳以上の老年人口が高齢者，厚生労働省の定義では55歳以上が高齢労働者とされる。ちなみに人口を年少人口（0〜14歳），生産年齢人口（15〜64歳），老年人口（65歳以上）に3区分する見方だと，引退は生産年齢人口から老年人口への移行とみなせる。

引退過程の意義

仕事からの引退過程の典型イメージは，企業などで働いていた雇用労働者が，定年などを理由に会社を退職し，仕事から完全に離れた生活を送るまでの過程である。ここで引退ではなく引退過程が重要なのは，仕事からの引退がそのまま人生の終わりを意味しないという点とかかわっている。高齢化が進んだ今日，人生80年時代などという。80歳までバリバリ仕事をする人もいるが，そういう人がすべてではない。多くの人は60歳から70歳くらいにかけて，仕事から引退することが統計的に知られている。そうすると，仮に60歳で引退した人の場合，平均寿命（約80年）を考えると，およそ20年間は仕事から引退した生活を送ることになる。平均寿命が延びつつある今日，この「新たな生活」をどうすごすかはとても大切である。そう考えると，仕事からの引退の過程は，引退する前の生活とは異なる新たな生活（＝引退後の生活）を作り出す過程でもあるから，仕事から引退しつつ新たな生活を創造するという両面の過程ととらえることができる。引退そのものではなく，時間の幅をもった引退過程に着目するゆえんである。

日本が**高齢化社会**（aging society 高齢者人口割合つまり**高齢化率**が7％を超えた社会）になったのは1970年である。そのおよそ25年後には高齢化率は14％になり，他国に比べてきわめて速いスピードで**高齢社会**（aged society 高齢化率が14％以上の社会）に到達した（ちなみにフランスでは1864年から115年かかった）。仕事の比重の大きかった生活から引退後の生活へとソフトランディングができるかどうかは，今後さらなる高齢化が予想されるわが国にとってきわめて重要な課題となるに違いない。

高齢者の就業・不就業の現状と特徴

わが国の高齢者の就業と不就業をめぐる現状と特徴をみておこう（図10-1）。

第1に，加齢に伴って就業する者が徐々に減少し，不就業者が増えていく傾向にある。つまり加齢に伴い就業率は低下する。

第2に，年齢層が高まるにつれて，就業形態も変化し，50代後半層では雇用者で普通勤務者が多いが，60代以降の年齢層では，短時間勤務者や自営業主の割合が増えていく。

第3に，女性は男性よりも不就業者が多く，働き方も短時間勤務者や家族従業者の割合が男性よりも多い。

第4に，高齢者の就労分野も均一ではなく，業種的には，サービス業，公務，製造業，農林漁業（さらに男性では建設業）に多く就労し，職種的には，技能工・生産工程および作業・労務作業関係に従事する割合が多い（労働省，1996）。

第5に，勤務先の従業員規模にも差異がみられ，高齢者は小さな企業により多く勤務している（労働省，1996）。

このように，高齢期を迎えた労働者の就業率は，年齢，性別，就労分野などによって大きく異なる。

高齢期の退職行動

高齢労働者の退職行動はどのようなものかについてみると，以下のようなパターンに区別することができる。

第1に，労働者の退職行動を規定するものに**定年制**があり，定年制により退職する者つまり定年退職者はもちろん存在している。

第2に，定年退職者のほかにも，定年到達前に退職する者，つまり定年前退職者が少なからず存在し，その中には後にふれる**早期退職優遇制度**で退職する者がいる。

第3に，**勤務延長**後に退職する者（定年年齢に到達した後も退職することなく，引き続いて雇用される者）や**再雇用**後に退職する者（定年年齢に到達していったん退職した後，ふたたび雇用される者）など定年後に退職する者もいる。

第4に，定年制のない企業もあり（多くは30人未満の中小企業），その場合は自発的退職の形をとる場合が多い。

図10-1 性, 年齢階級別高年齢者の就業, 不就業状況

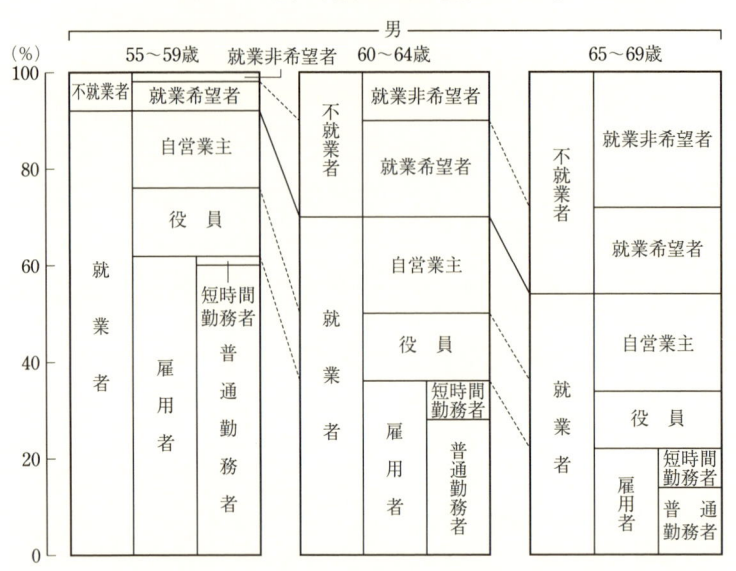

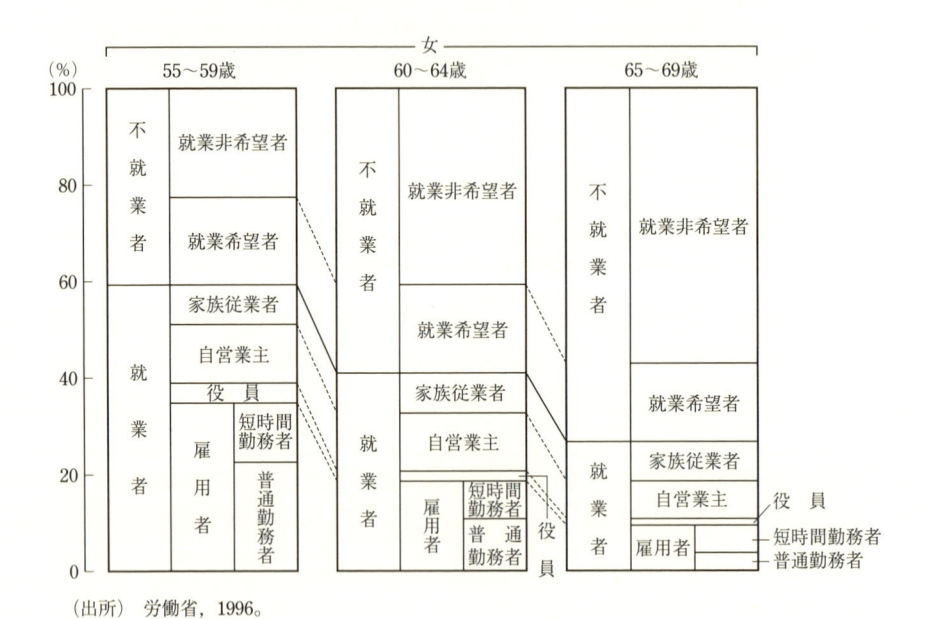

― 男 ―

55～59歳 / 60～64歳 / 65～69歳

― 女 ―

55～59歳 / 60～64歳 / 65～69歳

区分: 不就業者（就業非希望者・就業希望者）, 就業者（自営業主, 役員, 家族従業者, 雇用者〔短時間勤務者・普通勤務者〕）

(出所) 労働省, 1996。

このように引退まぎわの労働者が退職するにはいくつかのパターンがあるが、長引く不況などを背景に、近年では定年前の退職者も増加する傾向にある。

退職にかかわる企業の雇用管理施策

労働者の退職にかかわる雇用管理施策とその普及状況を、企業側からみておこう（以下図10-2参照）。

退職には、労働者が自発的に退職する**自己都合退職**と、会社の決定によって労働者を退職させる**会社都合退職**がある。会社都合退職は、雇用調整策としての**解雇**と一定年齢到達時に一律に労働者を退職させる定年退職に分けられる。定年年齢はかつては55歳であったが、高齢化や高齢者雇用政策の展開により現在では60歳に延長された（高年齢者雇用安定法では、定年制を定める場合は60歳を下回ってはいけないことになっている）。

「定年制」は引退にかかわるもっとも代表的な雇用管理施策であり、定年制を定めていない企業は1割に満たない（厚生労働省「雇用管理調査」2004年では8.5％）。定年制には定年年齢到達をもって労働者を解雇する機能と、定年年齢までは雇用を保障するという2つの機能がある。今日、年齢に関係なく働けるしくみを整備する観点から定年制を廃止すべきだという意見もあるが、定年制の普及度はきわめて高い。

定年前の退職管理施策

定年制はたしかに退職にかかわる中心的施策であるが、定年前の退職管理施策を取り入れる企業も増えつつある。**転籍出向**は高齢期に特有のものではないが、中高年期から高齢期の労働者を対象にする企業が多い。出向は、出向元企業が出向者を雇用関係を継続したまま子会社や関連会社など（出向先）に送り出す制度、また転籍は雇用関係を転籍先に移す制度であり、転籍を前提にした転籍出向は、1980年代以降大企業を中心に普及してきた。出向や転籍は退職管理に直接かかわるものではないが、出向は、労働者の勤務先が変わるだけでなく転籍を前提に運用されるケースが多いという意味で、また転籍は文字どおり企業からみると退職にあたるので、いずれも退職管理の1つに数えることができる。なお出向や転籍の対象者も出向・転籍先企業で定年を迎える場合が多

図10-2　退職にかかわる企業の雇用管理施策

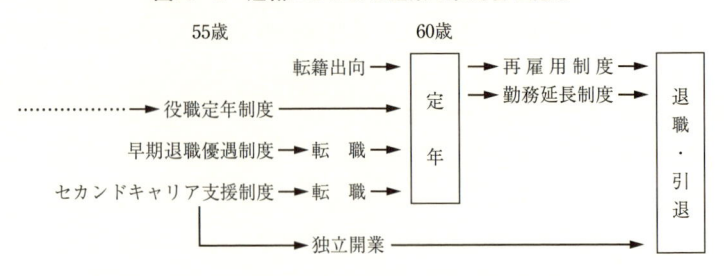

```
              55歳              60歳
                    転籍出向 →  ┌──┐ → 再雇用制度 ┐
   ┄┄┄┄┄→ 役職定年制度 →    │定│ → 勤務延長制度 │  退
                                │  │              │  職
              早期退職優遇制度 → 転職 →│年│              │  ・
                                │  │              │  引
              セカンドキャリア支援制度 → 転職 │  │              │  退
                       └──┘              │
                         └→ 独立開業 ──────────────┘
```

く，やがては退職もしくは引退する。

　転籍出向のほかに定年前の退職管理にかかわる施策としては，**早期退職優遇制度，転職支援斡旋制度，独立開業支援制度**（企業によってはこれらのプログラムを総称し**セカンドキャリア支援制度**と呼ぶところもある）などをあげることができる。早期退職優遇制度とは，定年前の退職を促すために，おもに中高年者を対象にして退職金を上乗せ支給して優遇するしくみであり，転職を支援する転職援助斡旋制度や独立開業を支援する独立開業支援制度と並んで近年増加している。

定年後の退職管理施策

　一方，企業と労働者の就労ニーズに対応し，できるだけ長く働いてもらうために勤務延長や再雇用など定年後の退職管理施策を取り入れている企業もある。勤務延長のみを導入する企業，再雇用制度のみを導入する企業，両制度を併用する企業などさまざまな運用形態があるが，勤務延長も再雇用も①一定の雇用期間を定め，②勤務形態は定年前と同じというケースが多い。なお③処遇については，勤務延長では「変わらない」が多いが再雇用では変わるケースが多く，④仕事は「変わらない」が多いが，⑤賃金についてはともに「下がる」企業が多くなる。

　このように，労働者が退職し引退に至るまでには，さまざまな雇用管理制度が用意されており，長引く不況を背景に，大企業では定年前の退職を促すしくみを取り入れつつあるのが現状である。

2 定年制とライフスタイルの変化

定年前後のライフスタイルの変化

　前節でみたように，多くの労働者にとって仕事からの引退を決める直接的な要因は定年制であるが，しかしこのことは定年を迎えたすべての労働者が一斉に仕事から引退し，均一な年金生活を送ることと同義ではない。むしろ，定年到達者のその後の生活のあり方には多様性があるとみるべきなのである。ここでは，定年などを境にした労働者の生活の変化について検討してみよう（図10-3）。

　高齢期を迎えた労働者が定年を境にして経験する大きな変化は，定年前の就労を中心とした生活の比重を低下させる一方で，しだいに家庭生活や地域生活の比重を増加させていくという点にある。

　生活の比重低下（増加）を，生活時間の配分と個々の労働者が織りなす人間・社会関係の濃淡といった2つの面からとらえるならば，定年後の生活は（定年前の生活と比べて）労働時間が短く，職場での人間・社会関係が薄くなったライフスタイルの性格を帯びるようになる。人間・社会関係は，職場を中心とした**職縁**（社縁），家族や親族を中心とした**血縁**（親族縁），地域を中心とした**地縁**に分けることができる。定年前後の生活変化は，**職縁（社縁）中心の生活から血縁・親族縁，地縁中心の生活への移行の過程**であるが，それは一挙に移行するのではなく，段階的移行とみるべきであろう。

就労／非就労の規定要因

　高齢期を迎えた労働者が働き盛りの状態から完全引退の状態に至るまでには，いくつかの状態（ステータス）があることが知られており（氏原編，1985），定年後も**定職・フルタイム就労**の者，**定職・部分就労**の者，**非定職・部分就労**の者などに大別しうる。高齢期の生活は仕事からの引退過程と家族や地域生活との共存・創出過程であるが，そこでは依然として再就労が大きな位置を占めている（青井・和田編，1983）。高齢労働者がどのような状態を経て完全な引退に至るかは，個々人により多様であり，その意味で定年は「点」としてではなく

図10-3 定年前後のライフスタイルの変化

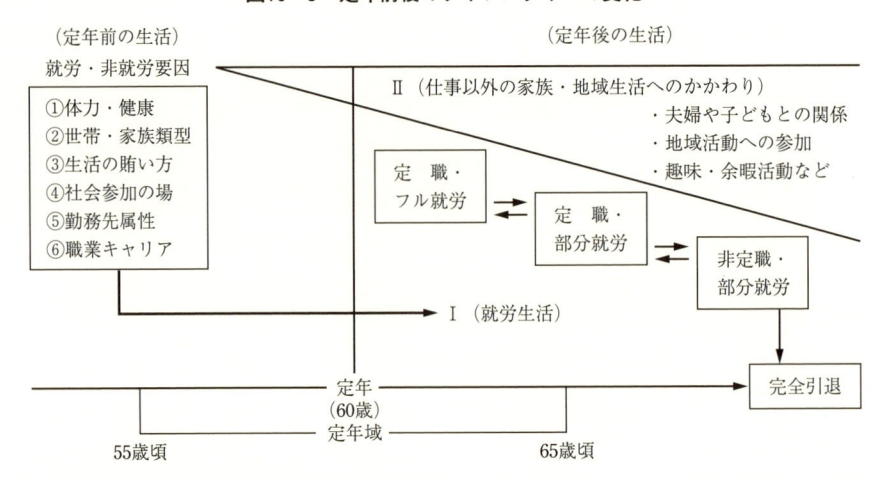

(定年前の生活)
就労・非就労要因
① 体力・健康
② 世帯・家族類型
③ 生活の賄い方
④ 社会参加の場
⑤ 勤務先属性
⑥ 職業キャリア

(定年後の生活)
Ⅱ (仕事以外の家族・地域生活へのかかわり)
・夫婦や子どもとの関係
・地域活動への参加
・趣味・余暇活動など

定職・フル就労 ⇄ 定職・部分就労 ⇄ 非定職・部分就労 → 完全引退

Ⅰ (就労生活)

55歳頃 ── 定年(60歳) 定年域 ── 65歳頃

面もしくは「ゾーン」(=**定年域**) としてとらえるべきなのである (高年齢者雇用開発協会, 1988)。

高齢労働者の就労/非就労行動に影響を与える要因としては, 本人の体力・健康状態, 世帯や家族の類型 (核家族か否か, 子どもの巣立ちの程度), 生活費の賄い方 (年金, 資産・貯蓄, 仕送りなど), 社会活動の場 (ボランティアや地域活動など), 企業の求める職能と本人の職能の適合性, 企業の高齢期の雇用管理のしくみと雇用機会 (定年制の有無, 再雇用・勤務延長の有無, 出向・転籍の機会の有無など), 本人の就労目的 (経済的理由か自己実現か) と重視するライフスタイルなどをあげることができるが, 就労/非就労 (あるいは就労状態) の選択行動は, これらの諸要因を勘案しながらなされることになる。

職業キャリアと家族キャリア

上述のように, 高齢労働者の就労・非就労の選択は多様な要因から影響を受けるが, なかでも, 労働者の加齢に伴って変化する**職業経歴 (職業キャリア)** と**家族経歴 (家族キャリア)** が重要である (東京都老人総合研究所, 1975, 1986, 1991 ; 正岡ほか編, 1993)。

第1に, 労働者がどのような「職業キャリア」を歩んできたかによって, 定

年は定年後の就労状態や「縁」構造に多様な「屈折効果」を及ぼす(**定年の「屈折」効果**)。定年後の就労状態についてみると，(1) 企業規模が大きく，到達職位が高いキャリアを歩んだ者(たとえば5000人以上の巨大企業の上級管理職)ほど，定年通過後の継続雇用率が高く，元会社の紹介で，以前より高い地位で再就職する割合が高い。(2) 逆に企業規模が小さく，到達職位が低い者(たとえば中小企業の一般職位)は，定年後の非就業率が高く，再就職しても公共職業安定所や知人紹介・縁故で以前の会社よりも小さな会社，低い地位で再就職する割合が高くなる(高年齢者雇用開発協会，1988)。一般に日本企業の賃金は企業規模や職位と相関する傾向が強いから，こうした職業キャリアの違いは，定年後の暮らし向きという点でも格差を伴ったものとなる。

さらに，こうした職業キャリアは高齢期の「**縁**」**構造の変化**にも大きな差異を生み出している。とくに雇用労働者と自営業主でその違いが大きいことが注目される。男性について，①夫婦の結びつき，②血縁・親族縁，③職縁・社縁，④地縁などに分けて，「縁」構造の変化を比較してみると，就業形態を問わず，①の増大，②は大きな変化なし，③の縮小，④の拡大といった一般的傾向がみられるが，これらを合成した「**社会的結合の増減総量**」では，自営業主では全般的に拡大傾向がみられるのに対して，雇用労働者の場合は縮小傾向がみられ，とくに小規模企業正社員で著しい。それに比べて地域社会に根を張ったライフスタイルをもつ自営業主では，③社縁の縮小を埋めるほど④地縁の拡大が著しく，そのことによって社会的結合総量が増加しているのである。

「縁」構造の変化という点では，男女間の違いも大きい。男性に比べて女性の場合は，定年に伴い近所づきあいなど地縁ネットワークの拡大傾向が大きい(森岡，1993)。

第2は，「**家族キャリア**」の影響である。戦後社会において，男性は「企業戦士」として，もっぱら勤務する企業と仕事に忠誠心とエネルギーを傾注し，その結果その職業キャリアは彼らの生活を大きく規定してきた。そして，彼らの職業キャリアは，家族成員のキャリアと密接に関連しながら形成されていることがわかる。その意味で高齢期を迎える労働者の家族が定年到達時にいかなるライフステージにあるかは，定年後の就業の有無を規定する傾向がある。ライフステージとは，諸個人がその生涯時間においてさまざまな出来事(出産，

学卒，就職，結婚，離職など）を経験していく過程，つまりライフコース上の段階を表現する概念であるが，親としての高齢労働者の就業行動は，子どものライフコース上のステージ（子どもの学卒，就職，結婚）から重要な影響を受けているのである。とくに父親の「定年時期のライフステージ別に，定年後職業キャリアを継続した割合をみると，子どもの巣立ち期以前に定年を迎えた者と巣立ち期に定年を迎えた者のそれは，巣立ち後に定年を迎えた者に比べて有意に高い」(正岡ほか，1999，221頁)。ここからも，高齢労働者の職業キャリアはそれぞれの家族キャリアと共時性をもって形成されていることが読み取れよう。

労働者の描く高齢期の生活設計

労働者自身は高齢期の生活設計（ライフデザイン）をどのように考えているのだろうか。仕事からの引退が職業生活の終わりと同時に新たな人生の出発点でもある以上，高齢期の生活をどのようにすごすか，つまり生活設計の検討が重要となる。また「設計」という以上，将来の見通しにかかわるものであり，これから高齢期を迎える人々の考え方が重要となるだろう。高齢期の生活設計を，①生活の賄い方と，②生活のすごし方という2つの視点に分けて検討する。

高齢期の生活の賄い方

労働者が高齢期の生活設計を意識しはじめる時期は，個人差もありそれほど明確なものではないが，概して中高年期（45歳）以降であり，しかもそれを明確に意識する者の割合は加齢に伴って増加する傾向にある（ニッセイ基礎研究所，1999）。

生活設計の基本は生活の賄い方である。高齢期の生活の賄い方には，①勤労収入，②企業年金，③個人年金，④公的年金，⑤貯金や財産収入などがある。このうちどの比重が大きいかは，性別や年齢層，所得階層などにより異なるので一般化は難しいが，大企業勤務で60代前半の男性現役中高年の生活の賄い方の見通しについてみると，①本人の勤労収入，②企業年金，③個人年金，④公的年金などの順になる（ただし，勤務先企業規模が小さくなると②が減り，④が増える）。65歳以上の賄い方の見通しでは，①本人の勤労収入の比重は大幅に低下し，代わりに④公的年金の比重が大幅に増加する（香川・電機総合研究所

編, 2000)。65歳を境に収入源が勤労収入から公的年金に移行する背景には，後にふれる公的年金支給開始年齢との関連がある。このように60代前半に限ってみると，生活の賄い方の基本は勤労収入であり，このことは，とりわけ団塊の世代がすでに高齢期を迎えていることを念頭に置けば，なおのこと60代前期の就労機会をいかに確保するかが重要な課題となっていることを意味している（日本労働研究機構，2002c）。

高齢期の生活のすごし方

高齢期の生活設計をみるうえで，高齢期の生活のすごし方もまた重要である。
第1に，「いつまで，どのような形態の」就労を希望するかをみておく必要がある。収入になる仕事をすっかりやめたいと考えている年齢があるかについてみると，男性は「考えたことがある」43.0％（女性は25.3％，以下カッコ内は女性），「考えたことがない」35.2％（28.4％）であり，「考えたことがある」者について仕事をすっかりやめたい年齢をみると，男性は60〜64歳が10.9％（8.3％），65〜69歳が25.3％（13.4％），70歳以上が5.7％（2.3％）などとなっている（厚生労働省，2004）。このようにいつまで働きたいか（逆にいえばいつ頃やめたいか）についてみると，多くは60代後半に分布しているが，「働けるうちは働きたい」という者も少なくない（香川・電機総合研究所編，2000，では「66歳以上」＋「働けるうちは働きたい」と考える現役中高年の割合は39％に達する）。

また高齢期に希望する勤務形態は，短時間勤務が多いと思われるが，実際には普通勤務希望者も多い。厚生労働省の上記調査から「55歳以上の者で適当な仕事がみつからなかった者が希望する勤務形態」をみると，男性では「普通勤務」が38.3％（前回2000年調査では43.4％），「短時間勤務」36.9％（前回41.1％），「任意に行う仕事をしたい」11.8％（前回7.7％），「家庭で内職をしたい」3.4％（前回1.9％），「自分で事業をしたい」3.9％（前回1.1％）となっている。

生活のすごし方について検討すべき第2は，就労以外に希望する活動である。一般に高齢期の生活時間の配分は，加齢に伴い仕事中心の生活から仕事以外の生活へとシフトしていく。高齢者の生活時間を，①「1次活動」（生理的に必要

な睡眠，身の回りの用事，食事など），②「2次活動」(仕事，通勤，家事，介護，育児など），③「3次活動」(これら以外の自由に使える時間の活動で，余暇や社会的活動など）に分けてみると，加齢に伴って，③の3次活動の比重が増加する。そして，この傾向は長期的にみてもあてはまる。1976～96年の21年間でみると，男性の場合，①は不変，②がやや減少，③が大幅に増加している（総務省「社会生活基本調査」）。余暇活動や**社会参加活動**（報酬を目的としないで地域や団体福祉に関与する活動で，ボランティア活動も含む），**生涯学習**プログラムへの関心が高まるゆえんである。また労働省の調査によれば，60代前半男性の53.3％（女性は43.7％）が仕事の経験や特技を活かし，「中小企業等に対する経営・技術面の支援」「ボランティア活動」「町内会などの地域活動」など，いわゆる社会貢献活動をしたいと思っている（労働省，2000a）。

なお，こうした生活時間の配分の変化と並んで，夫婦関係のつながりが強まっていくのも高齢期の生活の特徴である。老後の円満な家庭生活を送るに際しては，とくに男性労働者に長く浸透した価値観を，「肩書き」や地位重視の「タテ社会」主義から個人として対等なおつきあいを原則とする「ヨコ社会」主義へ転換することがしばしば指摘されているところであり，**生涯生活設計**プログラムへ夫婦そろって参加することなどが提案されている（たとえば，岩波書店編集部，1999などを参照）。

3　安心した高齢期生活を支える政策課題

円滑な老後生活へのソフトランディングには，①経済面で心配がなく，②夫婦はもとより，友人や知人と良好な人間関係が形成されており，③本人自身も生活に張りや充実感をもって暮らしている生活状態の確保が重要な条件となる。②③もさることながら，現在重要な課題となっているのは，①をめぐる定年年齢と年金支給開始年齢との接合である。**年金法の改正**により，男性の場合，2001年からこの年金支給開始年齢が3年ごとに1歳ずつ引き上げられ，将来的には65歳になることが決定している（2013年にかけては基礎部分が，また2025年にかけては報酬比例部分が，それぞれ65歳になるまでは支給されない。なお，女性は5年遅れ）。定年年齢が60歳のままだとすると，年金支給開始までに「空

表10-1 希望者全員が65歳以上まで働ける企業の割合

	定年の定めの廃止	65歳以上の定年の定め	希望者全員の65歳以上までの継続雇用制度の導入	合計
全企業	2.7	13.6	32.1	48.4
301人以上	0.4	5.2	18.2	23.8
31〜300人	3.0	13.9	33.8	50.7

(出所) 厚生労働省，2011dより作成。

白」期間が生じてしまうことになる。他方で，前節でみたように，高齢労働者の就労意欲は強く，とくに60代前半期の生活設計の基本は就労が中心になっている。

そこで問題となるのは企業の側で提供される高齢者雇用機会であるが，**希望者全員に対して65歳まで雇用を確保する企業割合**を計算してみると，48.4％（表10-1参照）の水準であり，近年，増加しつつあるものの，現状をみる限り高齢者の就労ニーズを十分に受け止められる水準には至っていない。

高齢者雇用対策の課題

高齢者雇用をめぐる就業環境が厳しい状況にあっては，政府と労使が一体となった取り組みが求められる。そうしたことから，2004年に高年齢者雇用安定法が改正され，2006年から事業主は，雇用する高年齢者の65歳までの安定した雇用の確保のため，定年の定めの廃止，定年の引き上げ，継続雇用制度の導入のいずれかの措置（「高年齢者雇用確保措置」）を講じなければならないこととなった。なお，定年の引き上げ，継続雇用制度の義務年齢は，年金の支給開始年齢の引き上げに合わせて，2013（平成25）4月までに段階的に引き上げられる。また，今後も以下のような長期的計画が示されている。

第1に，長期的な高齢者雇用のあり方として，できるだけ多くの高齢者が社会を支える側に回る，いわゆる**活力ある高齢化**（active aging）を実現させるべきである。

第2に，個々の企業においては，高齢者（とくに60代前半層）の労働需要を高めるために，①65歳に向けて定年年齢を引き上げつつ，②当面は再雇用や

他企業への再就職に配慮し，さらに③高齢者の職業能力の開発や多様な能力，体力，意欲に対応した雇用形態を普及させることが求められる。政府はそうした事業主に対して，助言や助成金の支給などの支援をすることになる。また④普通勤務以外の短時間，軽作業で就労可能な機会の斡旋という点から，シルバー人材センター事業の拡充を図る，といった対策も必要である。

年齢差別の禁止

このように高齢者雇用の促進にはさまざまな取り組み課題を実現していかなければならないが，最近では**年齢差別禁止**や**エイジレス雇用**（具体的には**定年制の廃止**）への関心が高まっている。アメリカでは1967年に「雇用における年齢差別禁止法」が成立して，20人以上を雇用する民間企業や自治体などの40歳以上の労働者に対して，採用，解雇，賃金等の労働条件における差別的取り扱いが禁止されている（年齢差別の訴訟を起こした者への報復措置も禁止）。そういったことから，日本でもこうした制度を検討すべきだという議論がなされているが，後にみるように，日本の高齢期の労働力率（75％）はアメリカ（55％）に比べて非常に高いこと，雇用慣行や年齢に関する社会規範が日本とアメリカで異なること，など日米両国の事情の違いに十分注意する必要がある。

就労・引退をめぐる国際比較

日本の高齢労働者の就労と引退の特徴を明らかにするために，最後に国際比較を行ってみたい。

第1に，国際的にみて日本の高齢者の労働力率は高い。たとえば，OECD調査によれば，男性60～64歳層の労働力率は，日本が74.5％，アメリカが54.5％，イギリスが51.5％，ドイツが28.6％，フランスが16.1％となっており，日本の労働力率の高さが知られる（OECD, 1997b）。ちなみに，ここからは引退プロセスの類型化もある程度可能であり，日本は「遅い引退」にくくられる一方で，ドイツやフランスは「早い引退」（early retirement），そしてアメリカとイギリスがその中間に位置する。

第2に，それと関連して，職業生活からの望ましい引退年齢を国際比較してみると，日本の男性は65歳がもっとも多く42.8％（2位は70歳で28.9％，3位

は60歳で10.8％）であるが，ドイツの場合も65歳がもっとも多く44.8％であるものの，2位は60歳で43.1％と日本より多く，70歳となると2.1％とほとんどいないことから，総じて早期引退行動を裏づける結果となっている。ちなみにアメリカは，やはり日本とドイツの中間に位置している（もっとも多いのは65歳で42.3％，2位が60歳で16.7％，70歳は12.8％。総務庁，1996）。

　第3に，就労する理由について国際比較すると，「収入が欲しいから」といった経済的理由はどの国でも多いが，日本の高齢者の場合，こういった経済的理由の高さだけでなく，経済的理由以外の理由，たとえば「体によいから」といった健康面の理由や「友人や仲間を得ることができるから」といった社会的つながりにかかわる理由も，他の国に比べて高い割合を占めている点が特徴的である。

ゼミナール

1. インターネットなどで高齢者の就業と引退に関連するデータを収集し，本文以外の特徴について分析してみよう。
2. 引退過程についての男女間の違いについてデータを集め，検討してみよう。
3. 定年後の生活にソフトランディングをするにはどのような条件が求められるか，とくに男性の現役時代の働き方に遡って整理・検討してみよう。
4. 高齢期の就労と生活について諸外国のデータを集めてみよう。また日本と比べて共通項と差異について検討してみよう。

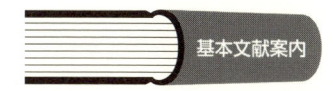

基本文献案内

青井和夫・和田修一編『中高年齢層の職業と生活──定年退職を中心として』東京大学出版会，1983年
　●大都市圏の定年退職者を対象にした調査データをもとに，定年退職が定年後の生活適応にいかなる影響を与えているかを社会学的に分析している。

稲上毅『企業グループ経営と出向転籍慣行』東京大学出版会，2003年
　●定年前の出向転籍慣行を実証データをもとに分析し，今後の展望を行っている。

香川正弘・電機総合研究所編『人生80年時代のライフデザイン』日本評論社，2000年
　●高齢期の生活設計の課題を，現役時代の働き方と引退後の家庭生活，地域生活のバランスという観点から検討している。

労働省『平成12年版労働白書——高齢社会の下での若年と中高年のベストミクス』2000年
　●豊富な統計データを用いて，高齢者の雇用と就業の現状がわかりやすく解説されている。また高齢者の就労について，若年の就労機会との関係で今後の政策課題が整理されている。

島田晴雄・稲上毅編『高齢者の労働とライフデザイン』（長寿社会総合講座8）第一法規出版，1993年
　●高齢化の労働への影響，高齢者雇用の実態，高齢期の就労と生活の調和などについて学際的にアプローチした著作。

　　　　　　　　　　　　　　　　　　　　　　　　　　　——————佐藤　厚◆

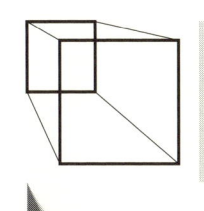

企業と労働組合
——労使関係と労使コミュニケーション

第11章

はじめに

　産業社会の基軸をなす労働者と使用者との間には，利害が対立する面がある一方，共通する面もある。労使は，利害の調整をめぐりさまざまな関係を結ぶ。それを労使関係という。労使関係は労働組合などの労働者組織を介して作られる集団的労使関係と，企業と労働者個人によって形成される個別的労使関係がある。

　日本の労働者と使用者は，ストライキなどの実力行使を背景とした団体交渉を重んじるよりも，企業の発展や労働諸条件の維持・向上について話し合い，諸課題を平和裏に解決するために労使協議制などさまざまな労使コミュニケーションを活用している。

　日本では，労使関係や労使コミュニケーションが主として企業レベルにおいて行われている。それは，おもに労働者の「団結権」「団体交渉権」「団体行動権」という労働三権が企業レベルで行使されているからであり，経営者も企業レベルの労使関係を重んじているからである。

　本章では，日本の労使関係と労使コミュニケーションについて考察することによって，職業生活の中の自分をめぐる関係構造やよりよい関係作りの構想に何らかの示唆が得られることを願う。

1 労使関係

企業別労使関係

　日本で労使関係の当事者として指導的な役割を果たすのは，大企業の経営者と労働組合である。日本の労使関係の特徴としてあげられている，「長期（終身）雇用」「年功賃金」「企業別労働組合」のいわゆる「三種の神器」も典型的には大企業を中心にみられる。ここで三種の神器を簡単にみると次のとおりである。

　企業は，学卒者を新規採用し当該企業あるいは企業グループの中で定年退職までの雇用を確保し，できるだけ解雇や希望退職などの雇用調整を避けようとする。従業員も，同一企業あるいは企業グループの中で定年退職まで働く意識をもち，事実，長く勤続している。このような企業と従業員との双方の意思・規範によって，実際に平均勤続年数が長くなっていることを**長期雇用**という。

　長期雇用が成り立つためには従業員の生活保障が図られなければならないが，そのために支払われるのが**年功賃金**である。年功賃金は，加齢やライフステージに合う年齢要素と能力・実績・熟練の向上などによる会社への功績要素によって構成されている。

　企業別労働組合とは，労働者が労働条件の維持・向上を図るために団結・交渉・行動するが，その主たる活動範囲が企業内に限られている組合をいう。ちなみに，労働組合とは，賃金労働者が使用者と対等な立場に立って，その労働生活の諸条件を維持または改善するために，自主的に作る恒常的な団体である。日本では，憲法28条と労働組合法により，労働者の団結権，団体交渉権，団体行動権の労働三権が認められているため，労働者の労働組合活動が法的に保障されている。

　労使関係は基本的に労働法制に保障されながら，あるいは制約されながら，当事者間の関係を律するルールや慣行を作り出して展開していく。日本では企業を単位とする企業別労使関係が中心的な役割を果たしている。労働者が労働諸条件の維持・向上を図るためには，企業の外へ転職するよりも企業内で昇進するほうが現実的である。また，経営者が企業の必要とする人材を外から調達

するよりも新規採用者を企業の内で育成していくことが効果的である。このように，労働条件の維持・向上や労働力の調達をめぐる労使の利害が主として企業内で調整され完結されるのが企業別労使関係の特徴といえる。

企業別労使関係の内実

日本の企業別労使関係は，どのような内実と外延をもっているのか。まず，その内実は何であるのか。企業別労使関係は企業コミュニティによって形成・発展してきたので，企業コミュニティを通じてその内実をみることにする。

日本の大企業でみられる**企業コミュニティ**とはどのようなものか。稲上毅は，企業コミュニティの性格を成り立たせる要因として，①成員のキャリアの深い内部化，②職場の社会構造，③円滑なコミュニケーション，④生活保障をあげている（稲上，1981）。それを具体的にみることにする。

まず，キャリアの深い内部化であるが，それは従業員が転職よりは企業の中で能力・実績を高め，その結果，昇格・昇進していきながらキャリアを深めることをいう。それによって，企業をベースとした成員利害の共通性が高められるとともに，企業社会への統合と企業に対する「道徳的」関与が強化される。成員利害の共通性の向上には労働組合の役割が大きかった。日本の労働組合は，その大半が「従業員は労働組合員でなければならない」とするユニオンショップ協定を企業と結び，成員の限定を行ったが，その際，学歴による区別は行わなかった。すなわち，おおむね高卒以下の現場職員も大卒以上の事務職員も同じ労働組合に加入するといった混合組合であった。それによって，現場職員と事務職員との間に一体性と利害の共通性が強まった。

第2に，職場の社会構造である。現場末端職制として経営幹部と職場集団との接点にありながらも職場の代表あるいはその意向の代弁者である職長（foreman）の存在，人と仕事との結びつきの弾力性，小集団活動，そして役付昇進の運用をその内容としている職場の社会構造は日本的特徴といえる。ここでも労働組合の役割は無視することができない。すなわち，日本の労働組合は，賃上げだけではなく身分や学歴格差の是正を求めて労働運動を進めていった。企業もそのような労働組合の要求を受け入れ，現場職員が監督・管理職につけるような人事制度（代表的なものには鉄鋼業の作業長制度）を導入した。その結果，

現場出身の労働者が人事・労務管理を行う,職長が登場したのである。

　第3に,円滑な**労使コミュニケーション**である。労使は企業の中でさまざまなチャネルを通じて経営方針,生産計画,人員計画,報酬のあり方などについて話し合いを行うことによって情報の共有化と課題の解決力を高めてきた。それには,1955年に設置された日本生産性本部（生産性向上のための調査・研究,各企業への働きかけなどを行う公益財団法人）の役割が大きかった。労使は,このような労使協議機関を通じて緊密なコミュニケーションを図ることになった（本章 第2節を参照）。

　第4に,**生活保障**である。企業は,キャリアの内部化を深めている成員に対して,定年までの雇用を保障するとともに,ライフステージに合わせた賃金や福利厚生を提供することによって生活保障を行った。労働組合も組合員の生活保障のために,産業別に他の組合と連携をとって賃上げと労働時間短縮などの運動を進めた。このように労使の取り組みによって生活保障ができたのである。

　日本の企業別労使関係は,以上の4つの要素によって成り立っている企業コミュニティによって発展してきたのである。

企業別労使関係の外延：春闘

　日本の企業別労使関係は,企業コミュニティによって支えられてきただけではなく企業の外の組織にも支えられた。換言すれば,日本の場合,企業外の組織,たとえば,産業別労働組合,ナショナルセンター（労働組合の全国組織）の主要な人材や財政などが基底的には企業別労働組合によって充足されているのが特徴的である。また,逆に企業別労働組合は,産業別労働組合とナショナルセンターの運動方針などに影響されながら,企業との交渉・協議を通じて企業内労使関係を担っているが,そのおもなシステムが春闘である。**春闘**とは,具体的に,労働組合がナショナルセンターや産業別労働組合の統一運動方針のもと,賃上げなどの労働条件の維持・向上をめざして春期に企業との交渉を集中的に進める運動やその賃金決定システムである。

　1955年にスタートした春闘は,高度経済成長とともに拡大・定着し毎年賃上げに大きく寄与したが,いくつかの画期があった。60年代初めまでは国労（国鉄労働組合）,私鉄などの内需産業労働組合が春闘の相場形成に大きな影響

力を発揮した。しかし60年代中頃になると，鉄鋼，自動車，電機などといった民間の金属産業が春闘相場形成にリーダーシップを発揮するようになり，75年まで，毎年10％以上の賃上率を記録した。ところが，春闘は73年のオイルショックをきっかけに運動の転換を迫られた。労働組合は，インフレを背景に74年春闘で32.9％の大幅賃上げを獲得したが，それが必ずしも実質賃金の上昇を意味するわけではなかった。大幅賃上げと物価の急上昇は輸出産業の国際競争力を損なう恐れがあった。74年，鉄鋼労連の宮田義二委員長はこうした困難を克服すべく，賃金自粛論を唱えた。それの意味するところは，実質賃金重視と賃上げの国民経済整合性論であった。具体的には，賃上げ交渉は名目賃上げだけではなく物価水準や税金あるいは社会保障費を差し引いた実質賃金の交渉になる必要があり，そのためには労働組合がこれらの政策を担当している政党や政府に有効に発言しなければならないし，また，賃上げは生産性水準や物価などの国民経済から乖離しない範囲で行われるべきであることが，主張のポイントであった。

　こうした労働組合の方針転換と低い経済成長，政府の緊縮財政政策にも影響され，1976年以降，毎年賃上率は一桁に推移していった。91年，バブルの崩壊とともに，賃上率はさらに下がり95年からは2％台を記録し，2002年は1.66％にすぎず，低い賃上げ率はその後もつづいている。このような低い賃上げもあって，経営側は，「労組が賃上げ要求を掲げ，実力行使を背景に社会的横断化を意図して『戦う』という『春闘』は終焉し」，これからは戦う春闘ではなく，討議し検討する「春討」としての色彩が強まると予測している（日本経済団体連合会，2003）。

　春闘を通じて，企業コミュニティは強まった。それは，高度経済成長時代には企業内での急速な処遇の向上によって企業内で勤めつづけようという積極的動機によって，1990年代からの低経済成長時代には転職すると処遇が大きく下がるという危機感から企業内で勤めつづけようとする消極的動機によってであった。その結果，厚生労働省の『賃金構造基本統計調査結果』によれば，平均勤続年数はほぼ一貫して伸びたのである（男子平均勤続年数は，1960年7.8年，70年8.8年，80年10.8年，90年12.5年，2000年および2010年13.3年である。1000人以上の大企業の場合，平均より3〜4年長い）。

企業別労使関係の試練

　戦後，日本の労使関係を支えてきた企業別労使関係が，今試練にさらされている。それを，企業別労使関係を成り立たせている日本企業のコミュニティ性（本章 第3節参照）のゆらぎを通じてみることにする。企業コミュニティは，おもに成員利害の共通性，集団内部における社会関係の共同性，職縁的人間関係のネットワークによるものである（稲上，1981）。それが，1990年代以降の長期不況の中で試練にさらされている。

　まず第1に，各企業が総額人件費管理重視のもとで部門別・個人別成果・実績主義を強めているが，それによって成員の中で賃金が上がる人と下がる人が現れ，成員の共通性が弱まっている。

　第2に，裁量労働制，地域限定社員，職種別採用などの導入により成員の同質性が緩められている。また，出向・転籍の増加により長期雇用圏の範囲が広がった側面がある一方，定年退職まで同一会社で勤める可能性が弱まり，また，会社に残っている社員と出向・転籍者との間には共同性が薄れている。

　第3に，企業コミュニティが比較的強くみられる大企業の従業員数が減少しているとともに，雇用形態の多様化の進展に伴い，企業コミュニティの成員が企業の中で占める割合が少なくなっている。

　このような変化の中で，企業のコミュニティ性がどう変わっていくかが注目される。

2　労使コミュニケーション

労使関係を成り立たせる労使コミュニケーション

　企業は，経営目的を達成するためには従業員に人的資源の維持・向上とその発揮を求める。そのためには，まず，企業は経営目標など経営情報を従業員に正確に伝えることがもっとも重要である。しかし，それだけでは十分ではない。従業員が経営目標に理解を示し，その達成に向けて働いていかなければ経営目標は実現できない。従業員の動機づけが必要となってくる。

　労働者は，自分の能力向上や能力発揮を行い，会社での地位を高めるためには，企業が自分に何を求めているかを知ることが必要である。また，企業に自

分の要望や不満を伝えて労働条件などの向上を図るためにも円滑なコミュニケーションを必要とする。労働組合は，企業の健全な発展や組合員の労働条件の維持・向上を求めて活動するので，その活動が企業にも組合員にもよい結果に結びつくためには正確な企業情報を必要とする。

　企業の労使は双方の関連問題を解決し，共生・発展していくために，情報の流れをよくし，正確な情報を伝え合う必要がある。労使間で行われる情報交換のプロセスと相互作用のことを**労使コミュニケーション**ということができよう。労使コミュニケーションは労使関係を成り立たせる主要なツールである。

　日本の場合，労使コミュニケーションは，おもに企業単位を中心に行われて企業コミュニティを支えている。中でも各種の労使協議機関のもつ役割が大きい（稲上，1981）。そのため，ここでは労使協議機関の協議内容を中心に労使コミュニケーションについてみることにする。

労使コミュニケーションの種類

　企業での労使コミュニケーションにどのような機関・手段があるのか。その設置率をみると，図11-1のとおりである。全企業の平均では，設置率がもっとも多いのが**職場懇談会**で52.8％に及ぶ。従業員組織は50.8％と半数の企業に設置されている。その他のコミュニケーション機関・手段の設置率は5割を下回っている。ところが，その設置率は労働組合がある企業とない企業，また，会社の規模別に大きな格差がある。労働組合があるほど，また，企業規模が大きいほど，設置率が高くなる。

　労使コミュニケーション機関・手段を，情報の流れ別に3つに分けることができる。①労働者から経営者へのチャネル，②経営者から労働者へのチャネル，③双方向チャネルである。①労働者から経営者へのチャネルは，提案制度，自己申告制度，従業員意識調査，小集団活動，人事担当者による巡回個人面談をあげることができる。②経営者から労働者へのチャネルとしては，社内報，朝礼，③双方向チャネルとしては，職場懇談会，従業員組織，労使協議機関，苦情処理機関があげられる。これらが集団的労使コミュニケーションの主要な機関・手段である。

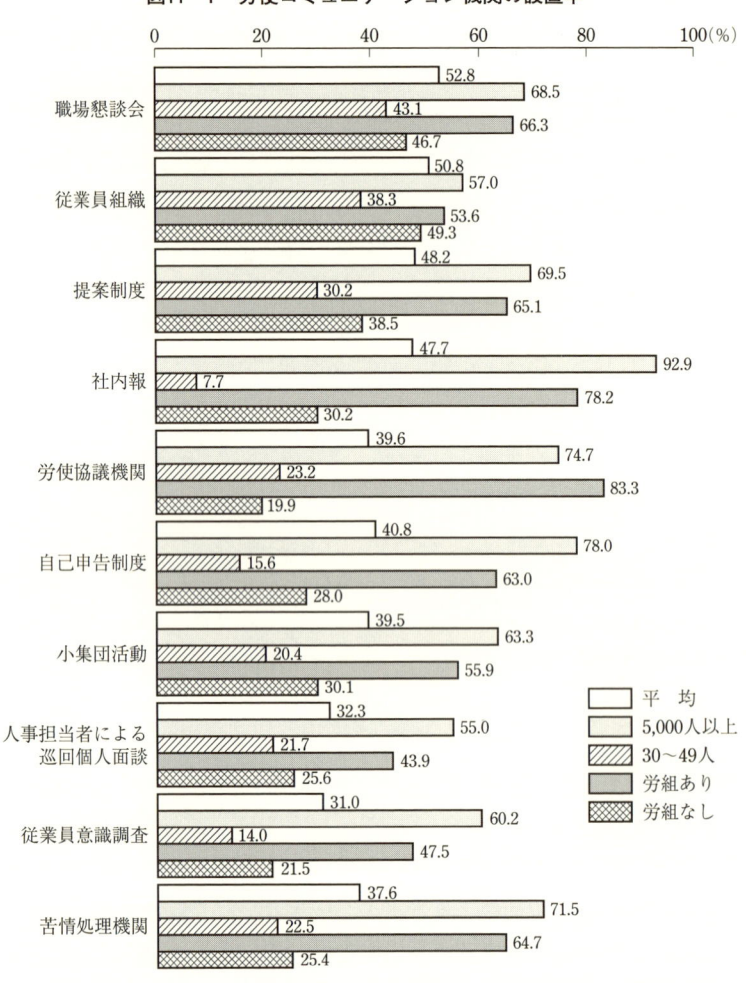

図11-1 労使コミュニケーション機関の設置率

機関	平均	5,000人以上	30～49人	労組あり	労組なし
職場懇談会	52.8	68.5	43.1	66.3	46.7
従業員組織	50.8	57.0	38.3	53.6	49.3
提案制度	48.2	69.5	30.2	65.1	38.5
社内報	47.7	92.9	7.7	78.2	30.2
労使協議機関	39.6	74.7	23.2	83.3	19.9
自己申告制度	40.8	78.0	15.6	63.0	28.0
小集団活動	39.5	63.3	20.4	55.9	30.1
人事担当者による巡回個人面談	32.3	55.0	21.7	43.9	25.6
従業員意識調査	31.0	60.2	14.0	47.5	21.5
苦情処理機関	37.6	71.5	22.5	64.7	25.4

（出所）労働省, 1999, 40-44頁（ただし, 職場懇談会, 労使協議機関, 苦情処理機関は2009年のものである。厚生労働省, 2009）。

労使協議機関の付議事項・取扱度

　それでは，企業の労使はコミュニケーションの時にどのようなことについて話し合っているのか。また，労使コミュニケーションの取り扱いはどうなって

いるのか。代表的なコミュニケーションの機関である労使協議機関を通じてみることにする（図11-2参照）。

　労使協議機関の付議事項としてもっとも多いのが，労働時間・休日・休暇の89.9％，次いで**職場の安全衛生，賃金・一時金**，定年制・勤務延長・再雇用といずれも8割を超えているが，ほとんどが労働条件にかかわる事項である。付議事項として少ない事項は，生産事務の合理化（新技術応用機器の導入等）で5割台である。そのほか，7割台が，経営の基本方針，一時帰休・人員整理・解雇，勤務態様の変更，育児休業・介護休業制度，時間外労働の賃金割増率，退職給付（一時金・年金），福利厚生・文化・体育・レジャー活動である。6割台が生産・販売等の基本計画，会社組織機構の新設・改廃，採用・配置基準，昇進・昇格基準，配置転換・出向，教育訓練計画，仕事・家庭の両立支援であった。

　図11-2を取扱度別にみると，会社が従業員側に説明報告するだけで意見聴取は行わない「説明報告」事項は，経営の基本方針，生産・販売等の基本計画，会社組織機構の新設・改廃，生産事務の合理化といった経営権に関する事項と，採用・配置基準，昇進・昇格基準，配置転換・出向といった人事権に関する事項が多い。企業の説明報告に対し従業員が意見を述べることができる「意見聴取」事項として，職場の安全衛生が多いが，18.1％にすぎない。「意見聴取」による労使コミュニケーションはあまり行われていないようである。それに対して，労使の意見の一致をみるように意見交換を行うが，最終的決定は経営者が行う「協議」事項としては，勤務態様の変更，労働時間・休日・休暇，賃金・一時金，時間外労働の賃金割増率，退職給付（一時金・年金），職場の安全衛生，福利厚生等，労働条件にかかわる事項が多い。そして，労使双方が「同意」しなければ決定できない事項も，「協議」事項とほぼ同様に労働条件にかかわる事項が多かった。

経営参加と労働組合類型

　以上，集団的労使コミュニケーションについてみてみたが，労働組合が組織されている企業・事業所で労使コミュニケーションが円滑に行われていることがうかがえる。ただし，労働組合もいくつかの類型に分けることができるので，

図11－2　労使協議機関に付議する事項とその取り扱い別事業所割合（労使協議機関「あり」＝100）

付議事項	同意	協議	意見聴取	説明報告	付議事項でない
経営の基本方針 [74.0]	4.6	11.4	6.3	51.7	26.0
生産，販売等の基本計画 [67.6]	4.2	15.7	7.6	40.2	32.4
会社組織機構の新設・改廃 [67.0]	5.6	12.3	8.6	40.5	33.0
新技術応用機器の導入等生産事務の合理化 [54.1]	5.2	14.1	9.0	25.8	45.9
採用・配置基準 [63.9]	6.6	15.2	11.7	30.3	36.1
昇進，昇格基準 [66.0]	7.7	15.0	11.7	31.7	34.0
配置転換，出向 [66.1]	11.1	18.6	12.6	23.8	33.9
教育訓練計画 [64.2]	5.4	18.8	17.1	22.8	35.8
一時帰休・人員整理・解雇 [72.5]	23.2	26.7	9.3	13.3	27.5
定年制・勤務延長・再雇用 [82.0]	25.1	32.8	9.5	14.5	18.0
勤務態様の変更 [78.2]	18.8	33.1	10.0	16.4	21.8
労働時間・休日・休暇 [89.9]	29.4	37.6	9.9	13.1	10.1
育児休業制度・介護休業制度 [78.2]	24.0	30.5	8.3	15.4	21.8
仕事と家庭の両立支援 [64.3]	12.0	23.6	15.8	13.0	35.7
賃金・一時金 [82.1]	27.0	29.6	8.4	17.1	17.9
時間外労働の賃金割増し率 [77.8]	25.2	26.4	7.1	19.1	22.2
退職給付（一時金・年金）[72.4]	23.0	24.8	4.9	19.7	27.6
職場の安全衛生 [86.8]	9.7	45.1	18.1	13.8	13.2
福利厚生・文化・体育・レジャー活動 [75.9]	11.6	36.7	16.5	11.0	24.1

（出所）　厚生労働省，2009，15頁。

それを経営参加の観点でみることにする。**経営参加**とは，企業の行う経営上の意思決定に対して，労働者または労働組合などその組織代表が発言し規制を行い，一定の役割を果たしていることをいう。

労働組合は組合員の労働条件の維持・向上を図るために，企業にさまざまな働きかけをする。代表的なのは公正な成果配分を求めて行う団体交渉であるが，それだけではなくパイ（報酬総額）の増大や生産性向上をめざして経営参加を行っている。しかし，経営参加には労働組合がすべて積極的であるかといえばそうでもない。

稲上毅と井出久章は，経営参加に関連して組合類型を企業の経営機密情報の公開有無と組合の発言有無の組み合わせによって4つに区分している（稲上・井出，1995）。その類型と日本の労働組合の割合は次のとおりである。すなわち，経営機密情報の公開－戦略発言型（調査対象組合の41.5％），経営機密情報の公開－戦略沈黙型（15.6％），経営機密情報の未公開－戦略発言型（13.8％），そして経営機密情報の未公開－戦略沈黙型（24.0％）である。公開－発言型では，経営の組合に対する「信頼」と組合の経営に対する「発言」という共生関係があり，企業コミュニティ型の労使関係が築き上げられている。一方，未公開－沈黙型は敵対的な労使関係を示唆している。公開－沈黙型は経営主導型労使関係，未公開－発言型は組合要求型労使関係であるといえる。労働組合の経営参加と企業コミュニティとの間に親和性があるとの指摘は示唆に富む。

佐藤博樹と梅澤隆は，経営参加に労働条件を加えて組合の姿勢を4つに分けた（佐藤・梅澤，1983）。すなわち，労働組合が，①経営政策や経営計画について経営参加を推し進める必要があると考えている経営参加推進派（労働組合の45.6％），②組合員の労働条件に影響を与える問題に限って組合の経営参加を推し進める必要があると考える労働条件参加派（29.0％），③経営参加は組合としての立場があいまいになるなど不明な点が多いので，慎重に取り組む必要があると考える経営参加慎重派（21.7％），④経営参加は組合にとって不利益をもたらすものなので反対であると考える経営参加反対派（1.9％）である。

以上，経営参加にかかわる労働組合の類型をみたが，おおむね経営参加に積極的な労働組合は4～5割であろうとみられる。

労使コミュニケーションの環境

　労使コミュニケーションの機関・手段については既述したが，それらが多ければ，労使の間に意思疎通がスムーズに行われるとは限らない。そのために良好なコミュニケーション環境が必要である。円滑なコミュニケーションを実現するためにもっとも重視されている環境は「日常業務改善」72.1％（5000人以上74.3％，30～49人74.0％，労組あり65.7％，労組なし75.0％）である。次いで「職場の人間関係」62.2％（65.1％，60.1％，55.1％，65.4％），「作業環境改善」61.5％（71.4％，58.2％，67.6％，58.8％），「経営状況や経営計画・方針，組織変更，新製品・サービス開発」48.5％（53.1％，38.7％，55.0％，45.6％）の順であった（厚生労働省，2009）。

　これは，企業レベルで労使コミュニケーションにかかわる制度が導入・改善されても，労働者にもっとも身近な日常業務改善や職場での人間関係がよくなければ円滑な労使コミュニケーションは行われないことを示す。また，円滑な労使コミュニケーションは上司・部下関係という縦の関係だけではなく部下同士の横の関係にも左右されていることも暗示している。

労使コミュニケーションの経営資源性

　正規従業員1000人未満企業の社長が「一般従業員の意見や要望を十分に把握して経営を行うべきだ」（A意見）と「経営は経営者が行うもので，経営について一般従業員の要望をあえて聞く必要はない」（B意見）という考え方の中で，どちらに近いかという問いに対して，「A意見に近い」（「肯定型」）28.2％，「どちらかといえばA意見に近い」（「やや肯定型」）44.4％，「どちらかといえばB意見に近い」（「やや否定型」）20.9％，そして，「B意見に近い」（「否定型」）5.4％という回答を示した。4つの類型の違いをみると，肯定型ほど，1990年代以降，業績悪化に伴う経営危機を経験する割合が低く（「肯定型」50.9％，「やや肯定型」52.5％，「やや否定型」56.2％，「否定型」60.6％），また，従業員のやる気，技能，能率，チームワークという従業員管理上の困難度も低くなっている。たとえば，従業員のやる気に関する困難度についてみると，「肯定型」14.1％，「やや肯定型」15.9％，「やや否定型」17.3％，「否定型」25.8％という割合であった。そして，肯定型ほど従業員の経営への協力を多く得てい

る。以上の結果を見る限り、労使コミュニケーションは経営資源の1つであるといって過言ではない（呉，2011）。

3　労使関係の国際比較

企業コミュニティ性

間宏は，日本とイギリスの比較研究を通じて，企業コミュニティ性は日本のほうがイギリスより強いと分析した。それによると，日本の企業では，「同一企業に所属している人びとの間には，強い仲間意識が生じがちである」とし，その具体的な一例として余剰人員の対策として人員整理をどのくらいあげたかをみている。イギリスが35.3％であるのに対し，日本は17.7％にすぎなかったことから，日本のほうが強い仲間意識があることを指摘した（間，1977）。

ドーアも日本とイギリスの雇用関係の比較を通じて，イギリスが市場志向型雇用関係であるのに対し，日本は**組織志向型雇用関係**であることを論じ，そのうえ，日本の場合，広範囲の企業福祉，個人的な悩み事の上司への相談，家族より会社優先という側面がイギリスに比べ相対的に強く，企業のコミュニティ性が強いと主張した（Dore, 1973＝1987）。

一方，稲上毅は，日本の大企業労働者の意識を分析して，イギリスのような手段主義的志向と比べて，日本の大企業のブルーカラーの労働志向が**官僚制的志向**であること，それがホワイトカラーのそれに似ていることを明らかにし，企業コミュニティ性がイギリスに比べて強いことを論証した（稲上，1981。本書第6章も参照）。

企業コミュニティ性の国際比較は困難で今まで研究がそれほど進んでいないなか，上記の3人の研究はたいへん貴重なものであり，いずれも日本がイギリスより強い企業のコミュニティ性を有していることを示した。

団体交渉と労使協議制

日本の場合，団体交渉と労使協議機関との区別が難しいが，それは両者の担い手が同じ労働組合であるからである。**団体交渉**では，賃金，労働時間など「基本的労働条件」がおもな付議事項であり，付議事項の決定は労使の合意が

求められ，それが成立しなかったら労働組合はストライキなどの争議を行うことが法的に保障される。一方，**労使協議機関**では，「経営・生産事項」が主であり，付議事項について労使の合意による決定が必ず求められるものではなく，労働組合が付議事項の実現のためにストライキなどの争議を行うことはできない。しかし，団体交渉事項と労使協議事項を明確に区別している企業は半数に満たず，規模が小さいほど区別していない。最近では，団体交渉よりも労使協議機関がより重視されている。ちなみに，日本の労使協議機関は法律によらず労使の自主的な判断によって設置されている。

　ドイツの場合，団体交渉と労使協議機関は明確に区別されている。すなわち，労働組合による産業別団体交渉と，労使協議機関による工場内の協議との間では組織構成と機能が原則的に区別されている。すなわち，団体交渉では，企業の外で組織されている産業別労働組合と使用者団体との間でおもに賃金，労働時間など「基本的労働条件」が交渉される。労使協議機関（＝経営協議会 Betriebsrat）は経営組織法に基づき各企業の従業員のみによって構成され，会社との協議では，社会的・人事的・経済的な事案が主たる付議事項である（白井，1993）。

　アメリカの場合，団体交渉重視の労使関係が貫かれており，労使協議制や労働者参加制度は普及していない。1990年代半ば，労使協調，労働者参加による生産性向上などについて検討するために，ダンロップ元労働長官を委員長とする「ダンロップ委員会」が設置され，検討のすえ委員会の最終報告が出され，従業員参加プログラム等の提案がなされた。労働組合は，従業員参加プログラムは企業の労働者組織への介入を認めることになると反発した。当時のクリントン大統領も，参加プログラムの法案は伝統的な団体交渉制度を阻害するものであるとして拒否権を行使した（岡崎，1996）。その結果，参加プログラムの法案化は挫折し今日に至っている。

　アメリカの団体交渉では，昇進，配転，解雇などの交渉はローカル・ユニオンと事業所との間で，等級の賃金設定交渉は企業と産業別組合との間で行われるなど，ローカル・ユニオンと産業別組合との間には機能分担がなされているという（小池，2005）。

　一方，韓国では「勤労者参与及び協力増進に関する法律」により常用労働者

30人以上の企業に労使協議機関（＝労使協議会）の設置が義務づけられている。労使協議機関の付議事項も同法によって生産性向上と成果配分のような協議事項，教育訓練基本計画のような議決事項，経営計画・実績のような報告事項に区分されているが，実態は労使協議機関が第2の団体交渉と化している場合が多い。

このように，日本の労使協議制は，①法律によらないこと，②団体交渉と明確に区別されていないこと，③労使協議制が重んじられていることで特徴がある。

4　日本の企業別労使関係の課題

日本の労使関係は，これまで企業を中心に企業コミュニティを形成・発展させてきたが，現在いくつかの課題を抱えている。

組織率の低下と企業別労使関係対象者の減少

日本の企業別労使関係の一方の担い手である労働組合の組織率（労働組合員数／雇用者数）が，1980年頃からほぼ一貫して低下しているとともに，労働組合員数も94年にピークに達した後，毎年減少してきた。しかし，最近，組織率と組合数は微増減している（図11-3）。組織率の低下は企業別労働組合に基づく企業別労使関係の対象者が減っていることを物語っている。過去10年間（2000年から2010年まで），企業規模別に組合員数の推移を比率でみると，1000人以上97.9％，300～999人88.0％，100～299人91.0％，30～99人72.0％，29人以下74.5％とおおむね企業規模が小さいほど組合員数の減少がはげしく，中小企業における集団的労使関係がさらに希薄化している。

また，労働組合の組織率の低下に伴い，企業の中で労働組合員が労働者の過半数を割りこむケースが現れている。その場合，時間外・休日労働に関する労使協定の締結の場合などで労働組合が労働者の過半数代表にならない可能性もある。労働組合に基づく企業別労使関係のあり方が問われている。労働組合はこの問題を解消するために，2000年代に入り，パートタイム労働者等の非正規労働者を組織化する運動を強めつつある。

図11-3　日本の労働組合員数と組合組織率の推移

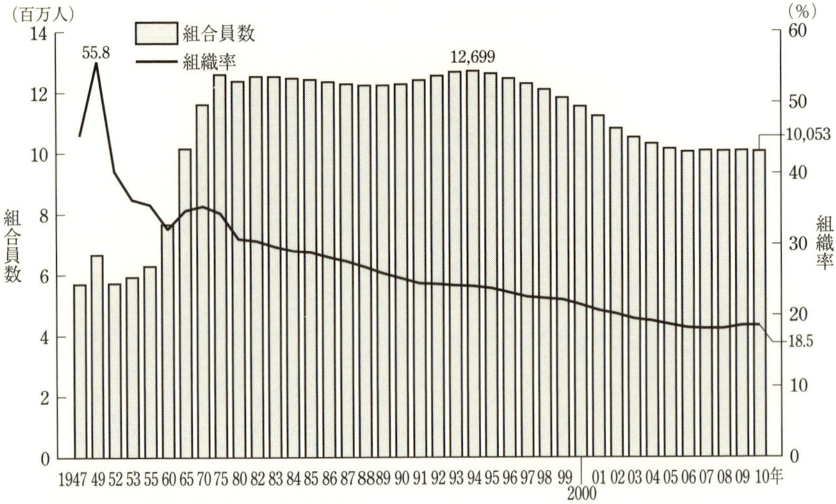

(出所)　厚生労働省「労働組合基礎調査」。

雇用形態の多様化

　近年，日本では，おもに人件費を節約したい企業側と多様な働き方を選択したい労働者側との需給関係により，パートタイム労働者，派遣労働者などの非正規労働者が増加している。厚生労働省の「就業形態の多様化に関する総合実態調査」の結果をみると，2010年に全労働者に占める非正規労働者の割合は38.7％と99年の27.5％より11.2％ポイント増加した（厚生労働省，2010a）。雇用形態の多様化は，従来正社員を中心に形成された企業コミュニティ性をゆるめることになるだろう。

　UIゼンセン同盟を中心に産業別労働組合が非正規労働者の組織化を進めてパートタイム労働者の労働組合組織率は一貫して増加しているが，それでも2010年で5.6％にすぎない。組織化は労働組合の大きな課題の1つであるが，非正規労働者と正規労働者によって構成される企業別労働組合や企業別労使関係のイメージはまだ描かれていないのが実態である。今後，どのような企業別労使関係になるだろうか（最近のパートタイマーの組織化と意見反映システムについては，呉，2004，を参照）。

個別労働紛争の増加

　最近，企業と従業員個人との間に個別労働紛争が増加しているが，それが企業内で解決できず，企業の外へ持ち込まれる傾向がある。個別労働紛争は，労働組合のあるところでも企業外へ持ち込まれている。たとえば，2007年度に各都道府県労働局紛争処理委員会に斡旋を申請した労働者（7146名）の中で，労働組合がある事業所の労働者の割合が9.8％，組合のない事業所の労働者の割合が72.7％，残りが不明であった。労働組合の有無がわかる労働者だけに限ってみると，労働組合のある労働者の割合は8.4％（9.8/82.5×100）と，労働組合の組織率18.1％より少ないものの，看過できない数字といえよう。しかし，労働組合があれば個別労働紛争が起きる可能性は低いと考えられ，労働組合は紛争の予防の役割をしているといえる。企業の外に組織されているコミュニティ・ユニオン等の合同労組は個別労働紛争解決に努めており，当該企業との団交のみによって紛争を解決する自主解決率が67.9％と高く大きな役割をはたしている（呉，2011）。

　紛争調整委員会への2010年度斡旋申請件数の中で，解雇といじめ・嫌がらせ，労働条件の引き下げがそれぞれ37.5％と14.4％，8.3％ともっとも多い。長期不況と企業事業再編などが進む厳しい企業環境と，業績主義人事制度の導入が進むに伴い，評価者と被評価者の評価をめぐる認識のずれ（たとえば，人事・労務管理研究会，2000の調査によると，もっとも重視する評価項目として「新しい仕事にチャレンジすること」をあげたのは，課長38.6％，社員14.5％）が生まれ，解雇や労働条件の引き下げ問題が多発することが予想され，それの予防や解決に企業別労使関係の対応力を高めることが求められている。

ネオ・コーポラティズムとコーポレート・ガバナンスの変化

　日本の労働組合は，実質賃金の維持・向上をめざして，政策参加（政策・制度改善活動）を行っているが，それが本格的に始まったのは，1976年の政推会議（政策推進労組会議）結成以降である。70年代中頃以降，大幅賃上げが困難となり，労働者の労働諸条件を維持・向上させるためには，名目賃金よりも実質賃金の向上が重要であったからである。

　政策・制度改善活動は連合（日本労働組合総連合会）が中心になって行い，

今まで少なからぬ成果を達成したと評価されている（逢見，1994）。稲上毅は，いち早く，労働組合の政策参加に注目し（稲上，1980），日本の特徴を「ゆるやかな行政コーポラティズム」と定義した（稲上，1999）。その意味は，日本のネオ・コーポラティズム（政労使による協調的な合意形成のあり方）が，国レベルの労使関係より企業内労使関係あるいは企業コミュニティにその基礎を置いていることで「ゆるやか」であり，労使の社会的パートーナーシップに代わって行政が重要な役割を担っていることから「行政」に強調が置かれていることであった。このような日本のネオ・コーポラティズムの中で，今後，連合がどのような成果を出すのか，また，それを企業の労使がどの程度享受できるか，そして，企業別労使関係をどう補完することができるかが注目される。

　また，最近，**コーポレート・ガバナンス**（企業統治）のあり方の変化が急速に進んでいる中で，直接金融と投資家重視が，団体交渉・労使協議を中心とした企業内労使コミュニケーション体制との間に齟齬をきたすのではないかと危惧する声がある。たとえば，証券取引法におけるインサイダー取引禁止ルールの運用がより厳しくなったことで，団体交渉・労使協議における労使間での情報交換が抑制されるのではないかと心配する意見がそれである（社会経済生産性本部労使関係常任委員会編，1999）。

　また，2000年から退職給付会計や連結会計の導入など，企業会計基準が大きく変わってきている。労働組合は，新たな会計基準が企業会計制度の透明化につながる面があると歓迎する一方，退職金規定の改悪や支給水準の切り下げ，グループ企業の再編・リストラによる人員削減が行われるのではないかと懸念する意見もある。

　そして，安定株主の低下や株の持ち合いの解消により，従業員中心の企業経営が株主重視の経営にシフトしつつあり，従来のような企業コミュニティ性を維持していくことが難しくなりつつあるのではないかと危惧されている。

　日本の労使が，このような大きな課題にさらされている企業別労使関係をどう創造的かつ発展的に作り直していくか注目されるところである。

ゼミナール

1. 労使の対立・共通点をそれぞれあげて，どうすれば対立点を減らし共通点を増やして労使相互の利益になるか議論してみよう。
2. 日本では労働三権が憲法と労働組合法に保障されているが，なぜそうなっているのか議論してみよう。
3. 最近，個別労働紛争が多く発生しているが，その背景と有効な解決方法について考えてみよう。
4. 日本企業のコミュニティの諸側面を整理し，自分の職業生活像を描いてみよう。
5. 労使コミュニケーションの大切さを身近な人々の事例を通じて検証してみよう。

基本文献案内

稲上毅『労使関係の社会学』東京大学出版会，1981年
　●イギリスの「豊かな労働者」研究をふまえながら，日本の大企業労使関係について事例調査と意識調査を通じて克明に描き，企業コミュニティの深層を明らかにした名著である。

稲上毅・連合総合生活開発研究所編『現代日本のコーポレート・ガバナンス』東洋経済新報社，2000年
　●コーポレート・ガバナンス（corporate governance 企業統治）の国際的な改革の流れをふまえながら，日本の上場大企業経営者を対象にしたアンケート調査に基づき，社会学・経済学・会社法・労働法の観点から，変化の渦中にある日本のコーポレート・ガバナンスの現状と将来を分析している。

白井泰四郎『労使関係論』日本労働研究機構，1993年
　●労使関係の諸相についてわかりやすく概念的整理を行うとともに，日本の労使関係の特徴について簡潔に記述している。日本の労使関係をみるうえで基本書であるといえる。

R. P. ドーア『イギリスの工場・日本の工場——労使関係の比較社会学』山之内靖・永易浩一訳，筑摩書房，1987年
　●日英の工場を緻密に調べたうえで経営と労働のあり方を比較し，先発工業国であるイギリスが後発工業国の日本から経営や雇用管理，労使関係等を学ばなければならないとし，日本の後発効果を提示している。

日本労働研究機構編『労働組合』（リーディングス日本の労働3）日本労働研究機構，2001年

●日本の労使関係に関する多数の優れた論文を収集して，それを体系的に整理・解説した労作である。

―――――呉　学殊◆

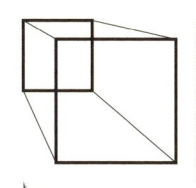

雇われない働き方
——個人請負やフランチャイズオーナー

第12章

はじめに

　雇われない働き方として自営業が関心を集めている。研究者だけでなく，行政や働く人々自身からも注目されている。自営業は，伝統的な働き方で，いずれは雇用労働に置き換えられていくといった見方も根強いが，他方で，自立した自由な働き方を提供するもので（autonomy of freelance work），経済のサービス化や既存企業による業務の外部化の進展などによって今後，フランチャイズシステムを活用した開業やSOHOさらには個人請負など新しい類型の自営業が増大する可能性が高いとの意見もある。企業による業務の外部化は，下請企業などへの外注だけでなく，個人への業務委託（個人請負）として広がる可能が指摘されていることもある。また自営業を起業家精神（entrepreneur）の担い手として積極的に評価する考えもある。後者に基づき起業家的風土を醸成し経済全体の活性化を目的として，起業支援あるいは開業支援を積極的に行っている国もある（Storey, 1994＝2004）。

　また失業率の増加を背景に，雇用機会の創出者として自営業としての開業に期待が寄せられている。開業によって誕生した自営業が小さな企業となり，さらに成長・拡大することによって，雇用機会の創出に貢献することが考えられている。雇用機会の創出に至らなくとも，失業者が自営化することで，就業機会を得ることが期待されている。この意味で自営業主とは，自分で自己の雇用機会を生み出す「自己雇用者」（self-employment）なのである（国民生活金融公庫総合研究所編，2004）。

1 なぜ雇われない働き方か

　このように，自営業がさまざまな社会的な関心を集めているが，関心のあり方によって，それぞれが念頭においている自営業層が異なる場合も少なくない。そこで両者の関係を含め，自営業への関心のいくつかを検討してみよう。

自営業は雇用創出に貢献するのか
　無業者や失業者の自営化は，就業機会の増大に貢献するのである。実際，自営業主のキャリアを調べると，雇用者から自営化した者だけでなく，無業者や失業者から自営化する者も多い（総務省統計局「就業構造基本調査」）。しかし雇用者の自営化のうち，雇用者を雇わない場合は，雇用者が自営業主に置き換わっただけで，社会全体としての就業機会を増やすものではない（派生需要による就業機会の創出はあろう）。ちなみに自営業主（内職者を除く）のうち雇用者を有する者は，31.0％と3分の1弱にすぎない。とりわけ女性の自営業主では，雇用者を有しない者が多い（雇用者を有する自営業主の比率：男性34.5％，女性19.4％，総務省統計局「就業構造基本調査〔平成19年〕」）。主婦など無業者からの自営化は，就業機会の増大となるが，雇用機会の創出に貢献する程度は小さい。さらに開業経営者に関する調査によれば，開業の目的が能力発揮志向にあり，事業拡大を考えていない層も相当の比重で存在する（『新規開業白書』各年版）。自営業のすべてが拡大志向を持つわけではなく，その結果として雇用機会の増大に結びつくものばかりではない。自営業のうちいわゆるベンチャー企業となるのはごく一部でしかない。

　自営業に関して就業機会だけでなく，雇用創出を期待するのであれば，無業者や失業者や雇用者の自営業化を促進するだけでなく，従業員を雇用する自営業を増やすことが必要となる。潜在的な自営業希望者（自営化希望率），その中で実際に自営化する者の比率（実自営化率），自営化後の生存率（自営後存続率），さらに拡大志向の自営業層の比率（自営業企業化率）のすべての向上が求められるのである。さらに，自営化後の生存率は，研究によって異なる数字が算出されているが，海外では5年前後で40％から60％程度と言われている。自営

化支援を行っても雇用創出効果は，きわめて限定されているといえる。そのため雇用創出を意図するのであれば，自営化後の一定の淘汰段階を経た自営業について，雇用拡大を支援することが雇用創出政策としては有効となる。

開業の実態

　国民生活金融公庫総合研究所（現・日本政策金融公庫総合研究所）が毎年実施している「新規開業調査」から開業者の特徴をみよう（日本政策金融公庫総合研究所編，2009）。

　開業時の年齢は，1990年代にゆるやかに高まり，最近は42歳前後となる。開業者に占める女性が増加しつつあるが，割合は低く10％強にすぎない。開業直前は雇用者として企業に勤務していた者がほとんどで，役員や管理職の比重も大きい。また開業業種は開業までに就業した経験のある業種が主となる。おそらく企業での勤務経験を積んだ後にその勤務先と同じ業種で開業している者が多いと考えられる。開業時の従業者数を見ると，経営者のみで開業した者が4分の1程度で，それ以外は経営者以外にも雇用者がいる。つまり開業が雇用機会の創出に貢献している。収入に満足している者はそれほど多くないが，仕事のやりがいへの満足度は高い。

自立した自由な働き方か

　自営化した人々の開業動機の一つは，「ボスになりたい」ことにある。自分の裁量で事業を運営したいという希望である。この点に，起業家精神や自立した自由な働き方を見出す人が多い背景がある。しかし実態を見ると，自営業主の裁量度には相当の幅がある。小売店を取りあげると，フランチャイズシステムを利用して開業した店長（controlled self-employment）とオーナー店長では，同じ自営業に分類されても経営面での裁量度が異なる（本章第3節参照）。また，請負で仕事をするフリーのデザイナー（業務委託），年契約社員のデザイナー（雇用者），正社員のデザイナーの働き方を比較すると，フリーのデザイナーの中にも正社員と変わらないような裁量度が低い者も含まれる。就業形態と裁量度は，1対1に対応しない。他方，雇用者の中にも，裁量度の高い働き方が生まれてきている（裁量労働制，社内起業制など）。就業形態でなく，働き方自体

表12-1 経営者の職業生活評価（雇用者からの開業者）
　　　　──大企業の同世代の雇用者と比較した評価

	a) 大企業が良い	b) どちらとも言えない	c) 自分のほうが良い	d) c) マイナス a)
1) 仕事のやりがい	1.4	16.2	81.2	79.8
2) 自分らしく生きられること	1.9	15.6	81.0	79.1
3) 老後の生活設計や生きがい	10.9	33.9	54.1	43.2
4) 社会的地位	13.4	44.4	40.3	26.9
5) 収入	23.0	37.4	38.0	15.0
6) 仕事のつらさ	22.2	51.1	24.5	2.3

（注）　中小サービス業の経営者を対象とした調査。無回答は表掲していない。
（出所）　佐藤博樹，1999b．

を吟味する視点が求められることになる（本章第2節参照）。

　とはいえ平均でみれば，自営業主自身による自分たちの「働き方」に関する評価は，自立した自由な働き方のイメージが当てはまる。雇用者から開業した中小サービス業の経営者に対する調査によると，大企業の同世代の雇用者よりも，中小企業の経営者である自分のほうが「良い」とする回答が多くなる。同世代の大企業の雇用者と比較してみても，中小サービス業の経営者は，「仕事のつらさ」と「収入」の両者では際だって優位にあるわけではないものの，「仕事のやりがい」と「自分らしく生きられる」ことでは，はるかに恵まれていると感じているのである（表12-1参照）。

　また自営業は，ワーク・ライフ・バランス（生活と仕事の調和）の実現を図りやすい働き方としても注目されている（日本政策金融公庫総合研究所編，2010，第2章「新規開業とワークライフバランス」）。自宅で開業できたり（SOHO，Hobby Business），働き方を自分でコントロールしやすいなどの理由から，家庭生活と仕事の両立を志向する既婚女性や，体力や健康状態に応じて働き方を変えたい高齢者の就業機会としても注目されている。

多様な自営業層

　自営業への関心は多様であるが，それは，自営業自体が多様な存在であることを反映した部分が少なくない。統計上の定義でみても，自営業主は，個人経

営として事業を営んでいる者で,さらにそれは雇用者を雇っている者,雇用者を雇っていない者(solo self-employment),さらに内職者(自宅で賃仕事をしている者)に分かれる。自営業の幅が大きいことは,従業員を雇用する自営業主と内職者が,同じ自営業主に分類されていることでもわかる。雇用者に比べ,自営業主が多様な存在であることは,年齢階層や所得階層や働く場所や就業動機などがきわめて多様であることからも確認できる。

また個人経営から法人経営(株式会社)に移行すると,統計上,自営業主は役員となり,雇用者となる。個人経営の法人化の進展は,自営業主の雇用者化をもたらすことになる。しかし法人化していても小規模企業の経営者を,自営業に含めて議論している者も多い。確かに,自営業主と法人化した小規模企業の役員の意識や行動に違いを見いだすことは難しく,法律面を除くと両者には連続性がある。

自営業について議論する場合,どのような自営業に着目するかを,まず明確にする必要があるのである。

2　個 人 請 負

「個人請負」という働き方

雇われない働き方の1つとして,個人が顧客である企業や団体から仕事を請け負い,人を雇わずに仕事を遂行する働き方がある。日本では,「業務委託契約」や「請負契約」といった名称の契約に基づくことが多い。雇用契約に基づかない「自営業者」(self-employment)としての働き方である。こうした働き方をここでは,「個人請負」と呼ぶことにしよう。このような個人請負の働き方は,一般に「インデペンデント・コントラクター」「フリーランサー」「業務委託員」「個人業務請負」「一人親方」などと呼称される働き方とも重なる。

個人請負の就業者が従事する職種は,多岐にわたっており,大工,左官,塗装工,現場管理などの建築関連のほか,広告営業や証券会社営業,食品販売等の営業・販売関連,ヘアメイクやネイルアーティスト,エステティシャン等の美容・理容関連,バイク便などの運送関連,システムエンジニアやプログラマ,Webデザイナー等のIT関連,編集や校正,ライター,カメラマン等の出版・

マスコミ関連，データ入力やテープ起こし作業等のオペレーター，学習塾講師やインストラクター等の講師業，アナウンサーや司会業，各種コンサルタントなどさまざまである。就職情報誌等の求人広告で「業務委託」の求人を見ると，これらさまざまな職種で個人請負の就業者が求められていることが確認できる（村田，2004；厚生労働省政策統括官，2010）。

　このような個人請負の就業者の人数を全国レベルで把握できる統計は存在しないのが現状である。たとえば，「平成19年就業構造基本調査」によると，「自営業主」の数は667万5200人で，うち「雇い人のいない」すなわち人を雇っていない「自営業主」は444万600人である。ただし，この中には個人経営の商店の事業主等も含まれており，個人請負の就業者の人数を正確に把握することはできない。したがって，個人請負の就業者の人数の増減の状況を把握することも困難である。とはいえ，上述のように，幅広い職種に個人請負の就業者が従事していることは確かである。また，自営業者全体の数が減少する傾向にある中で，自営業者に占める個人請負の就業者の比重が高まりつつある可能性も考えられる。

個人請負に対する2つの見方

　このような個人請負の働き方について，人々の評価は分かれる（Smeaton, 2003）。1つには，それを特定の組織に拘束されない自律的な働き方として肯定的にとらえる見方がある。その代表例として，個人請負の就業者は，自らの技能をもとに複数の組織からの仕事を請け，それらを組み合わせて生計を立てる「ポートフォリオ労働者（portfolio worker）」とみなす議論があげられる（Fraser and Gold, 2001）。かれらの多くは，プロフェッショナルであり，学歴も高い。このような「ポートフォリオ労働者」が出現する背景として，雇用の不安定さが増し，組織の階層が減少して昇進機会が減る中で，自営業者として働くことの魅力が相対的に増してきたことが指摘される。また，仕事と生活との両立を重視する意識も高まっている。そして，とりわけ高学歴化した若年層の中に，組織に拘束されず，自らの運命を自らが切り開くことを重視する価値観が広がっている可能性がある。個人請負は，そうした働き方やキャリアを実現する選択肢として，働く人に積極的に選ばれているという見方である。

日本においても，こうした見方に対応する事実が存在することは確かである。個人請負の就業者の中でもとくに，高度な専門的技能をもち，自律性の高い「インデペンデント・コントラクター」に焦点を当てた調査研究によると，その多くは，学歴が高く，年収も高い傾向にあり，自らの生活スタイルに合わせた就業や経験・知識・資格の活用，プロフェッショナルとしての専門的能力の向上などを動機として積極的に現在の働き方を選択している。また，収入の安定性に不満をもつものの，他方で自由度の高さや主体的な能力形成，仕事と生活の両立，やりがいなどの面でのメリットを認識している（山田，2007）。このような結果は，個人請負に対する肯定的な見方を支持するものといえるだろう。

　こうした見方とは対照的に，個人請負の就業者を「周縁化された労働者（marginalized worker）」として位置づけ，個人請負という働き方を否定的にとらえる見解もみられる（Mangan, 2000）。この見方に従うと，個人業務請負の働き方は，組織のリストラが進む中で希少となった常用雇用の機会を得られない人により，不本意に選択されたものである（Stanworth and Stanworth, 1997）。かれらは，必ずしも高度な資格をもつプロフェッショナルではない。企業の多くは，コスト削減の戦略により動機づけられており，個人請負の就業者の収入は低く抑えられている（Meager et al., 1994）。このほか，ジェンダーの観点からは，女性が個人請負の働き方を選ぶ背景として，企業において女性の昇進機会が制限されていることが指摘されている。また，女性は，家事や育児の責任を負うために，時間的拘束の少ない個人業務請負の働き方を選択せざるをえないケースが少なくないとする（Green and Cohen, 1995）。

　日本においても，企業が個人請負を利用するおもな動機が，コストの削減と生産変動への対応にあるとする分析がみられる（周，2006a）。これは，個人業務請負の活用の進展が，必ずしも，専門的な技能を発揮しようとする就業者の意識に対応したものではないことを示唆する。また，失業経験者は，正社員よりも個人請負としての就業を選択する傾向にあるとされる（周，2006b）。これも，就業機会が限られるなか不本意に個人請負を選択する人が少なくない可能性を示すと考えられる。日本でも，個人請負の就業者に対する「周縁化された労働者」としての位置づけを支持する実態があるようである。

　このように個人請負という働き方に対しては，「ポートフォリオ労働者」と

みるか,「周縁化された労働者」とみるかに関して見解のちがいがみられる。その背景として,個人請負の働き方は多様化しており,個人請負の就業者の中に,これら2つのモデルに近い働き方がいずれも含まれることがあげられる。そして,個人請負の就業者のうちどのような層に着目するかによって,個人請負という働き方に対する評価は異なってこよう。

個人請負就業者の「労働者性」

　個人請負の働き方にみられる多様性の中でも,法的な労働者保護の観点からはとくに,個人請負の就業者が,労働法の適用対象となる「労働者」とみなせるかどうかという「労働者性」のちがいに関心があてられている。

　「業務委託契約」等の契約に基づく個人請負の就業者は,あくまで「自営業者」であり,労働基準法等の労働法の適用対象となる「労働者」ではない。そのため,企業としては,労働者を雇用することに伴う使用者としての労働法上の義務を負わずにすむ。しかし,企業に雇用される人と実質的に変わらない働き方なのに,形式上,「業務委託契約」等の契約を結ぶことで労働法の適用対象外となるのでは,働く人にとって不利である。労働法で定められた権利や保護を受けることができないためである。

　そこで,裁判所の判例では,契約の名称にかかわらず,労働の適用対象となる「労働者」であるかどうかが,実態に即して判断されている。このような「労働者性」の判断にあたっては,とくに「事業又は事業所……に使用される者」(労働基準法第9条)であるかどうかという「使用従属性」が重視される。そして,「使用従属性」の判定においては,依頼された仕事の許諾の自由の有無や,時間的・場所的拘束性,業務遂行に対する具体的指揮監督の有無などが中心的な要素とされてきた(池添,2007;大内・内藤,2010)。

　このことは,個人請負の働き方において,「使用従属性」の程度はさまざまであり,明らかに「自営業者」とみなすことができる働き方から,「労働者」に近い働き方までが含まれていることを示す。他方で,企業に雇用される働き方の中にも,仕事の進め方や働く時間,場所などに関して裁量が大きい働き方が広がってきていることも事実である。企業に雇用され労働法が適用される「労働者」の中にも,「使用従属性」の低い働き方が広がっていると解釈するこ

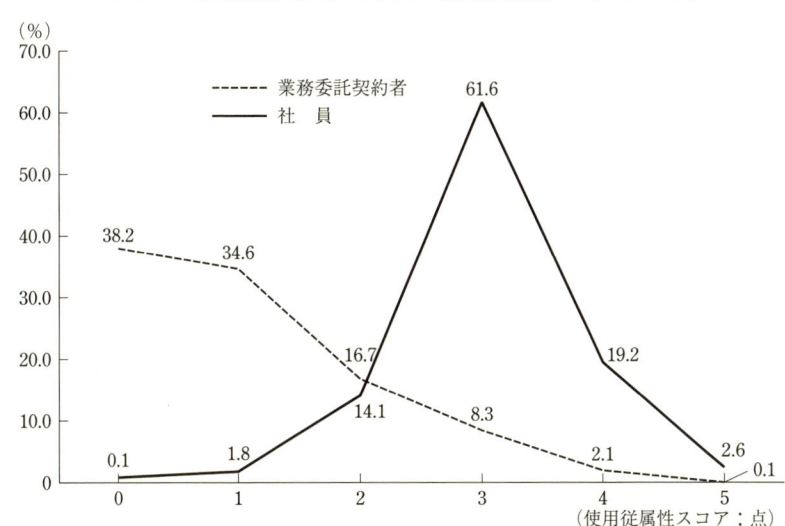

図12-1 業務委託契約者と社員の「使用従属性」のスコアの分布

業務委託契約者：0点 38.2％、1点 34.6％、2点 16.7％、3点 8.3％、4点 2.1％、5点 0.1％
社員：0点 0.1％、1点 1.8％、2点 14.1％、3点 61.6％、4点 19.2％、5点 2.6％
（使用従属性スコア：点）

(注) ①仕事の許諾の自由の有無（発注される仕事を「断れない」か），②時間的拘束性（毎日決まった時間に出社する必要が「ある」か），③場所的拘束性（仕事場所が「取引先の事業所，取引先等が指定する事業所，営業や顧客回り」か），④業務遂行に関する具体的指揮監督の有無（仕事の進め方について「取引先からすべて細かく指示がある」か），⑤報酬の支払い方法（報酬の算定に用いられる主な要素が「業務に要した時間に応じて」か）に関する回答結果をそれぞれ得点化（0または1）して合計している（0～5点）。
(出所) 三菱UFJリサーチ&コンサルティング，2008。

ともできる。企業に雇われる働き方と雇われない働き方との間の境界は，ますますあいまいになりつつあるとみることもできよう。

これに関して，図12-1は，個人アンケート調査のデータを用い，個人請負の就業者（「業務委託契約者」）と社員との間で，「使用従属性」の指標（スコア）を比較したものである。「使用従属性」のスコアは，判例における「使用従属性」に関する基準を参考に作成している。得点が高いほど，「使用従属性」が高いと考えることができる。

図12-1からは，こうした指標でみた場合でも，個人請負の就業者と社員との間で，「使用従属性」の分布が重なり合っていることが確認できる。もちろん全体の傾向としては，個人請負の就業者のほうが，「使用従属性」は低い。とはいえ，個人請負の就業者の中にも，社員より「使用従属性」が高い人がい

る一方で，社員の中にも個人請負の就業者より「使用従属性」が低い人がいる。個人請負の就業者と社員との間で，「使用従属性」の程度は，重なり合っていることがわかる。

このように，「使用従属性」という側面についてみても，「自営業者」としての個人請負の就業者と「労働者」である社員との間の働き方のちがいは，必ずしも明確なものではないと言える。両者の間に境界線を引くことは容易ではない。こうした実態をふまえて，労働法の保護の範囲に関する議論においては，「労働者」と「自営業者」の間に中間的な働き方のカテゴリーを設け，これに該当する働き方に対しても労働法の保護を適用していくべきとの意見や，「労働者」か「自営業者」かという区分にかかわらず，働く人がそのニーズやリスクなどに応じて法的な保護を受けられるようにすべきという見解がみられる（鎌田，2003；島田，2003）。

個人請負という働き方の選択

個人請負という働き方を働く人のキャリアの中に位置づけて理解する視点も重要であろう。たとえば，個人請負の就業者の中には，企業に雇われて働いていた経験をもつ人も少なくない。個人請負の就業者への個人アンケート調査によれば，回答者の約9割は，これまでに企業や団体に雇われた経験をもつ（三菱UFJリサーチ&コンサルティング，2008）。雇われて働く働き方から個人事業主へというかたちで，就業形態の転換が行われている。

このように雇われて働いた経験のある回答者について，現在の仕事内容と雇われて働いていた時の仕事内容との関係をたずねると，多くは，ほぼ一致しているか，関連のある仕事であるとしている。なかでも建築・土木・測量技術・建築設計や，機械・電気技術・設計，デザイナー・カメラマンなどの仕事で，ほぼ一致しているとする割合が高い。個人請負への転換後も，雇用されて働く中で習得した技能を活かせる仕事に従事しているケースが多いことがわかる。

同じ調査から，雇われて働いていた時と比べた，現在の労働条件や仕事の性格についての回答をみると，収入額や収入の安定性については，個人請負への転換後のほうが低くなったとする割合が高い。他方で，労働時間は短くなり，自由に使える時間や休日が増えたとする割合が高い。また，仕事上の責任や裁

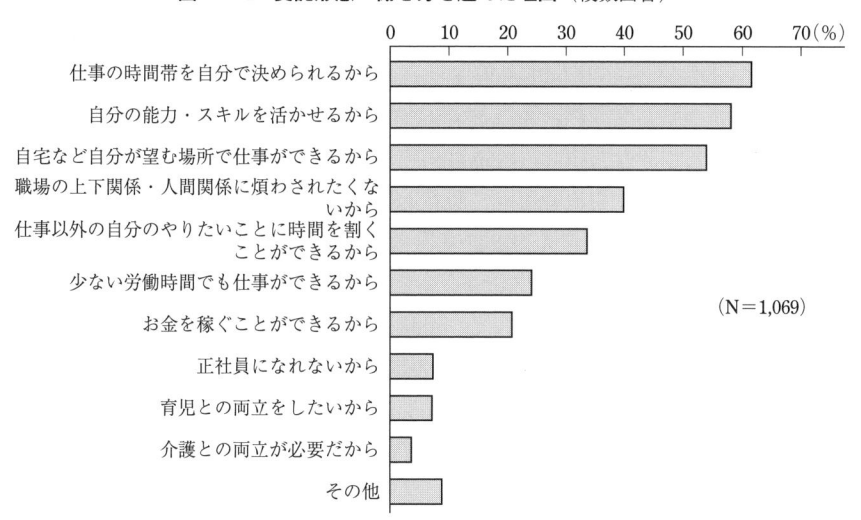

図12-2 受託形態の働き方を選んだ理由 (複数回答)

仕事の時間帯を自分で決められるから	約62%
自分の能力・スキルを活かせるから	約58%
自宅など自分が望む場所で仕事ができるから	約53%
職場の上下関係・人間関係に煩わされたくないから	約40%
仕事以外の自分のやりたいことに時間を割くことができるから	約33%
少ない労働時間でも仕事ができるから	約25%
お金を稼ぐことができるから	約22%
正社員になれないから	約8%
育児との両立をしたいから	約8%
介護との両立が必要だから	約4%
その他	約8%

(N=1,069)

(出所) 三菱UFJリサーチ&コンサルティング, 2008。

量, やりがいについては, 多くが高まったとしている。したがって, 雇われて働く働き方から個人請負へというキャリア選択に対する本人の評価は, これら働き方のどの側面を重視するかによって, 異なってこよう。

それでは, 実際に, 個人請負の就業者は, 現在の働き方をどう評価しているだろうか。すでにみた「ポートフォリオ労働者」モデルにみられるように, 個人請負という働き方を, 雇われて働く働き方よりも魅力的な選択肢として, 積極的に選んでいるのか (Fraser and Gold, 2001)。あるいは,「周縁化された労働者」モデルの指摘するように, 企業の人件費削減の方針やリストラ, 就業機会の小ささなどを背景に, 不本意に選択しているのだろうか (Stanworth and Stanworth, 1997)。

これに関して, 図12-2は, 雇われて働いた経験のない回答者も含めた全員に対して, 個人請負の働き方を選んだ理由について聞いた結果である。「仕事の時間帯を自分で決められるから」「自分の能力・スキルを活かせるから」「自宅など自分が望む場所で仕事ができるから」などがおもな理由として指摘されている。そして,「正社員になれないから」という消極的な理由をあげる回答

者は1割未満とごく少ない。さらに，集計は示さないが，現状への評価に関して，個人請負の就業者と社員との間で仕事全体に対する満足度を比較すると，個人請負の就業者のほうが満足度は高い傾向にある。

こうした結果は，個人請負の就業者の多くが，不本意に現在の働き方を選択しているというよりは，自らの技能の活用や，労働時間や働く場所の選択に関する裁量の大きさなどを重視して，現在の働き方を積極的に選択していることを示すと解釈できよう。本人の就業選択に関する意識に着目する限り，「ポートフォリオ労働者」モデルが妥当しそうである。

とはいえ他方で，同調査において，現状について不満をもつ個人請負の就業者も少なくはない。さらに，個人請負の就業者を網羅するリストが存在しない現状では，調査対象者の選び方による調査結果の偏りを評価することは難しい。そして，すでに指摘したように個人請負の働き方は多様であるため，調査対象者の選定の仕方により集計結果が大きく異なってくる可能性がある。個人請負の働き方に関わる課題や問題について検討するにあたっては，そうした多様な働き方の実態を把握すべく，調査研究を積み重ねていくことが重要であろう。

3　フランチャイズオーナーの働き方

フランチャイズオーナーとは

次に，雇われない働き方として，ここではフランチャイズオーナーをとりあげる。日本フランチャイズチェーン協会によれば，「フランチャイズとは，事業者（「フランチャイザー」と呼ぶ）が他の事業者（「フランチャイジー」と呼ぶ）との間に契約を結び，自己の商標，サービスマーク，トレード・ネームその他の営業の象徴となる標識，および経営のノウハウを用いて，同一のイメージのもとに商品の販売その他の事業を行う権利を与え，一方，フランチャイジーはその見返りとして一定の対価を支払い，事業に必要な資金を投下してフランチャイザーの指導および援助のもとに事業を行う両者の継続的関係」を指す。つまりフランチャイズビジネスとは，フランチャイザーが開発したシステムやノウハウ，商標などを提供し，フランチャイジーは，自分の資金を投入して，本部の開発した商売の方法，ノウハウを使用して営業を行い，お互いに利益を得

ようとするビジネスモデルといえる。したがって，コンビニのオーナーはここでいうフランチャイジーであるから，オーナーであるが，フランチャイザーに加盟金やロイヤリティを支払う義務を持ち，一定の指示をうけるという点で，実態として労働者性を有する。つまりフランチャイジーとしてチェーン加盟している加盟店長はオーナー店長でありながら，チェーン本部の指導のもとで店舗運営を行うという意味で雇用店長と類似性を持つ。

フランチャイズの店舗数は増加傾向にあり，2009年時点で約23万店を数える。店舗を業種別にみると，小売業が多く約9万店（うち約半数がコンビニエンスストア），次いでサービス業が8万7000店（学習塾・カルチャースクールが多く約3万店），外食業が約5万4000店（うちハンバーガーなどのファストフードが約3万店）などとなっている。

フランチャイズオーナーとしての店長の働き方：加盟店長のキャリア

フランチャイズオーナーとしての店長（以下，加盟店長）の働き方を，職業キャリアと仕事内容という2つに分けてみよう。

まず加盟店長の職業キャリアである。加盟店長に対する調査結果（日本フライチャイズチェーン協会，2003）によると，加盟店長の属性として，女性よりも男性が多く，学歴は高卒が多いが，大卒も3割程度と少なくないこと，また年齢層では比較的若い30代が多いこと，などが知られる。

加盟店長になるまでのキャリアをみると，過去に他の職業に従事した経験のある者が多い。加盟店長の多くは，学校卒業後，一定の職業キャリアを積んでからなっているといえる。

また自営店長，雇用店長との対比で加盟店長の前職を調べた研究によると，自営店長の場合は，以前には雇用されて働いていた転職組が約8割と多い。加盟店長もこれに似ており，ほぼすべてが雇用者からの転職者である。これに対して，雇用店長の場合は，今の勤務先に就職してから内部昇進して店長になった者が全体の約3分の1を占めている点が特徴である（中村，2000）。

雇用店長について，今の働き方を選んだ理由，つまり就業動機をみると，「やりがいがあり，能力発揮ができそう」「人と接する仕事がしたかったから」「経験や知識を活用できそうだから」が上位にあがっており，経験を活かし能

力発揮をしたいという意向が強い。この点では加盟店長も共通しており，雇用店長，加盟店長とも自営業主の開業理由と類似している。

加盟店長の今後のキャリア志向をみると，「売上を伸ばしたい」がもっとも多く，「今のままやっていきたい」がこれに次いでいる。

加盟店長の仕事内容および仕事意識

つぎに今の仕事内容についてみてみよう。フランチャイズチェーンの加盟店長には，価格変更や販売促進への指示が多いが，パートやアルバイトの活用などの雇用管理に対する指示はそれほど多くなく，店長の裁量が発揮できるとされる（佐藤・鎌田編，2000）。その意味で，雇っている従業員をどのように管理するかは，店長の仕事の中で大きな比重を占めている。

そこで加盟店長自身の仕事の満足度や従業員の雇用管理の実態と課題などについて，日本フランチャイズチェーン協会（2003）によりながらみてみよう。

第1に，仕事についての考え方，つまり仕事意識についてみると，「収入」よりも「やりがい」を優先する意識，「趣味」よりも「仕事」を優先する意識，仲間と仕事をし，安定的な仕事を好む，という傾向がやや強い。

第2に，総合的にみた仕事の満足度をみると，満足しているというものが大半を占める。

第3に，従業員への雇用管理の仕方についてみると，「希望や適性に応じた仕事を任せる」「責任ある仕事を任せている」「適切に評価するように心がけている」「従業員の意見を仕事に反映している」などに配慮していることから，仕事の配分や評価に気を配っている。また「職場が活気づくように配慮している」「職場で何でも話し合える雰囲気づくり」「困った時に助け合える雰囲気づくり」など従業員とのコミュニケーションを心がけている。さらに「仕事を通じて成長できるように配慮」し「仕事のやり方を自ら教えるようにしている」など人材育成にも意を用いている。

このように，加盟店長の多くは，従業員の雇用管理について配慮しているが，その一方で「思うような人材を採用できない」「教育・育成する時間的な余裕がない」「休暇を十分与えられていない」「教育・育成する資金的余裕がない」などの課題にも直面している。

自営店長,雇用店長との比較でみた加盟店長の特徴

　加盟店長について仕事意識をみてきたが,店長のタイプによる違いはないだろうか。今後の雇用管理の方針について店長のタイプ別にみた分析結果によると,店長のタイプの如何を問わず,「店を任せられる店員の確保」や「長く勤めてくれる従業員の確保」が上位にあがってくる（佐藤・鎌田編,2000）。こうした方針に次ぐ項目では,店長のタイプによる差異がみられ,雇用店長の場合は,「従業員の教育訓練の充実」「人件費の負担軽減」「パート比率の増加」といったコスト削減をめざして経営効率を高める志向性が強いが,加盟店長の場合は,教育訓練と人件費削減志向は共通だが,総じて今後の雇用管理方針の指摘割合が少ない。つまり,加盟店長の場合,「店を任せられる人材」の育成を志向しつつも,それが「従業員の教育訓練」にうまく結びついていかない。

　従業員の教育訓練への積極度をみると,加盟店長は雇用店長に比べて低く,やや消極的な姿勢が目につく。こうしたことは仕事や労働条件の満足度にも反映されている。実際,仕事の満足度を店長のタイプ別にみると,総じて加盟店長の満足度は高くなく,とくに,収入,就業時間,休日・休暇などの項目について加盟店長の満足度は高くはない。

　以上のことの背景には,加盟店長の特徴としての以下の諸点があることを指摘できるかもしれない。すなわち第1に,店舗発展の鍵は,自営店長や雇用店長と比べて自らの能力ではなく環境要因を強調する傾向があり,その意味で加盟店長には雇用者意識が強いといえる。自助努力よりも環境要因が効いている,という意識は,自助努力で店の業績を伸ばそうという意欲に制約を与えている可能性がある。

　第2に,自営店長も労働時間は長いが,「自分の代わりが務まるものがいない」という理由で加盟店長の休日がもっとも少ない。

　第3に,前述した店を任せられる人材を確保したいが,従業員の教育訓練には消極的であるという点である。

　これらは,加盟店長の従業員構成が,雇用店長に比べて家族従業員にかなり依存していることとも関係しているかもしれない。

ゼミナール

1. 総務省統計局『就業構造基本調査（全国編）』の最新版を利用して，自営業の就業実態を調べてみよう。
2. 日本政策金融公庫総合研究所編『新規開業白書』の最新版を利用して開業者の開業理由や開業後の就業実態を調べてみよう。
3. フリーエージェントなど個人請負の働き方で働く人々にとってのプラス面とマイナス面を，企業に雇用されて働く人と比較しながら議論してみよう。

基本文献案内

佐藤博樹・鎌田彰仁編『店長の仕事――競争力を生みだす人材活用』中央経済社，2000年。
　●小売業のフランチャイズシステムを活用して開業した自営店長の特徴を，通常の自営店長や雇用店長と比較している。店長の「仕事世界」だけでなく，そこで働く多様な人々の就業意識や小売業の店舗における人材マネジメントを明らかにしている。

日本政策金融公庫総合研究所編『新規開業白書・特別版・2009年版』中小企業リサーチセンター，2009年。
　●「新規開業実態調査」の歴史を振り返り，1990年代以降の新規開業と創業支援策（長期時系列でみる新規開業の動向）を時系列的に分析している。毎年実施される「新規開業実態調査」も年度ごとに白書として刊行されている。また，2009年度の「新規開業開業調査」（『2010年版　新規開業白書』に収録）は，開業とワーク・ライフ・バランスの関係を調査している。

国民生活金融公庫総合研究所編『自営業再考――自ら働く場を創出する「自己雇用者」』中小企業リサーチセンター，2004年。
　●「本人のみもしくは本人と家族のみで稼働している個人事業主」に限定し，いわゆる「自己雇用者」の働き方と意識を明らかにしている。

ダニエル・ピンク『フリーエージェント社会の到来――「雇われない生き方」は何を変えるか』玄田有史解説・池村千秋訳，ダイヤモンド社，2002年。
　●アメリカでフリーエージェントという働き方を選択した人々が，そうした働き方を選択した理由，また生活や仕事の実態を説得的に紹介している。

　　　　　　　　　　　　　　　　　　　　佐藤　博樹・佐藤　厚・佐野　嘉秀◆

引用・参照文献一覧

合場敬子,1996,「アメリカ社会学における性別職域分離研究の理論的枠組みと今後の研究方向」『日米女性ジャーナル』20号。
赤岡功,1989,『作業組織再編成の新理論』千倉書房。
天野郁夫,1992,『学歴の社会史——教育と日本の近代』新潮社。
Anker, R., 1998, *Gender and Jobs: Sex Segregation of Occupations in the World*, ILO.
青井和夫・和田修一編,1983,『中高年齢層の職業と生活——定年退職を中心として』東京大学出版会。
青山悦子,1990,「パートタイム労働者の人事管理——大手スーパーを中心として」『三田学会雑誌』83特別号Ⅰ。
Atkinson, J., 1985, "Flexibility, Uncertainty and Manpower Management", *IMS Report*, No. 89, Institute of Manpower Studies.
Bauman, Z., 2000, *Liquid Modernity*, Polity Press. (= 2001, 森田典正訳『リキッド・モダニティ』大月書店)
Beck, U., 1986, *Risikogesellschaft*, Suhrkamp Verlag. (= 1998, 東廉・伊藤美登里訳『危険社会』法政大学出版局)
Becker, G. S., 1964, *Human Capital*, 2nd ed., NBER. (= 1976, 佐野陽子訳『人的資本』東洋経済新報社)
———, 1991, *A Treatise on the Family*, Enlarged ed., Harvard University Press.
Bell, D., 1973, *The Coming Age of Post-Industrial Society*, Basic Books. (= 1975, 内田忠夫ほか訳『脱工業社会の到来』上・下, ダイヤモンド社)
Blauner, R., 1964, *Alienation and Freedom: The Factory Worker and His Industry*, University of Chicago Press. (= 1971, 佐藤慶幸監訳『労働における疎外と自由』新泉社)
Braverman, H., 1974, *Labor and Monopoly Capital: The Degradation of Work in the Twentieth Century*, Monthly Review Press. (= 1978, 富沢賢治訳『労働と独占資本』岩波書店)
Cappelli, P., 1999, *The New Deal at Work*, Harvard Business School Press. (= 2001, 若山由美訳『雇用の未来』日本経済新聞社)
Carre, F. et al. eds., 2000, *Nonstandard Work*, Industrial Relations Research Association,

University of Illinois.
Casey, B., H. Metcalf and N. Millward, 1997, *Employers' Use of Flexible Labour*, PSI Research Report.
Cockburn, C., 1983, *Brothers: Male Dominance and Technological Change*, Pluto Press.
Cole, R. E., 1979, *Work, Mobility and Participation*, University of California Press.
Doeringer, P. B. and M. Piore, 1971, *Internal Labor Markets and Manpower Analysis*, D. C. Heath and Company.
Dore, R. P., 1973, *British Factory-Japanese Factory*.(＝1987, 山之内靖・永易浩一訳『イギリスの工場・日本の工場——労使関係の比較社会学』筑摩書房)
————, 1993,「1990年版への後書き」(上掲書文庫版＝ちくま学芸文庫, 所収)。
————, 2000, *Stock Market Capitalism: Welfare Capitalism: Japan and Germany versus the Anglo-Saxons*, Oxford University Press.(＝2001, 藤井眞人訳『日本型資本主義と市場主義の衝突——日・独対アングロサクソン』東洋経済新報社)
Drucker, P. F., 1969, *The Age of Discontinuity*, Harper & Row.(＝1969, 林雄二郎訳『断絶の時代——来たるべき知識社会の構想』ダイヤモンド社)
————, 1993, *Post-capitalist Society*, Harper Business.(＝2007, 上田惇生訳『ポスト資本主義社会』ダイヤモンド社)
Dubin, R., 1956, "Industrial Workers' Worlds", *Social Problems*, Vol. 3.
Duncan, O. D. and B. Duncan, 1955, "A Methodological Analysis of Segregation Indices", *American Sociological Review*, 20.
Dwyer, P. and J. Wyn, 2001, *Youth, Education and Risk*, Routledge Falmer Research.
Felestead, A. and N. Jewson eds., *Global Trends in Flexible Labour*, Macmillan Business.
Fraser, J. A., 2001, *White-collar Sweatshop: The Deterioration of Work and Its Rewards in Corporate America*, W. W. Norton.(＝2003, 森岡孝二監訳『窒息するオフィス——仕事に強迫されるアメリカ人』岩波書店)
Fraser, J. A. and M. Gold, 2001, "Portfolio Workers': Autonomy and Control amongst Freelance Translators", *Work, Employment & Society*, December 2001, 15.
藤本隆宏, 1997,『生産システムの進化論——トヨタ自動車にみる組織能力と創発プロセス』有斐閣。
玄田有史, 2001,『仕事のなかの曖昧な不安』中央公論新社。
————, 2003,「20代, 30代社員があぶない」『文藝春秋』3月号。
Goldberg, S., 1993, *Why Men Rule: A Theory of Male Dominance*, Open Court.
Goldthorpe, J. H. et al. eds., 1968a, *The Affluent Worker: Industrial Attitudes and Behaviour*, Cambridge University Press.
————, 1968b, *The Affluent Worker: Political Attitudes and Behaviour*, Cambridge

University Press.
―――, 1969, *The Affluent Woker in the Class Structure*, Cambridge University Press.
Granovetter, M. S., 1995, *Getting a Job: A Study of Contacts and Career*, 2nd ed., University of Chicago Press.（＝1998, 渡辺深訳『転職——ネットワークとキャリアの研究』ミネルヴァ書房）
Green, E. and L. Cohen, 1995, "Women's business: Are Women Entrepreneurs Breaking New Ground or Simply Balancing the Demands of 'Women's Work' in a New Way?", *Journal of Gender Studies*, 4（3）.
Hakim, C., 1987, "Trends in the Flexible Workforce", *Employment Gazette*, November.
―――, 1993, "Segregated and Integrated Occupations: A New Framework for Analysing Social Change", *European Sociological Review*, 9.
―――, 1996, *Key Issues in Women's Work: Female Heterogeneity and the Polarisation of Women's Employment*（Conflict and Change in Britain Series : A New Audit, 4）, Atlantic Highlands.
―――, 2000, *Work-Lifestyle Choices in the 21st Century: Preference Theory*, Oxford University Press.
―――, 2003, *Models of the Family in Modern Societies: Ideals and Realities*, Ashgate.
―――, 2004, *Key Issues in Women's Work: Female Diversity and the Polarisation of Women's Employment*, 2nd ed., Glasshouse Press.
Hartmann, H., 1976, "Capitalism, Patriarchy and Job Segregation by Sex", M. Blaxall and B. Reagan, *Women and the Workplace: The Implications of Occupational Segregation*, University of Chicago Press.
橋詰洋三, 1985,「流通業のパート組合結成と雇用政策」『季刊労働法』136号。
間宏, 1964,『日本労務管理史研究』ダイヤモンド社。
―――, 1977,『イギリスの社会と労使関係』日本労働協会。
Herzberg, F., 1966, *Work and the Nature of Man*, World Publishing Company.（＝1968, 北野利信訳『仕事と人間性——動機づけ‐衛生理論の新展開』東洋経済新報社）
久本憲夫, 2003,『正社員ルネサンス——多様な雇用から多様な正社員へ』中央公論新社。
本田一成, 1993a,「パートタイム労働者の基幹労働力化と処遇制度」『日本労働研究機構紀要』6号。
―――, 1993b,「パートタイム労働者組織化の再検討——最近の事例を中心に」『大原社会問題研究所雑誌』416号。
―――, 1998,「パートタイマーの個別賃金管理の変容」『日本労働研究雑誌』460号。

―――, 2007, 『チェーンストアのパートタイマー――基幹化と新しい労使関係』白桃書房.
本田由紀, 2002, 「ジェンダーという観点から見たフリーター」小杉礼子編『自由の代償/フリーター――現代若者の就業意識と行動』日本労働研究機構.
ホーン川嶋瑤子, 1994, 「女性と労働をめぐる諸理論：人的資本論から制度派まで――性による賃金格差とセグレゲーションを中心に」『日米女性ジャーナル』16号.
Hounshell, D. A., 1984, *From the American System to Mass Production, 1800-1932: The Development of Manufacturing Technology in the United States*, Johns Hopkins University Press. (=1998, 和田一夫・金井光太朗・藤原道夫訳『アメリカン・システムから大量生産へ――1800～1932』名古屋大学出版会)
Howe, L. K., 1977, *Pink Collar Workers: Inside the World of Women's Work*, G. P. Putnam's Sons.
兵藤釗, 1997, 『労働の戦後史』(上・下), 東京大学出版会.
池添弘邦, 2007, 「労働保護法の『労働者』概念をめぐる解釈論と立法論」『日本労働研究雑誌』566号.
今田幸子, 2000, 「働き方の再構築」『日本労働研究雑誌』479号.
今田幸子・平田周一, 1995, 『ホワイトカラーの昇進構造』日本労働研究機構.
今野浩一郎・佐藤博樹, 2009, 『人事管理入門』(第2版), 日本経済新聞出版社.
今野浩一郎編, 2003, 『個と組織の成果主義』中央経済社.
稲上毅, 1980, 「労働参加と社会政策」青井和夫・直井優編『福祉と計画の社会学』東京大学出版会.
―――, 1981, 『労使関係の社会学』東京大学出版会.
―――, 1983, 「ニュー・テクノロジーと労働組合」『日本労働協会雑誌』294号.
―――, 1999, 「日本の産業社会と労働」稲上毅・川喜多喬編『講座社会学6 労働』東京大学出版会.
―――, 2003, 『企業グループ経営と出向転籍慣行』東京大学出版会.
稲上毅ほか, 1994, 『ネオ・コーポラティズムの国際比較』日本労働研究機構.
稲上毅・井出久章, 1995, 「企業別組合の諸類型」稲上毅編『成熟社会のなかの企業別組合』日本労働研究機構.
稲上毅・連合総合生活開発研究所編, 2000, 『現代日本のコーポレート・ガバナンス』東洋経済新報社.
Industrial Relations Service, 1995, "Atypical Employment in the EC", *European Industrial Relations Review*, No. 282.
石川晃弘, 1975, 『社会変動と労働者意識』日本労働協会.
伊藤実, 1988, 『技術革新とヒューマン・ネットワーク型組織』日本労働協会.

糸園辰夫，1978，『日本の社外工制度』ミネルヴァ書房．
岩波書店編集部，1999，『定年後――「もうひとつの人生」への案内』岩波書店．
岩田克彦・藤本隆志，2003，「非典型労働者の多様な就業実態」日本労働研究機構編『非典型雇用労働者の多様な就業実態（調査研究報告書No. 158）』日本労働研究機構．
岩内亮一・苅谷剛彦・平沢和司編，1998，『大学から職業へⅡ――就職協定廃止直後の大卒労働市場』（高等教育研究叢書52），広島大学大学教育研究センター．
人事・労務管理研究会，2000，『新世紀ホワイトカラーの雇用実態と労使関係――現状と展望』日本労働研究機構．
香川正弘・電機総合研究所編，2000，『人生80年時代のライフデザイン』日本評論社．
鎌田耕一，2003，「契約労働者の概念と法的課題」『日本労働法学会誌』102号．
鎌田耕一編，2001，『契約労働の研究――アウトソーシングの労働問題』多賀出版．
神谷隆之，1999，『在宅ワーク解体新書』日本労働研究機構．
Kanter, R. M., 1977, *Men and Women of the Corporation*, Basic Books.（＝1995，高井葉子訳『企業のなかの男と女――女性が増えれば職場が変わる』生産性出版）
苅谷剛彦，2003，「若者よ，丁稚奉公から始めよう」『文藝春秋』5月号．
苅谷剛彦・沖津由紀・吉原惠子・近藤尚・中村高康，1992，「先輩後輩関係に"埋め込まれた"大卒就職」『東京大学教育学部紀要』32巻．
苅谷剛彦・菅山真次・石田浩編，2000，『学校・職安と労働市場』東京大学出版会．
経済企画庁国民生活局国民生活調査課，1975，『生活時間の構造分析――時間の使われ方と生活の質』大蔵省印刷局．
木本喜美子，2003，『女性労働とマネジメント』勁草書房．
木本喜美子・深澤和子編，2000，『現代日本の女性労働とジェンダー――新たな視角からの接近』ミネルヴァ書房．
北明美，2001，「経済のサービス化と労使関係――ビルメンテナンス業の中のジェンダー構造」竹中恵美子編『労働とジェンダー』（叢書 現代の経済・社会とジェンダー第2巻）明石書店．
小池和男，1981，『日本の熟練』同文舘．
――――，1997，『日本企業の人材形成――不確実性に対処するためのノウハウ』中央公論社．
――――，2005，『仕事の経済学』（第3版），東洋経済新報社．
小池和男・中馬宏之・太田聰一，2001，『もの造りの技能――自動車産業の職場で』東洋経済新報社．
小池和男・猪木武徳編，2002，『ホワイトカラーの人材形成――日米英独の比較』東洋経済新報社．

国民生活金融公庫総合研究所編, 2004, 『自営業再考——自ら働く場を創出する「自己雇用者」』中小企業リサーチセンター.
駒川智子, 1998, 「銀行における事務職の性別分離」『日本労働社会学会年報』9号.
Konno, M., 1997, "Negotiating Gender in Uncertainty: A Mechanism of Women's Marginalization in the Japanese Workplace", *International Journal of Japanese Sociology*, 6.
金野美奈子, 2000, 『OLの創造——意味世界としてのジェンダー』勁草書房.
小関智弘, 1997, 『町工場の磁界』(増補新装版), 現代書館.
小杉礼子, 2003, 『フリーターという生き方』勁草書房.
―――, 2010, 『若者と初期キャリア——「非典型」からの出発のために』勁草書房.
小杉礼子編, 2002, 『自由の代償/フリーター——現代若者の就業意識と行動』日本労働研究機構.
小杉礼子・堀有喜衣, 2002, 「若者の労働市場の変化とフリーター」同上書.
小谷敏, 1998, 「若者文化のハルマゲドン——80年代文化とその末路」同『若者たちの変貌』世界思想社.
高年齢者雇用開発協会, 1988, 『定年到達者等の60歳代前半期における就業と生活』財団法人高年齢者雇用開発協会.
―――, 2002, 『中高年ホワイトカラーのキャリアデータベース構築に関する研究報告書(最終報告)』財団法人高年齢者雇用開発協会.
河野啓・加藤元宣, 2004, 「低下する自国への自信——『日本人の意識』調査に見る30年 (1)」NHK放送文化研究所『放送研究と調査』2月号.
厚生労働省, 2000, 『高年齢者就業実態調査』.
―――, 2001a, 『平成13年版労働経済白書——情報通信技術 (IT) の革新と雇用』.
―――, 2001b, 『就業形態の多様化に関する総合実態調査報告』.
―――, 2002a, 『キャリア形成の現状と支援政策の展開 (キャリア形成を支援する労働市場政策研究会報告書)』.
―――, 2002b, 『高年齢者就業実態調査報告』.
―――, 2002c, 『平成14年雇用動向調査結果の概況』.
―――, 2003, 『平成15年版労働経済の分析』.
―――, 2004, 『高年齢者就業実態調査』.
―――, 2006, 『平成17年企業における若年者雇用実態調査結果の概況』.
―――, 2007, 『平成19年就業形態の多様化に関する総合実態調査』.
―――, 2008, 『コース別雇用管理制度の実施・指導等状況』(http://www.mhlw.go.jp/houdou/2008/12/h1224-1.html, 2011.10.31).

―――, 2009, 『労使コミュニケーション調査』.
―――, 2010a, 『就業形態の多様化に関する総合実態調査報告』.
―――, 2010b, 『平成21年度雇用均等基本調査』(http://www.mhlw.go.jp/toukei/list/71-21.html, 2011. 10. 31).
―――, 2011a, 『平成22年度雇用均等基本調査』(http://www.mhlw.go.jp/toukei/list/71-22.html, 2011. 10. 31).
―――, 2011b, 『平成22年度能力開発基本調査』.
―――, 2011c, 『平成22年就業形態の多様化に関する総合実態調査』.
―――, 2011d, 『平成23年高年齢者の雇用状況』.
厚生労働省政策統括官, 2010, 『個人請負型就業者に関する研究会報告書』.
熊沢誠, 1994, 「会社人間の形成」内橋克人・奥村宏・佐高信編『日本会社原論3 会社人間の終焉』岩波書店.
―――, 1997, 『能力主義と企業社会』岩波書店.
―――, 2000, 『女性労働と企業社会』岩波書店.
―――, 2003, 『リストラとワークシェアリング』岩波書店.
黒澤昌子・玄田有史, 2001, 「学校から職場へ――『七・五・三』転職の背景」『日本労働研究雑誌』490号.
Lincoln, J. R. and A. L. Kalleberg, 1990, *Culture, Control and Commitment*, Cambridge University Press.
間淵領吾, 2000, 「不公平感が高まる社会状況は何か」海野道郎編『日本の階層システム2 公平感と政治意識』東京大学出版会.
牧田徹雄・井田美恵子, 1999, 「拡大する男女平等志向, 政治不信, 現在志向――時系列調査『日本人の意識』にみる四半世紀」NHK放送文化研究所『放送研究と調査』6月号.
真鍋倫子, 1999, 「戦後における性別職域分離の構造とその変化」『京都大学大学院教育社会学研究紀要』45号.
Mangan, J., 2000, *Workers without Traditional Employment*, Edward Elgar.
Marsden, D., 1999, *A Theory of Employment Systems*, Oxford University Press. (=2007, 宮本光晴・久保克行訳『雇用システムの理論――社会的多様性の比較制度分析』NTT出版)
正岡寛司ほか, 1999, 「戦後日本におけるライフコースの持続と変化」目黒依子・渡辺秀樹編『講座社会学2 家族』東京大学出版会.
正岡寛司ほか編, 1993, 『定年退職過程とライフスタイル――男のライフスタイル』早稲田大学人間総合研究センター.
松島静雄, 1962, 『労務管理の日本的特質と変遷』ダイヤモンド社.

Meager, N., G. Court and J. Moralee, 1994, *Self Employment and the Distribution of Income*, Institute of Manpower Studies.

Meulders, D., O. Plasman and R. Plasman, 1994, *Atypical Employment in the EC*, Dartmouth.

民間の活力と創意を活かした労働市場サービスに関する研究会編, 2002, 『労働市場サービス産業の活性化のための提言(別冊資料編)』社団法人全国求人情報誌協会・社団法人日本人材紹介事業協会・社団法人日本人材派遣協会.

三菱UFJリサーチ&コンサルティング, 2008, 『個人業務請負契約の名称で就業する者の就業環境に関する調査研究報告書』.

宮台真司, 2000, 『自由な新世紀・不自由なあなた』メディアファクトリー.

宮台真司・速水由紀子, 2000, 『サイファ覚醒せよ!』筑摩書房.

水野朝夫, 1994, 「労働力の職業分布と性差別」『経済学論纂(中央大学)』35巻1・2号.

門田安弘, 1991, 『新トヨタシステム』講談社.

森岡清志, 1993, 「高齢者の社交圏」島田晴雄・稲上毅編『高齢者の労働とライフデザイン』(長寿社会総合講座8), 第一法規出版.

モーリス, M., 1985, 「ME化と職務内容, 職務要件及び職務構成の変化」雇用職業総合研究所編『マイクロエレクトロニクス(ME)と労働に関する国際シンポジウム論文集』雇用職業総合研究所.

村田弘美, 2004, 「フリーランサー・業務委託など個人請負の働き方とマッチングシステム」『日本労働研究雑誌』526号.

内閣府, 2004, 『平成16年版男女共同参画白書』.

中村圭介, 2009, 『壁を壊す』第一書林.

中村圭介・佐藤博樹・神谷拓平, 1988, 『労働組合は本当に役に立っているのか』総合労働研究所.

中村良二, 2000, 「店長の働き方と能力開発」佐藤博樹・鎌田彰仁編『店長の仕事——競争力を生み出す人材活用』中央経済社.

中村高康, 1993, 「就職協定の変遷と規制の論理」日本教育社会学会編『教育社会学研究』第53集.

中岡基明, 1985, 「パートタイム労働者の組織化と労働組合」『季刊労働法』136号.

中岡哲郎, 1974, 『コンビナートの労働と社会』平凡社.

中島寧綱, 1988, 『職業安定行政史』社団法人雇用問題研究会.

中田奈月, 1999, 「性別職域分離とその統合——男性保育従事者の事例から」『奈良女子大学社会学論集』6号.

中内敏夫, 1983, 『学力とは何か』岩波書店.

NHK放送文化研究所編，2000，『現代日本人の意識構造』（第5版），日本放送出版協会。
―――，2002，『日本人の生活時間・2000――NHK国民生活時間調査』日本放送出版協会。
―――，2003，『中学生・高校生の生活と意識調査』日本放送出版協会。
―――，2006，『日本人の生活時間・2005――NHK国民生活時間調査』日本放送出版協会。
―――，2009，『日本人の意識・2008調査』日本放送出版協会。
NHK放送文化研究所世論調査部編，1995，『生活時間の国際比較』大空社。
日経連ダイバーシティ・ワーク・ルール研究会，2002，『原点回帰――ダイバーシティ・マネジメントの方向性（日経連ダイバーシティ・ワーク・ルール研究会報告書）』日本経営者団体連盟。
日経連能力主義管理研究会，1969，『能力主義管理』日本経団連出版（復刻版2002）。
日本フランチャイズチェーン協会，2003，『フランチャイズチェーン事業産業雇用高度化推進事業報告書』。
日本経済団体連合会，2003，『経営労働政策委員会報告』。
日本労働研究機構，1996，『無組合企業の労使関係』。
―――，1999，『新世紀に向けての日本的雇用慣行の変化と展望』。
―――，2000a，『フリーターの意識と実態（調査研究報告書No. 136）』。
―――，2000b，『新世紀ホワイトカラーの雇用実態と労使関係――現状と展望』。
―――，2000c，『新世紀の経営戦略，コーポレート・ガバナンス，人事戦略』。
―――，2001，『大都市の若者の就業行動と意識（調査研究報告書No.146）』。
―――，2002a，『平成13年度能力開発基本調査報告書』。
―――，2002b，『若者の就業行動に関するデータブック（1）』。
―――，2002c，『団塊の世代を中心とする中高年の就労とライフスタイルに関する研究』。
―――，2002d，『労働組合の結成と経営危機等への対応』。
―――，2003a，『男性職場への女性労働者の進出に関する研究――男女混合職化の意義（資料シリーズNO. 128）』。
―――，2003b，『企業の人事戦略と労働者の就業意識に関する調査報告書』。
―――，2003c，『多角化・多様化する人材ビジネス』。
―――，2003d，『ユースフル労働統計』。
―――，2003e，『データブック国際労働比較2004』。
日本労働研究機構編，1997，『労働市場の制度と政策』（リーディングス日本の労働1）日本労働研究機構。

―――, 1999, 『技術革新』(リーディングス日本の労働 11) 日本労働研究機構.
―――, 2001, 『労働組合』(リーディングス日本の労働 3) 日本労働研究機構.
日本政策金融公庫総合研究所編, 2009, 『新規開業白書・特別版・2009 年版』中小企業リサーチセンター.
―――, 2010, 『2010 年版 新規開業白書』中小企業リサーチセンター.
ニッセイ基礎研究所, 1999, 『暮らしと生活設計に関する調査報告書』.
仁田道夫, 1988, 『日本の労働者参加』東京大学出版会.
―――, 2003, 「典型雇用と非典型雇用――雇用就業形態は多様化したか」同『変化のなかの雇用システム』東京大学出版会.
尾高煌之助, 1993, 『企業内教育の時代』岩波書店.
OECD, 1997a, *Employment Outlook*, OECD.
―――, 1997b, *Labor Force Statistics*, OECD.
―――, 1998, *The Future of Female-dominated Occupations*, OECD. (= 2002, 内海彰子訳『女性優位職業の将来――OECD 加盟国の現状』カネカリサーチアソシエイツ)
―――, 2001, *Labour Force Statistics 1980-2000*, OECD.
小笠原祐子, 1998, 『OL たちの〈レジスタンス〉――サラリーマンと OL のパワーゲーム』中央公論社.
小倉一哉, 2002, 「非典型雇用の国際比較――日本・アメリカ・欧州諸国の概念と現状」『日本労働研究雑誌』505 号.
―――, 2003, 『日本人の年休取得行動――年次有給休暇に関する経済分析』日本労働研究機構.
岡崎淳一, 1996, 『アメリカの労働』日本労働研究機構.
奥村宏, 1994, 「揺らぐ日本型就職システム」内橋克人・奥村宏・佐高信編『日本会社原論 4 就職・就社の構造』岩波書店.
小野旭, 1987, 『日本的雇用慣行と労働市場』東洋経済新報社.
大野耐一, 1978, 『トヨタ生産方式――脱規模の経営をめざして』ダイヤモンド社.
大沢真知子, 1998, 『新しい家族のための経済学』中央公論社.
大沢真知子・スーザン・ハウスマン編, 2003, 『働き方の未来――非典型労働の日米欧比較』日本労働研究機構.
大沢真理, 1993, 『企業中心社会を超えて――現代日本を〈ジェンダー〉で読む』時事通信社.
―――, 2002, 『男女共同参画社会をつくる』日本放送出版協会.
太田肇, 2003, 『選別主義を超えて』中央公論新社.
大槻奈巳, 1998, 「性別職域分離の形成――総合職システムエンジニアの事例から」

『女性労働研究』34号．
大内伸哉・内藤忍，2010，「労働者とは誰のことか？」『日本労働研究雑誌』597号．
大山彩子，2000，「日本の性別職業分離の現状とその変化——1975年〜1995年」『生活社会科学研究』7号．
O'Reilly, J. and C. Fagan eds., 1998, *Part-time Prospects: An International Comparison of Part-time Work in Europe,* North America and the Pacific Rim, Routledge.
呉学殊，2004，「パートタイマーの組織化と意見反映システム」『日本労働研究雑誌』527号．
―――，2011，『労使関係のフロンティア——労働組合の羅針盤』労働政策研究・研修機構．
逢見直人，1994，「現代日本のマクロ・コーポラティズム」稲上毅ほか『ネオ・コーポラティズムの国際比較』日本労働研究機構．
尾崎盛光，1967，『日本就職史』文藝春秋．
Phelps, E. S., 1972, "The Statistical Theory of Racism and Sexism", American *Economic Review,* 62.
Pinch, T. J. and W. E. Bijker, 1987, "The Social Construction of Facts and Artifacts: Or How the Sociology of Science and the Sociology of Technology Might Benefit Each Other", W. E. Bijker, T. P. Hughes and T. Pinch eds., *The Social Construction of Technological Systems: New Directions in the Sociology and History of Technology,* MIT Press.
Rapoport, R., L. Bailyn, J. K. Fletcher and B. H. Pruitt, 2002, *Beyond Work-Family Balance: Advancing Gender Equity and Workplace Performance,* Jossey-Bass.
連合女性局編，1995，『女性の労働・生活時間——フルタイムで働く女性1万人に聞く』労働科学研究所出版部．
連合総合生活開発研究所，1997，『参加・発言型産業社会の実現に向けて』．
―――，2001，『労働組合の未来をさぐる』．
―――，2003，『雇用管理の現状と新たな働き方の可能性に関する調査研究報告書』．
リクルートワークス研究所，2011，『ワーキングパーソン調査2010』．
Ritzer, G., 1996, *The McDonaldization of Society,* rev. ed., Pine Forge Press.（＝1999，正岡寛司監訳『マクドナルド化する社会』早稲田大学出版部）
労働政策研究・研修機構，2008a，『企業における若年層の募集・採用等に関する実態調査（調査シリーズNo.43）』．
―――，2008b，『企業のテレワークの実態に関する調査結果（調査シリーズNo.50）』．
―――，2011，『データブック 国際労働比較 2011』．

労働省, 1994, 『産業労働事情調査』.
―――, 1995, 『就業形態の多様化に関する総合実態調査報告』.
―――, 1996, 『高年齢者就業実態調査』.
―――, 1999, 『労使コミュニケーション調査報告』.
―――, 2000a, 『高年齢者就業実態調査報告』.
―――, 2000b, 『平成12年版労働白書――高齢社会の下での若年と中高年のベストミクス』.
労働省労働基準局監督課, 1970, 『単調労働』労務行政研究所.
労務行政研究所, 2010, 「人事労務諸制度の実施状況」『労務時報』3773号.
嵯峨座晴夫, 1999, 『高齢者のライフスタイル』早稲田大学出版部.
Sako, M. and H. Sato, 1997, *Japanese Labour and Management in Transition*, Routledge.
産学人材育成パートナーシップ グローバル人材育成委員会, 2010, 『報告書――産学官でグローバル人材の育成を』.
佐野嘉秀, 2002a, 「パート労働の職域と労使関係――百貨店の事例」仁田道夫編『労使関係の新世紀』日本労働研究機構.
―――, 2002b, 「パート労働の職域と要員をめぐる労使交渉――ホテル業B社の事例」『大原社会問題研究所雑誌』521号.
―――, 2009, 「非典型雇用の人材活用――非典型雇用の仕事とその割り振り」『人事マネジメント』ミネルヴァ書房.
―――, 2011, 「正社員登用の仕組みと非正規社員の仕事経験――技能形成の機会への効果に着目して」『社会科学研究』62巻3・4合併号, 東京大学社会科学研究所.
佐野陽子・嶋根正充・志野澄人編, 2001, 『ジェンダー・マネジメント』東洋経済新報社.
三和総合研究所, 2001, 『「IT革命」が我が国の労働に与える影響についての調査研究報告書』.
佐藤彰男, 2008, 『テレワーク――「未来型労働」の現実』岩波書店.
佐藤厚, 2001a, 『ホワイトカラーの世界――仕事とキャリアのスペクトラム』日本労働研究機構.
―――, 2001b, 「雇用構造の多様化と人材ミックス」佐藤博樹監修・電機総合研究所編『IT時代の雇用システム』日本評論社.
―――, 2003, 「人事管理の変化と裁量労働制」『日本労働研究雑誌』519号.
―――, 2011, 「キャリア社会学序説」泉文堂.
佐藤博樹, 1982a, 「現代日本の労働者意識」津田眞澂責任編集『現代経営学7 現代の労務管理と労使関係』有斐閣.

――――，1982b，「労働者意識の国際比較」津田眞澂責任編集『現代経営学10 現代の日本的経営』有斐閣．
――――，1987，「労働者の意識・価値観の変化」労働大臣官房政策調査部編『日本的雇用慣行の変化と展望（研究・報告編）』．
――――，1988，「学生アルバイトの活用と就業の実態」『季刊労働法』149号．
――――，1998，「非典型労働の実態――柔軟な働き方の提供か？」『日本労働研究雑誌』462号．
――――，1999a，「日本型雇用システムと企業コミュニティ」稲上毅・川喜多喬編『講座社会学6 労働』東京大学出版会．
――――，1999b，「新規開業と経営革新」稲上毅・八幡成美編『中小企業の競争力基盤と人的資源』文眞堂．
――――，2000，「変貌する店長と仕事世界」佐藤博樹・鎌田彰仁編『店長の仕事――競争力を生み出す人材活用』中央経済社．
――――，2002，「キャリア形成と能力開発の日独米比較」小池和男・猪木武徳編『ホワイトカラーの人材形成』東洋経済新報社．
佐藤博樹・藤村博之・八代充史，2000，『マテリアル人事労務管理』有斐閣．
佐藤博樹・石田浩・池田謙一編，2000，『社会調査の公開データ』東京大学出版会．
佐藤博樹・鎌田彰仁編，2000，『店長の仕事――競争力を生みだす人材活用』中央経済社．
佐藤博樹・木村琢磨，2002，『第1回 構内請負企業の経営戦略と人事戦略に関する調査（報告書）』（SSJDA-20，May）東京大学社会科学研究所日本社会情報研究センター．
佐藤博樹・佐野嘉秀・木村琢磨，2003，『第1回 生産現場における構内請負の活用に関する調査（報告書）』（SSJDA-24，March）東京大学社会科学研究所日本社会情報研究センター．
佐藤博樹・佐野嘉秀・原ひろみ，2003，「雇用区分の多元化と人事管理の課題――雇用区分間の均衡処遇」『日本労働研究雑誌』518号．
佐藤博樹・佐野嘉秀・堀田聰子編，2010，『実証研究日本の人材ビジネス――新しい人事マネジメントと働き方』日本経済新聞出版社．
佐藤博樹・武石恵美子，2004，『男性の育児休業――社員のニーズ，会社のメリット』中央公論新社．
――――，2010，『職場のワーク・ライフ・バランス』日本経済新聞出版社．
佐藤博樹・武石恵美子編，2011，『ワーク・ライフ・バランスと働き方改革』勁草書房．
佐藤博樹・梅澤隆，1983，「労働組合の『発言』と組合類型」日本労働協会編『80年

代の労使関係』日本労働協会。
佐藤守弘, 1963,「職場の変化と労働者の対応」日本人文科学会『技術革新の社会的影響』東京大学出版会。
Schein, E. H., 1978, *Career Dynamics*, Addison-Wesley.（＝1991, 二村敏子・三善勝代訳『キャリア・ダイナミクス』白桃書房）
清家篤, 1998,『生涯現役社会の条件』中央公論社。
盛山和夫, 2011,『社会学とは何か――意味世界への探求』ミネルヴァ書房。
盛山和夫ほか編, 2000,『日本の階層システム 1〜6』東京大学出版会。
千石保, 1980,『やる気の研究』講談社。
社会経済生産性本部労使関係常任委員会編, 1999,『職場と企業の労使関係の再構築』生産性労働情報センター。
司馬正次, 1961,『オートメーションと労働――火力発電所における実証的研究』東洋経済新報社。
島田晴雄・稲上毅編, 1993,『高齢者の労働とライフデザイン』（長寿社会総合講座 8 ）, 第一法規出版。
島田陽一, 2003,「雇用類似の労務供給契約と労働法に関する覚書」西村健一郎・小嶌典明・加藤智章・柳屋孝安編『新時代の労働契約法理論』信山社。
白井泰四郎, 1993,『労使関係論』日本労働研究機構。
白石久喜, 2003,「採用現場が忘れてはいけない『リアル』」『Works』58号。
周燕飛, 2006a,「企業別データを用いた個人請負の活用動機の分析」『日本労働研究雑誌』547号。
―――, 2006b,「個人請負の労働実態と就業選択の決定要因」『日本経済研究』54号。
首藤若菜, 2003,『統合される男女の職場』勁草書房。
Smeaton, D., 2003, "Self-employed Workers: Calling the Shots or Hesitant Independents? A consideration of the trends", *Work, Employment & Society*, 17（2）.
総務庁, 1996,『高齢者の生活と意識に関する国際比較調査』。
総務省統計局, 2011,『平成22年労働力調査年報』。
Stanworth, C. and J. Stanworth, 1997, "Managing an Externalised Workforce: Freelance Labour Use in the UK Book Publishing Industry", *Industrial Relations Journal*, 28（1）.
Storey, D. J., 1994, *Understanding the Small Business Sector*, Routledge.（＝2004, 忽那憲治・安田武彦・高橋徳行訳『アントレプレナーシップ入門』有斐閣）
菅野和夫, 2002,『新・雇用社会の法』有斐閣。
―――, 2010,『労働法』（第9版）, 弘文堂。

菅野和夫・諏訪康雄，2003，「労働市場の変化と労働法の課題」『日本労働研究雑誌』513号。
菅山真次，2000，「中卒者から高卒者へ」苅谷剛彦・菅山真次・石田浩編『学校・職安と労働市場』東京大学出版会。
隅谷三喜男，1957，「臨時工問題の基底とその展開」同『日本の労働問題』東京大学出版会。
諏訪康雄，1999，「キャリア権の構想をめぐる一試論」『日本労働研究雑誌』468号。
鈴木敦雄，2001，「大学新卒者の採用・就業行動の変化」『日本労働研究雑誌』490号。
鈴木宏昌，1998，「先進国における非典型的雇用の拡大」『日本労働研究雑誌』462号。
高梨昌・花見忠監修，2000，『事典・労働の世界』日本労働研究機構。
竹内洋，1995，『日本のメリトクラシー——構造と心性』東京大学出版会。
田尾雅夫，1998，『会社人間はどこへいく』中央公論新社。
Taylor, F. W., 1911, *The Principles of Scientific Management*, Harper.（＝1969，上野陽一訳編『科学的管理法』産能大学出版部）
富永健一・宮本光晴編，1998，『モビリティ社会への展望』慶應義塾大学出版会。
東京大学社会科学研究所編，1972，『技術革新と労務管理——造船業における事例研究（1956～59年）』東京大学出版会。
東京都立労働研究所編，1988，『学生アルバイト等の有効活用に関する実態調査（労働市場調査研究No. 9）』。
東京都老人総合研究所，1975，『定年退職に関する長期的研究（1）』。
————，1986，『定年退職に関する長期的研究（2）』。
————，1991，『定年退職に関する長期的研究（3）』。
Trist, E. L., G. W. Higgin, H. Murray and A. B. Pollock, 1963, *Organizational Choice: Capabilities of Groups at the Coal Face under Changing Technologies*, Tavistock Publications.
都留康，2002，『労使関係のノンユニオン化』東洋経済新報社。
上野千鶴子，1990，『家父長制と資本制——マルクス主義フェミニズムの地平』岩波書店。
氏原正治郎編，1985，『都市高齢者の雇用問題』日本労働協会。
Vogel, E. F., 1979, *Japan as Number One: Lessons for America*, Harvard University Press.（＝1979，木本彰子・広中和歌子訳『ジャパンアズナンバーワン——アメリカへの教訓』TBSブリタニカ）
ワークエスィクス調査研究委員会編，1985，『先進国病と労働倫理の変容に関する調査研究』（NIRA研究助成），日本生産性本部。
Walby, S., 1990, *Theorising Patriarchy*, Blackwell.

Walker, C. R. and R. H. Guest, 1952, *The Man on the Assembly Line*, Harvard University Press.
渡辺深，1999,『「転職」のすすめ』講談社。
Whittaker, D., 1990, *Managing Innovation*, Cambridge University Press.
Williams, C. L., 1995, *Still a Man's World*, University of California Press.
Womack, J. P., D. Roos and D. Jones, 1990, *The Machine that Changed the World*, MacMillan.（=1990, 沢田博訳『リーン生産方式が，世界の自動車産業をこう変える。——最強の日本車メーカーを欧米が追い越す日』経済界）
Woodward, J., 1965, *Industrial Organization: Theory and Practice*, Oxford University Press.（=1970, 矢島鈞次・中村嘉雄訳『新しい企業組織——原点回帰の経営学』日本能率協会）
矢原隆行，2007,「男性ピンクカラーの社会学——ケア労働の男性化の諸相」『社会学評論』231号。
山田久，2007,「個人業務請負の実態と将来的可能性——日米比較の視点から『インデペンデント・コントラクター』を中心に」『日本労働研究雑誌』566号。
矢野眞和編，1995,『生活時間の社会学——社会の時間・個人の時間』東京大学出版会。
矢野眞和・連合総合生活開発研究所編，1998,『ゆとりの構造——生活時間の6ヵ国比較』日本労働研究機構。
吉田和男，1998,『平成不況10年史』PHP研究所。
Zweig, F., 1961, *The Worker in an Affluent Society: Family Life and Industry*, Heinemann.

事項索引

アルファベット

ID（分離指数） 55-57
ILO（国際労働機関） 77
IT化 37, 50-52
ME化 37, 48
M字型カーブ 107
OA化 49, 50
OFF-JT 10, 23, 27-29
OJT 3, 8, 10, 21, 23, 24, 29, 32, 85
SOHO 51, 201, 204

あ行

『ああ野麦峠』 86
青田買い 121
アルバイト 52, 106, 117, 121, 151-54, 156
アンペイド・ワーク 55
育児・介護休業法 70
育児休業 189
一括定期採用 113
一般訓練 21
一般職 62
異動 8
移動式組立ライン 41, 44, 45
インターネット 122
インターンシップ 122
インデペンデント・コントラクター 207
インフォーマルなOJT 24
請負契約 205
請負労働者 149, 150, 154

失われた10年 82
売り手市場 123
エイジレス雇用 178
衛生要因 43
「縁」構造の変化 173
エントリーシート 122
エンプロイアビリティ 73, 83, 85
オーガニゼーション 45
遅い引退 178
遅い選抜 9, 14
オートメーション 37, 39, 45-47, 49
オープンエントリー 122

か行

解雇 21, 76, 118, 151, 169
解雇回避の努力義務 76
介護休業 189
解雇権 76
解雇制限の判例法理 7
外在的報酬志向 96
会社都合退職 169
会社人間 97, 99, 115, 116
会社本位主義 112
改善提案活動 44
階層帰属意識 97
階層別研修 27
買い手市場 123
外部労働市場 21, 22, 30
科学的管理法 40
課業（task） 41
学生アルバイト 138, 160, 161
家事参加 140
家事時間 133, 139

233

女性の——　139
　　男性の——　140, 141
家族経歴（家族キャリア）　172, 173
課題別研修　27
活力ある高齢化　177
家庭内性別分業　65
家父長制理論　65
監視労働　47
間接金融　13
完全失業者　74, 75, 165
完全失業率　75
管理職　57, 62
管理職定年制　14
官僚制的志向　95, 97, 193
起業家精神　201, 203
企業コミュニティ　5, 7, 9, 11-13, 183-86, 193
企業統治　5
企業特殊的スキル　21
企業内キャリア　8
企業内教育　85
企業内訓練　6
企業年金　174
企業別組合　1, 98
企業別労使関係　183, 184, 186, 195
企業別労働組合　5, 182, 196
技術革新　37, 38, 45, 46, 49
技術決定論　39, 40
技能の二極分解　48, 52
希望退職者　76
キャリア　24
キャリア・カウンセラー　82
キャリア形成　8, 14, 15, 30, 32, 33, 157, 161
キャリア権　33
キャリア・コンサルタント　124
休業者　74, 165
求職活動　74, 76, 89
教育訓練給付　31, 77
業績主義　127

業務委託契約　205, 208
勤務延長　167, 170
勤労意欲　99, 102
苦情処理システム　15
組立工　42
訓練重視　2
経営家族主義的イデオロギー　7
経営参加　191
計画と実行の分離　41
契約社員　7, 152, 153
血縁（親族縁）　171
血縁・親族縁，地縁中心の生活　171
コアタイム　145
公共職業安定所　→ハローワーク
工芸（クラフト）的職種　23
高校進学率　114
公的年金　174
高年齢者雇用安定法　177
合理的選択理論　65
高齢化社会　166
高齢化率　166
高齢期の労働力率　178
高齢社会　166
高齢者雇用機会　177
国民生活時間調査　136, 137
国民の三大義務　79
個人請負　201, 205-07, 210
個人主導の職業能力開発　32
個人年金　174
個人の時間配分　132
コース別雇用管理制度　62
コース別採用　122
個別労働紛争　197
コーポレート・ガバナンス　5, 6, 13, 198
コミットメント　102
コミュニティ　4
雇用サービス　78
雇用システムの編成原理　8, 101, 102
雇用・処遇システム　1

雇用調整　　7, 75
雇用調整助成金　　30, 78
「雇用動向調査」　　84, 87
雇用保険　　77, 87
雇用保険法　　77
雇用流動化　　82-85
コンピテンシー　　14

さ　行

再雇用　　167, 170
再就職支援　　87
在宅勤務　　51, 150
在宅就業　　51
最低賃金法　　162
採用基準の多様化・複雑化　　122
裁量労働制　　14, 145, 186
作業長制度　　98, 183
作業の専門化　　41
作業の単純化　　41
作業の標準化　　41
サテライト・オフィス　　51
残業規制　　75
産業労働事情調査　　75
自営業　　201, 202
自営業者　　205, 208
時間資源　　132
自己啓発　　23, 28, 29
自己申告制　　15
自己都合退職　　79, 169
仕事基準　　2, 15
仕事志向　　105
仕事の時間　　137
仕事のやりがい　　39, 42
仕事・余暇両立　　105
市場志向型雇用システム　　5, 6, 12, 193
次世代育成支援対策推進法　　70
失業　　49
失業等給付　　78
失業なき労働移動　　30

失業保険　　77-79
失業率　　73, 201
実績主義　　104
実労働時間　　143
自発的（な）離職　　75, 123
シフト勤務　　151
資本効率重視経営　　13
事務職　　60
社会 - 技術システム論　　43
社会決定論　　40
社外工　　154
社会参加活動　　176
「社会生活基本調査」　　140, 176
社会全体の時間配分　　132
社会的結合の増減総量　　173
社会的公正観　　105
ジャスト・イン・タイム　　44
社内公募制　　15
社内労働市場　　15
ジャパン・アズ・ナンバーワン　　115
周縁化された労働者　　207, 208, 211
自由応募　　121
週休2日制　　131, 133, 137
就業形態　　63, 70
「就業形態の多様化に関する総合実態調査」　　106
「就業構造基本調査」　　202
就　社　　111, 115-18, 122, 123, 127, 128
就　職　　111
就職における大学間格差　　122
柔軟な働き方　　158
柔軟な労働時間制度　　145
熟練技能　　38
手工業の熟練　　39
手段主義　　94
手段の志向　　95, 193
出向・転籍　　8, 172, 186
主婦パート　　84, 138
春　闘　　184

事項索引　　235

生涯学習　176
生涯職業能力開発給付金制度　31
生涯生活設計　176
昇　格　25
使用従属性　208-10
小集団活動　44, 49
昇　進　8, 14, 25
昇進選抜時期の分散化　14
消費社会化　118
情報技術　50
少量生産　39
職域統合　70
職域分離　55, 56
職縁（社縁）　171
　——中心の生活　171
職業アイデンティティ　6
職業安定法　86
職業経歴（職業キャリア）　33, 172, 173
職業選択の自由　79
職業能力評価基準　30, 31
職業別訓練　6
職業別労働市場　3
職　長　183
職人志向　128
職能基準　2, 15
職能資格制度　3, 10, 11, 14
職場懇談会　187
職場の安全衛生　189
職場の慣習　21
職務拡大　42, 43
職務充実　43
女性職　60, 61
女性労働力率　57, 59, 60, 98, 107
職階数　39, 47, 50
ジョブ・カード制度　31
ジョブカフェ　125
ジョブ・ローテーション　8, 42
シルバー人材センター　178
「新規開業調査」　203

新規学卒採用　19, 22, 112
新規学卒者の採用削減・中止　75
新規学卒労働市場　121, 123
新規高卒就職者　119, 120
人材銀行　82
人事考課　10
新人類　118
垂直分離　57, 62, 68
水平分離　57, 59
数量的フレキシビリティ　154
成果主義　15
成果主義的賃金（制度）　12, 13
生活時間研究　132
「生活時間調査」　134
生活時間配分　134, 137, 140
生活重視志向　106
生活設計（ライフデザイン）　174, 175, 177
生活と仕事の調和　147
生活と仕事の両立　141, 147
生活保障　5, 184
政策・制度改善活動　197
生産システム　43
生産重視　2, 15
正社員　7, 154, 156
　——への登用制度　156
製造技術　38
性別職域分離　57, 99
　日本の——　58, 59
性別ステレオタイプ　67
性別役割分業　99, 116
整理解雇　76, 78
　——の4要件　7
セカンドキャリア支援制度　170
責任範囲の明確化　6
セックスタイピング　66
セーフティネット　77
専業主婦　98, 99
専門職制度　11, 14
専門別研修　27

早期退職希望者　82
早期退職優遇制度　13, 167, 170
総合職　8, 62
装置生産　39
疎　外　39, 49
属性主義　127
組織志向型雇用システム　5, 6, 12, 193
組織のフラット化　50
ソーシャル・ネットワーク　89

た 行

対人的なコミュニケーション能力　52
大卒就職協定　122
大卒就職協定廃止　121
第2次ベビーブーマー世代　121
第二新卒　118
ダイバーシティ・マネジメント　69
大量生産　39, 41
高い失業率　73
タテの移動　8
タテのキャリア　25
多能工　3, 44
多能工化　46, 48
団塊の世代　119, 175
短時間勤務　70
男女雇用機会均等法　70, 104, 162
男性職　60, 61
団体交渉　193
ダンロップ委員会　194
小さな政府　86
中間階級　94
中間層意識　97
中心的生活関心　94, 96, 105
中途採用者　19, 113
中途採用の削減・停止　75
長期安定雇用の規範　7
長期雇用　1, 5, 8, 13, 76, 182
長時間労働　131, 133
直接金融　13

賃金・一時金　189
定期採用（者）　113, 114
定期昇給の廃止　14
定職・部分就労　171
定職・フルタイム就労　171
定年域　172
定年制　167, 169, 171, 172
　　──の廃止　178
定年の「屈折」効果　173
テイラリズム　37, 40, 42, 44, 45
出来高給制度　40
テレワーク　37, 51
電機労連　96
典型雇用　150, 151, 158
転職支援斡旋制度　170
転職入職者　84
転籍出向　169, 170
伝統的労働者　95
同一労働同一賃金　6
同期時間差昇進　9
動機づけ　102
動機づけ要因　43
同期同時昇進　9
統計的差別　64
動作・時間研究　41, 45
特殊訓練　21
独立開業支援制度　170
「年の功」と「年と功」　10
トーナメント移動　9
共働き　141
トヨタ生産方式　37, 44-46

な 行

内在的報酬志向　96
内　職　205
内部昇進型の経営者キャリアの形成　13
内部労働市場　3, 21, 22, 30
日本型雇用システム　1, 5, 7, 10, 12, 14, 15, 100, 103, 104
日本国憲法　79

ネオ・コーポラティズム　197, 198
年金法の改正　176
年功熟練　10
年功制　1
年功賃金　11, 104, 182
年俸制　14
年齢差別禁止　178
「能力開発基本調査」　24, 25, 28
能力開発の方法　23
能力再開発研修　27
能力主義管理　10

は　行

配置転換　8, 33, 49, 75
派遣社員　121
派遣労働者　13, 52, 106, 149, 150,
　　154-56, 158-60, 162, 196
パートタイマー（パートタイム労働者）
　　7, 13, 52, 98, 99, 106, 121, 125,
　　149-56, 158, 162, 196
パートタイム勤務　133, 143
パートタイム就業　58
パートタイム労働法　71
幅広いローテーション　3
早い引退　178
ハローワーク（公共職業安定所）　74,
　　78, 79, 82, 86, 87, 114, 173
万能工　42
ビジネス・キャリア検定試験　31
ビジネス・キャリア制度　15
非自発的離職者　75
非正規労働者　7, 13
必要滞留年数　10
非定職・部分就労　171
非典型雇用　149, 151-56, 158, 160-62
非典型労働　106
標準化失業率　77
非労働力人口　165, 166
ピンクカラー職　58
ファストフード店　41, 153

フォード生産方式　37, 41, 42, 44, 45
フォーマルなOJT　24
不完備契約　12
福祉企業集団主義　5, 102, 103
複線型人事制度　14
不満要因　43
フランチャイザー　212
フランチャイジー　212
フランチャイズオーナー　212, 213
フランチャイズシステム　203
フランチャイズビジネス　213
フリーター　111, 117, 123, 124, 138,
　　160, 161
　　モラトリアム型――　124
　　やむをえず型――　124
　　夢追求型――　124
ブルーカラー　5, 6, 94, 98, 99, 113,
　　114, 193
　　――のホワイトカラー化　97, 114
ブルジョワ化　94, 96
プレーイング・マネージャー　4
フレキシブルな労働力　155
フレックスタイム制　142, 143, 145,
　　146
分業　40
分権的責任経営　13
分離指数　→ID
ベビーブーマー　114, 118, 121
変形労働時間制度　145
ベンチャー企業　202
ポジティブ・アクション　69
ポスト近代社会　126, 127
ポートフォリオ労働者　206, 208, 211,
　　212
ボランティア活動　176
ホワイトカラー　5, 6, 9, 14, 15, 26,
　　30, 50, 95, 98, 99, 114, 193
　　――の職業能力評価制度　30
ホワイトカラー層　113

ま 行

「毎月勤労統計調査」 115
マクドナルド化 41
満足要因 43
みなし労働時間制 145
メカニゼーション 46, 49
メンタルヘルス 47
目標管理 14
モノ作り文化 7
モラトリアム 118

や 行

やつらとわれわれ 5
雇い雇われるだけの関係 4
有期雇用契約者 153
有期雇用労働者 149-52, 154
有給休暇 134
有料職業紹介 87
豊かな労働者 93, 95, 96
余暇志向 105
ヨコの移動 8
ヨコのキャリア 25
弱い紐帯 89

ら 行

ライフコース 174
ライフステージ 173
ライフデザイン →生活設計
リストラ 75, 82, 119
流動化する労働市場 84
臨時工 113, 114
臨時労働者 7
リーン生産方式 45
ルートン調査 94
レイオフ 77
連帯的志向 95
労使協議機関 187, 189, 194, 195
労使コミュニケーション 181, 184, 187, 189, 192, 193
労働安全衛生法 162
労働基準法 162, 208
労働組合 161, 162, 181-85, 187, 189, 191, 193-98
労働組合組織率の低下 195
『労働経済白書』 77
労働契約法 162
労働三権 181, 182
労働時間 132, 133, 137, 141, 143, 145-47, 171
労働時間制度 142, 143, 146, 147
　　——の「企業にとっての柔軟化」 146
　　——の「個人にとっての柔軟化」 146
労働時間短縮 144, 184
労働志向 94, 106
労働者派遣 87, 89
『労働者派遣事業報告書』 89
労働者派遣法 89, 162
　　——改正 86
労働者保護 162
労働生活の質 42
労働争議 42
労働疎外 42, 44, 47
労働の人間化 42, 46
労働法 208
労働力人口 75
「労働力調査」 73-76, 152, 165
労働倫理 101, 102

わ 行

若者自立・挑戦プラン 124
「ワーキングパーソン調査2010」 89
ワークエスィクス調査研究委員会 101
ワーク・ライフ・コンフリクト 147
ワーク・ライフ・バランス 51, 70, 147, 204
ワーク・ライフ・バランス支援策 143
ワンストップ・サービスセンター 125

事項索引　239

人名索引

あ行

石川晃弘　96
井出久章　191
稲上毅　96, 183, 191, 193
今田幸子　104
ウォーカー（Charles R. Walker）　42
ウッドワード（Joan Woodward）　38, 47
梅澤隆　191
大野耐一　44
奥村宏　112
尾高煌之助　20, 23

か行

カリバーグ（Arne L. Kalleberg）　101, 102
キャペリ（Peter Cappelli）　34
熊沢誠　115
グラノヴェター（Mark S. Granovetter）　89
ゲスト（Robert H. Guest）　42
小池和男　24, 26
小関智弘　48
コール（Robert E. Cole）　101
ゴールドソープ（John H. Goldthorpe）　94, 95

さ行

佐藤博樹　191
佐藤守弘　45
司馬正次　46
シャイン（Edger H. Schein）　33
諏訪康雄　33

千石保　100

た行

ツワイク（Ferdynand Zweig）　94
テイラー（Frederick W. Taylor）　40
ドーア（Ronald P. Dore）　12, 193
ドゥービン（Robert Dubin）　94
ドラッカー（Peter F. Drucker）　38
ドリンジャー（Peter B. Doeringer）　21

な行

中岡哲郎　47

は行

間宏　193
ハーツバーグ（Frederick Herzberg）　42, 43
ピオーリ（Michael Piore）　21
フォード（Henry Ford）　41
藤本隆宏　45
ブラウナー（Robert Blauner）　39, 47
ブレイヴァマン（Harry Braverman）　38
ベッカー（Gary S. Becker）　21
ベル（Daniel Bell）　38

ま行

マースデン（David Marsden）　2, 3
松島静雄　47
宮台真司　128

ら行

リッツァ（George Ritzer）　41
リンカーン（James R. Lincoln）　101, 102

編者紹介

佐藤博樹（さとう・ひろき）
中央大学大学院戦略経営研究科教授

佐藤 厚（さとう・あつし）
法政大学キャリアデザイン学部教授

仕事の社会学〔改訂版〕
Sociology of Work, 2nd ed. 〈有斐閣ブックス〉

2004年12月20日	初　版第1刷発行
2012年3月25日	改訂版第1刷発行
2022年4月20日	改訂版第4刷発行

編　者	佐　藤　博　樹 佐　藤　　　厚
発行者	江　草　貞　治
発行所	株式会社　有　斐　閣 郵便番号 101-0051 東京都千代田区神田神保町2-17 http://www.yuhikaku.co.jp/

文字情報・レイアウト　ビコー
印　刷　萩原印刷株式会社
製　本　大口製本印刷株式会社

© 2012, Hiroki Sato and Atsushi Sato.
Printed in Japan

落丁・乱丁本はお取替えいたします。
★定価はカバーに表示してあります。
ISBN 978-4-641-18403-9

JCOPY　本書の無断複写（コピー）は、著作権法上での例外を除き、禁じられています。複写される場合は、そのつど事前に(一社)出版者著作権管理機構（電話03-5244-5088, FAX03-5244-5089, e-mail:info@jcopy.or.jp）の許諾を得てください。